REPORTS ON THE DEVELOPMENT OF
EDUCATION IN NON-LINGUA COUNTRIES

非通用语国家
教育发展报告

彭 江 等 著

社会科学文献出版社
SOCIAL SCIENCES ACADEMIC PRESS (CHINA)

序　言

　　"通用语"目前在国际上被广泛定义为汉语、英语、法语、俄语、阿拉伯语、西班牙语的统称。"非通用语"是一个相对的概念，是指除联合国六种工作语种以外的其他语种，如缅甸语、越南语、泰语、葡萄牙语等。"非通用语国家"是指官方语言为非通用语的国家，如缅甸、越南、泰国、葡萄牙等。

　　随着"一带一路"倡议和人类命运共同体理念的深入实施，中国与众多非通用语国家逐步深化战略对接，成为紧密相连的命运共同体，在经贸、人文、教育、基础设施等领域开展了丰富多样的务实合作，这使中国迫切需要与非通用语国家加深了解互信，加强政治、经济、文化教育等各维度的交流合作。

　　中国作为"一带一路"倡议的发起国，迫切需要加快推进国别与区域研究工作，以"一带一路"沿线国家为优先方向，以基地建设为重要抓手，抓紧布局，开展研究。[①] 教育是民族振兴、社会进步的重要基石，是功在当代、利在千秋的德政工程。[②] 增进对非通用语国家教育国情的了解在推动共建"一带一路"教育行动及其升级版中具有基础性和先导性的作用。深入开展非通用语国家研究，特别是教育相关研究，具有战略价值和时代意义。对非通用语国家教育历史与现状的透彻分析，有利于各国教育政策沟通，助力教育合作渠道畅通，促进共建"一带一路"国家语言互通，推进共建

[①] 《全面深化综合改革 全面加强依法治教》，http://www.moe.gov.cn/jyb_xwfb/moe_176/201502/t20150212_185813.html，最后访问日期：2021年3月1日。

[②] 《习近平在全国教育大会上的讲话》，https://www.spp.gov.cn/tt/201809/t20180910_391606.shtml，最后访问日期：2021年3月1日。

"一带一路"国家民心相通,推动学历学位认证标准联通。①

为博采众长,互学互鉴,了解非通用语国家教育发展现状,学习非通用语国家教育发展的成功经验,助力教育交流与合作,帮扶教育弱势国家,本书遴选了共建"一带一路"八个较具代表性的非通用语国家的教育发展作为分析对象。前四章选取东南亚国家联盟的四个成员国,聚焦教育发展整体向上的东南亚国家:同为社会主义国家,中国最大的东盟经贸合作伙伴——越南;教育事业面临较大挑战的缅甸;与中国同为多民族发展中大国的印度尼西亚;文化包容度较高,与中国的高等教育合作已成系统和规模的马来西亚。后四章则是关注教育实力相对较强的四个非通用语国家:跻身发达国家行列的韩国;已经签署"一带一路"备忘录的意大利;位于欧洲中部的匈牙利;大航海时期的海上霸主葡萄牙。

中国教育已经进入追求质量与品质的"后普及教育时代"②,从战略追赶迈入自主成长的发展阶段。国家发展,教育先行。本书基于案例国的基本情况,致力于分析其教育历史与现状、教育体制与政策、特点与未来发展趋势等,希望为我国教育事业发展提供新视点,为我国高等教育发展战略提供新参考,助力扩大与非通用语国家的教育人文交流合作,助力我国开展国际教育援助,促进共建"一带一路"国家兼容并包、务实合作。愿本书能为建设更高水平的共建"一带一路"国家教育战略同盟、构建更为紧密的人类命运共同体贡献绵薄之力。

---

① 《教育部关于印发〈推进共建"一带一路"教育行动〉的通知》,http://www.moe.gov.cn/srcsite/A20/s7068/201608/t20160811_274679.html,最后访问日期:2021年3月1日。

② 高书国:《"后普及教育时代"的典型特征——知识社会发达国家和地区教育发展的新趋势》,《教育理论与实践》2006年第11期。

目 录
Contents

第一章 越南教育发展报告

越南，全称是越南社会主义共和国，是一个位于东南亚中南半岛的社会主义国家。越南面积 33 万平方公里，毗邻南海，人口有 9073 万人，以京族人为主。越南教育发展经历了学习汉字的郡县时期，以儒学为先的封建国家时期，教授法国自然科学的法属时期，1945～1985 年期间，1986 年革新开放至今。直到 2016 年，越南总理颁布了一系列法律，确立了从托儿所到博士共八个阶段的国民教育体系，越南国家教育目标确立为培养有能力建设并保卫越南的社会主义公民。

一 越南教育发展简史

（一）郡县时期

公元前 214 年，中国秦朝在今越南中北部设立象郡。郡县时期，大量官吏文人来此，兴办学校，传播汉字文学，促进教育。唐朝开考科举，安南学子考中进士也可到长安为官。在郡县时期，一些来自中原的循吏在此建立学校，推动社会文明进步。如两汉时期，太守锡光、任延把中原先进的农业生产技术传授给当地百姓，推行儒家礼教。三国时期中原大乱，太守士燮优待大量文人志士，交州地区一度成为中国南方学术文化中心之一。

（二）封建国家时期

公元 968 年，安南丁部领平定十二使君之乱，建立越南第一个独立封建王朝。公元 980 年，黎桓夺权建立前黎朝。丁朝和前黎朝短暂，教育主要由私塾和寺庙承办。1009 年李公蕴篡权建立李朝，1070 年李圣宗建文庙，1076 年李仁宗建国子监，确认科举教育体系，中央、地方教育制度雏形初显。1195 年李高宗时期，开设儒、佛、道三教科试，延续至陈朝、后黎朝。

1225 年陈朝建立，越南文学发展繁荣，模仿中国设三甲和三魁取士，官学、私学并进。1400 年胡朝建立，提高儒家地位，推广使用喃字。20 年短暂属明时期，明朝在越南设府、州、县学。1428 年，后黎朝建立，黎圣宗扩建国子监，设太学府，儒学教育鼎盛，形成了官学与私学并重的封建教育体系和科举考试制度。1528 年后，越南进入南北纷争时期，维持后黎朝教育体制。1771 年西山王朝建立，结束割据，喃字成为官方文字。1802 年，阮福映建立越南最后一个封建王朝，大力发展和普及学习汉字、儒道教育。

（三）法属时期

19 世纪末，越南逐渐沦为法国的殖民地，越南的传统教育发生巨大转变。法国入侵越南前期，在南部相继设立一些法越学校，招收殖民地官员子女和越南富家子弟，以教授法语为主，国语字和汉字为辅，学生毕业后大多在殖民机关任职。1885 年越南完全沦为法国的殖民地，法国殖民者允许儒学教育和法式教育并存，1906 年制定《中圻法越教育章程》，1910 年规定一切公文必须使用越南语。国语字的出现和普及使用标志着越南儒学逐渐没落，被法国新学代替。1917 年，法国殖民者颁布《1917 年公共教育法》，建成了初等教育、中等教育和高等教育体系，为越南现代教育打下基础。此间，法国在越南设立了有关医药、农林、美术、建筑、法律、教师培训等学校，后来法国合并了河内的几所学院，成立印度支那大学，采取法国省级大学模式，主要传授法国历史、地理和自然科学知识，该校招生中越南人占 68%。

（四）1945～1985 年期间

1945 年越南获得国家独立后，法国在美英的支持下卷土重来，越南北部政权为越南共产党，越南南部政权为法国殖民地，此时越南教育也形成北部采用苏联教育体系，南部沿用法国教育体系。1954 年越南取得奠边府大捷，法国殖民者在日内瓦协议上签字退出越南。随后美国接手了训练南越军队的工作，并宣布支持吴庭艳政权，在越南南部成立越南共和国。越南再次陷入南北分裂，越南教育依旧呈现南北割裂状态，南部教育采用法语、英语和越南语教学。在此期间，美国高等院校积极与越南南部高等教育机构建立了学术联系，参与越南教学方法和学生培养改革。1975 年越南南北统一，在越南政府的统一领导之下，对南部教育进行苏联式改革，南北教育逐步统一，开展扫盲运动。

（五）1986 年革新开放至今

1986 年，越南共产党第六次全国代表大会提出实施革新开放政策，越南向世界开放，步入发展正轨。1987～1990 年，越南实施教育发展三年计划；1990 年，成立教育培训部；1991 年，通过普及小学教育法，提出把教育培训和科学技术作为头等国策；1998 年，越南国会通过《越南教育法》；2000 年，越南基本普及小学义务教育；2001 年，越南开始普及九年义务教育。目前越南已经形成较为完整的教育体系：幼儿教育、初等教育、中等教育、高等教育、师范教育、职业教育和成人教育。（见表 1 – 1）

表 1 – 1　2017～2018 年度越南各级学校、教师及学生情况

	学前教育	小学	初中	高中	高等教育
学校（所）	15241	14937	10939	2834	235
教师（万人）	26.64	39.66	30.61	15.03	7.50
学生（万人）	459.86	804.18	537.33	250.86	170.70

资料来源：越南教育培训部，https://moet.gov.vn/Pages/home.aspx，最后访问日期：2019 年 6 月 24 日。

二　越南教育政策法律与改革

20 世纪中后期，越南分别于 1945 年、1956 年、1979 年、1999 年实行了四次大规模教育改革，越南教育体系经历了法国模式、苏联模式、美国模式，普通教育学制也从十三年制、十年制过渡到十二年制。在越南教育体系不断完善的过程中，越南教育法也与时俱进，不断成形、改革和取得成果。

（一）越南教育政策发展与改革

1. 越南高等教育政策

越南高等教育发展曲折，与越南国情息息相关。20 世纪上半叶，越南

高等教育一直被法国殖民者掌控，推行殖民教育。1945 年越南取得民族独立，越南高等教育开始改革，胡志明主席确定了"教育服务于国家复兴"的大政方针，但因为法国殖民者的卷土重来和 20 年抗美战争，越南南部教育一直被列强控制，越南南北高等教育难以统一。1950 年越南高等教育政策主要围绕"民族、科学、大众"方向来推进教育改革，使教育能切实为民族解放、国家富强服务。1951 年 7 月，越南教育部召开第三次全国教育大会，决定推广新的教育体系建设，教育发展的方针为："为前线服务的教育；为工农兵服务的教育；为农业服务的教育。"1951 年，越南国家教育部还根据与中国达成的协议，决定到中国建立一个培训中心，命名为中央寄宿学校。1955 年越南第二届书记处通过了《关于选送学生到各友国进行专门学习的第 74 - TT/TW 号通知》。抗美战争时期，越南教育主要服务于"抗美救国""服务战斗""解放南部"的目标。1975 年越南南北统一后，颁布了《关于新时期南部大学教育和职业教育工作的第 222 - CT/TW 号指示》，保留部分南部旧制度教师，引进北部教师和国外优秀学子到南部，越南教育也随之统一。

1986 年越南实施革新开放政策。1988 年越南教育培训部颁布的《新培养规程》提出把学年制培养转变为学分制培养。1993～1995 年越南对高等院校进行了合并重组，建立了两所国家大学和三所区域大学：河内国家大学、胡志明市国家大学和顺化大学、太原大学和岘港大学。21 世纪以来，越南社会经济迅速发展，提倡教育"社会化"，与很多国家进行国际教育合作。2001 年越南政府颁布的《2001～2010 年教育发展战略》指出："要对教育系统的年级、专业、地区结构进行调整，使人民都有接受教育的机会，满足经济社会和战略发展要求；提高大学和研究生教育质量，集中投资建设几所重点大学，使其达到国际水平；鼓励学生到国外学习、研究，并为他们提供便利的政策。"2012 年越南在第十一届党代会上通过了《2011～2020 年教育发展战略》，提出"发展提高人才质量，特别是把高质量人才作为突破性战略"。

2. 越南的语言政策

越南现行的国家官方语言为越南语，官方文字为国语字。在越南的教育发展中，文字也随着国情、政策不断改革。古代郡县时期和封建国家时期的语言政策演变中，汉语一直被视为官方书面语、圣贤字，13 世纪出现的喃字曾在 15 世纪初短暂的胡朝和 18 世纪西山王朝时被提倡使用，但都只是短暂推行，难以普及。到了法属时期，法国殖民者强行推行法语、国语双语教学，渐渐去除汉语，其间越南知识分子和越南共产党意识到国语字易学、易记、易传播优势，大量进行国语字文学创作；1945 年八月革命胜利后，胡志明主席宣读用越南语写成的《独立宣言》，标志着越南语成为国家官方语言，国语字从此得到前所未有的发展，全民扫盲运动也积极开展。1960 年国语字改革研究委员会在河内成立；1966～1979 年越南政府主张开展"保持越南语的纯洁性"运动，并出版了一系列越南语词典；1980 年越南政府开展越南语标准化运动，成立书写规范委员会和术语规范委员会。1984 年，教育部和越南社会科学委员会联合发布《关于越语正字法和越语术语的规定》。

此间越南政府也出台了一系列保护少数民族语言的政策。在宪法中明确指出各民族在政治、经济、文化生活中均有使用自己母语的权利。1980 年越南政府公布《关于对少数民族语言文字的若干主张》，指出必须重视并解决少数民族的语言要求。越南外语教学发展中，俄语、汉语、法语和英语为主要外语语种。自 1991 年中越关系正常化以来，越南也掀起学习汉语热潮。越南政府长期以来在扫盲工作上取得了举世瞩目的成就，得到了联合国教科文组织的肯定和高度评价。

3. 少数民族及贫困地区教育政策

越南是一个拥有 54 个民族的多民族国家，对少数民族和贫困地区实行优先政策，确保少数民族教育的发展。越南国会《第 37/2004/QH11 号决议》强调："有效实行教育公平，优先发展少数民族、贫困地区人民和残疾儿童的教育工作。"越南推进基础设施建设，吸引教师到山区任教，设立捐赠奖学金，资助少数民族学生以及免试进高校等措施。越南少数民族、经济贫困的对象以及孤儿享有国家提出的免学费或补贴政策；对少数民族、经济贫困地区学生的高考实行推荐制度；培养少数民族和贫困地区的干部及公务员；确保少数民族和贫困孩子接受教育。2012 年 8 月 16 日越南《经济时报》报道，目前越南边远少数民族地区总人口约 3000 万，15 岁以上占69%，其中 75% 为适龄劳动人口。边远少数民族地区人口受教育水平普遍较低，86% 的适龄劳动人口未经培训，4.8 万名乡以上干部中仅 1.9% 有大专以上学历。边远少数民族地区人口以务农为主，约占总人口的 70%，从事工业、服务业和商业的人口较少。① 越南少数民族地区的教育目标是，到2020年保障96%的5岁以下儿童进入幼儿园，90%的适龄儿童接受小学教育，85%的小学毕业生升入初中，少数民族地区接受过培训的工人达到50%，大学入学率达到15%。

（二）越南教育法发展与改革

1975年4月越南实现南北统一后，越南政府决心废除旧教育制度，开展全民扫盲运动。教育部门颁布了新版十二年教育课程，编印了200万本新版教科书，再次录用旧教育制度下的教师，学校与宗教逐渐分离，私立学校逐步归国有，民办学校逐渐公立化。1986年12月越南共产党第六次全国代表大会召开，在全国开启了一个全面改革教育事业的局面。1991年8月越南国会通过《越南小学教育普及法》，这是越南第一部专门的教育法。1998年12月2日，越南社会主义共和国通过1998年《教育法》。该教育法总共110条，规定了越南教育的目标、性质、原理以及国民教育体系的组织、运作结构等。2005年《教育法》在1998年《教育法》的基础上，继承了教育组织和运作的法律框架并进一步充实了更多内容，来满足21世纪的全球经济一体化和国家改革事业发展第一个十年计划的要求。

2009年6月19日，越南国会第七届第五次会议通过了《第35/2009/NQ－QH12号决议》，提出了关于改革从2010～2011学年到2014～2015学年教育培训财政投入的主张和方向，其中包括在修宪草案中补充教育法的一些条款体制化的内容，以保证法律体系的完整性，形成2009年《教育法》的修改与补充条例。

2013年12月18日，越南国会颁布《23－VBHN－VPQH教育法》，合并2005年《教育法》与2009年《教育法》，统一教育法体系，形成现行《越南教育法》（2009年修改、补充），一共包含九章。

第一章为总则，共20条，分别规定了执行范围，教育目标、性质和原理，国民教育体系，教育内容和方法要求，教材，学校教学语言、

---

① 《越南希促进边远少数民族地区人力资源发展》，新浪国际在线，2012，http://news.sina.com.cn/o/2012－08－20/143625000649.shtml，最后访问日期：2019年6月20日。

少数民族语言、文字、外语，文凭和证书，教育发展，公民学习权利与义务，教育普及，教育事业社会化，教育投资，国家教育管理，教师的作用与责任，教育管理干部的作用与责任，教育质量鉴定，科学研究，不得在学校里或其他教育单位传播宗教，严禁利用教育活动做出有违教育目的行为等内容。

第二章为国民教育体系，共 5 小节 27 条（第 21～47 条）。越南教育体系包含学前教育、普通教育、职业教育、大学教育（高等教育）和终身学习教育。

第三章为学校和其他教育单位，共 5 小节 22 条（第 48～69 条）。包含学校组织、活动，学校的责任与权限，公立、私立学校政策和其他教育单位组织、活动。

第四章为教师，共 3 小节 13 条（第 70～82 条）。规定了教师的责任和权利，教师进修培训和教师政策。

第五章为学生，共 2 小节 10 条（第 83～92 条）。规定了学生的责任和权利，学生政策。

第六章为学校、家庭和社会，共 6 条（第 93～98 条）。规定了学校、家庭和社会对教育事业的责任与权利。

第七章为国家教育管理，共 4 小节 15 条（第 99～113 条）。介绍了越南国家教育管理的内容和管理机构，教育投资，国际教育合作，教育质量评估，教育监察等。

第八章为奖惩，共 5 条（第 114～118 条）。规定了对学校、组织、教师、学生的奖惩机制。

第九章为实行法律的效力、方向和具体规定，共 2 条（第 119～120 条）。

2013 年《23－VBHN－VPQH 教育法》颁布施行后，越南逐渐形成了统一、完整的教育法律体系。这部"教育法"从国民教育目标、体系、教育内容，到家庭、教师、学校的教育权责，厘清了越南教育的脉络，建立起完整、全面的国家教育法框架。《23－VBHN－VPQH 教育法》的实施，保障了越南从基础教育到高等教育的发展。

三　越南现行教育体制与现状

步入 21 世纪，越南政府把教育发展视作与政治、经济发展处于同等地位的国家发展要务，通过普及义务教育、政府教育投入、教育社会化、国际教育援助等内外结合的方式来发展教育。通过不懈努力，目前越南国民教育体系不断完善，分为学前教育、普通教育、职业教育、大学教育和终身教育，其中托儿所（3 个月至 3 岁以下）、幼儿园（3~6 岁）、小学（五年制，6~11 岁）、初中（四年制，11~15 岁）、高中（三年制，15~18 岁）、大学（4~6 年，18+岁）。越南的学历文凭体系分为小学毕业证、初中毕业证、高中毕业证（中专毕业证）、大学毕业证、硕士和博士毕业证。学位系统包括高中毕业、学士、硕士、博士四个等级，本科生、硕士生、博士生通过由国家学位委员会确认的学位授予单位组织的论文答辩后，获得学位证书。办学的方式有公办、民办和私塾。民办学校、私塾和公办学校颁发的文凭具有同等的法律效应。每学年分上下两个学期，第一个学期一般是 9 月至春节前，寒假 10 天左右；第二个学期从春节后至 5 月底，暑假 3 个月左右。据《越南经济时报》报道，2019 年上半年，大学学历以上劳动者平均月收入为 1270 万越盾（约合 545 美元），上涨 120 万越盾（约合 51 美元）；小学以下教育程度劳动者为 500 万越盾（约合 215 美元）；未接受教育的劳动者为 420 万越盾（约合 180 美元）。[①]

（一）越南教育体系

2016 年 10 月，越南总理签署《1981/QĐ - TTg 号文件》和《1982/QĐ - TTg 号文件》，确立了新的国民教育体系。如图 1 - 1 所示，越南教育体系分为 8 个阶段：托儿所（3 岁以下）、幼儿园（3~6 岁，3 年）、基础教育 I（小学，6~11 岁，5 年）、基础教育 II（基础中学，11~15 岁，4 年）、基础教育 III（普通中学/中专，15~18 岁，3 年）、大学（18 岁以上，3~5 年）/大专（18 岁以上，2~3 年）、学术型研究（1~2 年）/专业型研究

---

① 《2019 年上半年越南劳动力平均月收入上涨 劳动力结构转型》，http://vn. mofcom. gov. cn/article/jmxw/201908/20190802889864. shtml，最后访问日期：2019 年 10 月 20 日。

（1～2年）、博士（3～4年）（见图1－1）。

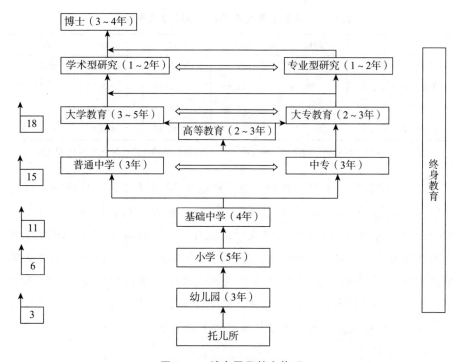

图1－1　越南国民教育体系

资料来源：《越南国民教育体系框架审批决议》，https://thuvienphapluat.vn/，最后访问日期：2019年6月23日。

根据越南最新教育法，越南现行教育可分为学前教育、普通教育、职业教育和大学教育。

1. 学前教育

越南学前教育包含托儿所和幼儿园，教育对象为3个月至6岁的幼儿。在越南有三种实施幼儿教育的机构：①托儿所（3个月至3岁以下）；②幼儿园（3～6岁）；③幼儿学校（3个月至6岁以下）。学前教育的目的是引导幼儿身体、情感、智力和审美发展，形成基本人格，为进入小学做准备。学前教育内容必须保证符合幼儿身心发展，做到保育、照料和教育互相协调；帮助幼儿身体发展平衡、健康、协调，尊敬、爱戴长辈、父母、老师，懂礼貌，友爱兄弟姐妹、朋友，诚实勇敢，纯真，热爱美好事物，求知好学。学前教育方法主要是通过组织游戏来引导幼儿全面发展，注重树立榜样，鼓励动员（见表 1 - 2）。

表 1 - 2 越南学前教育 2013 ~ 2017 年发展规模

	2013	2014	2015	2016	2017
学校数量（所）	13841	14179	14513	14863	15241
班级数量（万个）	12.55	13.50	14.72	15.03	15.58
教师数量（万人）	20.49	21.55	23.19	25.08	26.63
学生数量（万人）	361.41	375.50	397.85	440.96	459.98

资料来源：越南统计总局，https://www.gso.gov.vn/，最后访问日期：2019 年 6 月 23 日。

为奠定幼儿进入小学的基础，越南政府于 2010 年 2 月 9 日颁布了政府总理 239 号文，提出为满 5 岁的幼儿实施一年制普及教育的目标，计划到 2020 年全国有 99% 的 5 岁幼儿接受学前教育。根据越南《2011 ~ 2020 年教育发展战略》，在 2001 ~ 2010 年，适龄儿童入学率提高，其中 5 岁幼儿入学率从 72% 上升到 98%；到 2015 年，完成 5 岁幼儿学前教育普及；到 2020 年，至少有 30% 幼儿能进入托儿所，80% 儿童能入读幼儿园等幼儿教育机构；各幼儿教育机构的营养不良儿童比例下降 10%。

2. 普通教育

越南普通教育旨在引导学生德、智、体、美、劳全面发展，发展个人能力，形成社会主义人格，成为合格公民，为继续学习或参与社会劳动、参与建设和保卫国家做准备。根据不同学习阶段，学习内容需保证普遍性、基础性、全面性、指导性和系统性；紧密联系生活实践，符合学生身心发展。普通教育方式要注重激发学生的积极性、自觉性、主动性和创造性；符合现阶段学习、学科特点；针对性培养学生的自学方法；锻炼学以致用能力；教师积极与学生互动，激发学生学习兴趣。在越南有三种实施普通教育的机构：①小学；②基础中学；③普通中学。

越南普通教育学制十二年，分为 5 年 - 4 年 - 3 年三级。

（1）小学教育为五年制（一年级至五年级），入学年龄为 6 岁。小学教育目标为引导学生基本形成正确的、稳定的道德、智力等，为进入基础中学学习打好基础。保证学生对自然、社会和人有初步、必要的认知；拥有基本的听、说、读、写和计算能力；养成锻炼身体、讲卫生的习惯；基本了解歌唱、舞蹈、音乐和美术。小学课程包含算术、越南语、自然与社会、科学、历史、地理、音乐、美术、思想品德、体育、计算机、英语。小学五年的综合成绩决定能否毕业。

（2）基础中学教育为四年制（六年级至九年级），即初中，入学者须完成小学全部课程，年龄为 11 岁。基础中学教育目标是巩固和发展学生在小学的习得成果，使其习得基本常识技能，初步认识技术和就业，为继续普通中学学习、中专学习、学艺或工作做准备。保证学生巩固小学阶段知识，普遍掌握越南语、计算和民族历史；学习社会科学、自然科学、法律、计算机、外语；对技术和就业有一定认知。基础中学教育课程包含计算、物理、化学、生物、工艺技术、语文、历史、地理、公民教育、外语、体育、音乐、美术和计算机。

（3）普通中学教育为三年制（十年级至十二年级），即高中，入学者必须有基础中学毕业证书，入学年龄为 15 岁。普通中学教育目标是巩固和发展学生在基础中学习得的成果，完善基础学习，使学生进一步认识技术和就业，为发挥个人所长、选择发展方向创造条件，为继续大学学习、学艺或工作做准备。保证学生巩固基础中学阶段知识，除了完成规定学习内容，还应增加个别学科内容，发展个人能力，注重学生意愿。普通中学教育课程继续基础中学教育课程，增加国防安全教育和一些就业指导课程（见表 1-3）。

表 1-3 越南普通教育 2013~2017 年发展规模

	2013	2014	2015	2016	2017
小学数量（所）	15337	15277	15254	15052	14937
基础中学数量（所）	10290	10293	10312	10155	10091
普通中学数量（所）	2404	2386	2399	2391	2398
教师数量（万人）	85.52	85.67	86.13	85.88	85.30
学生数量（万人）	1490.07	1508.24	1535.38	1551.43	1592.37

资料来源：越南统计总局，https://www.gso.gov.vn/，最后访问日期：2019 年 6 月 23 日。

根据越南《2011~2020 年教育发展战略》要求，在 2001~2010 年，适龄学生入学率提高，其中小学入学率从 94% 上升到 97%，基础中学入学率从 70% 上升到 83%，普通中学入学率从 33% 上升到 50%，并提出目标：越南普通教育质量得到全面提高，尤其是在文化、道德、生活技能、法律、外语和计算机的教育质量方面。到 2020 年，小学适龄儿童入学率达 99%，初中适龄少年入学率达 95%，80% 的适龄青年达到高中或相当学力的文化水平，70% 的残疾生有接受教育的机会。

3. 职业教育

越南职业教育目标是为满足社会经济发展、巩固国家国防安全需要，培养有知识、有技术、有职业道德和健康的劳动人才，使其有能力就业、创业或继续专业学习。分为：①职业中学，有初中毕业文凭的学生学制为 3~4 年，有高中毕业文凭的学生学制为 1~2 年。可分为面向全国招生的直属大学的中专和面向本省市招生的省属中专。②技术培训，包括 1 年内的短期基础技术培训，1~3 年内的长期中级、高级技术培训。越南职业教育培训机构有专科学校、职业培训中心、技术培训班等，可由生产、经营、服务、教育行业独立承办。

越南政府为职业教育制定了突破性发展的目标：到 2020 年，全国有 230 所高职院校（其中民办的 80 所），310 所中职院校（其中民办的 120 所），1050 个职业技能培训中心（其中民办的 350 个），每个省至少有 2 个技能培训中心示范点。全国职业教育机构能够接纳 30% 的初中毕业生以及 30% 的高中毕业生；受到职业或大学培训的劳动力将占总劳动力资源的 70%。除了数量上的目标外，还要实现一系列相关目标，如完善职业教育系统，调整行业结构和培训水平，提高培训质量，满足经济社会发展对人力资源的需求，培养具有创新能力、独立思维、责任心、职业道德和技能、一定外语能力的高素质人才。[①]

4. 大学教育

越南大学教育的目标是为建设和保卫国家而培养懂政治、有道德、有为人民服务意识、有知识和能力、健康的人才。著名高校有河内国家大学、胡志明市国家大学、顺化大学、太原大学、岘港大学等。越南的大学教育分为四个阶段：

（1）专科教育：招收获得普通中学教育（高中）毕业证书或中专毕业证书的学生，学制为 3 年。旨在培养在定向工艺技术领域运用专业知识解决常见问题的学生。

---

① 孙文桂：《越南国家教育现状及其启示探究》，《广西青年干部学院学报》2015 年第 5 期。

（2）本科教育：学制因专业而异，招收获得普通中学教育（高中）毕业证书或中专毕业证书的学生，学制为 4～6 年；招收获得对应专业中级专科毕业证书的学生，学制为 2.5～4 年；招收获得对应专业大学专科毕业证书的学生，学制为 1.5～2 年。旨在引导学生掌握专业知识、学以致用，有独立做事、创新和解决问题的能力。

（3）硕士教育：招收获得本科学位的学生，学制为 2 年。旨在引导学生掌握相关理论，具有高水平实践、创新、发展和解决专业问题的能力。

（4）博士教育：招收获得本科学位的学生，学制为 4 年；招收获得硕士学位的学生，学制为 2～3 年。旨在引导博士研究生理论结合实际，能独立、创新、发展和解决关于科学、技术、引导科学研究的问题（越南大学教育的相关数据见表 1-4、表 1-5、表 1-6）。

表 1-4 越南高等教育 2013～2017 年发展规模

	2013	2014	2015	2016	2017
学校数量（所）	428	436	445	235	235
教师数量（万人）	9.16	9.14	9.35	7.28	7.50
学生数量（万人）	206.16	236.39	211.85	176.79	169.59
毕业学生数量（万人）	40.63	44.18	35.36	30.56	31.95

资料来源：越南统计总局，https://www.gso.gov.vn/，最后访问日期：2019 年 6 月 23 日。

表 1-5 越南公立大学和非公立大学 2013～2017 年数据统计

	2013	2014	2015	2016	2017
公立大学（所）	343	347	357	170	170
非公立大学（所）	85	89	88	65	65
公立大学教师（万人）	7.52	7.41	7.61	5.76	5.93
非公立大学教师（万人）	1.64	1.73	1.74	1.52	1.57
公立大学学生（万人）	179.20	205.03	184.71	152.39	143.26
非公立大学学生（万人）	26.96	31.36	27.14	24.40	26.33
公立大学毕业生（万人）	35.06	37.79	30.87	26.84	28.20
非公立大学毕业生（万人）	5.57	6.39	4.49	3.72	3.75

资料来源：越南统计总局，https://www.gso.gov.vn/，最后访问日期：2019 年 6 月 23 日。

表1-6 越南大学教育2013～2017年教师和学生性别比数据统计

单位：万人

	2013	2014	2015	2016	2017
大学男教师	4.67	4.23	4.33	3.77	3.84
大学女教师	4.49	4.91	5.02	3.51	3.66
大学男学生	101.58	111.64	103.39	83.34	79.19
大学女学生	104.58	124.75	108.46	93.45	90.40

资料来源：越南统计总局，https://www.gso.gov.vn/，最后访问日期：2019年6月23日。

根据越南《2011～2020年教育发展战略》，在2001～2010年，职业培训规模扩大2.08倍，中级职业教育规模扩大1.69倍，高等教育规模扩大2.35倍。2010年，经过培训的劳动力比例达到40%，初步满足劳动力市场需求。该战略提出：

（1）完善越南高等教育和职业教育体系，调整专业结构和培训水平，提高培训质量，满足社会经济发展的人才需求；培养具有创造力、能独立思考，有责任心、专业技能、外语能力，敬业、遵守纪律、有创业能力、能适应市场变动的人才，部分人才在地区和世界范围内具有竞争力。目标是到2020年，职业教育单位可接收基础中学30%的毕业生；受职业教育和大学教育的学生比例达到70%。

（2）发展终身教育，为有需要、条件允许的人提供机会；初步建设学习型社会，提高终身教育质量，帮助有学识、实践技能的人创业、转行，提高其物质和精神生活质量。巩固扫盲成果，到2020年，15岁以上人口识字率为98%，15～35岁男女人口识字率达99%。

（二）教育行政管理体制

1. 教育管理机制

越南教育法第14条指出，越南国家统一管理国民教育体系的目标、教材、内容、教育计划、教师标准、考试规则、文凭证书；集中管理教育质量，实行教育分工、分级管理，加强教育单位的自主权和责任。第100条规定了国家教育管理机关：①政府统一管理国家教育，在制定有关教育政策、法令前向国会报告，每年向国会报告教育活动和教育政策实施情况；②教育培训部对政府教育管理负责；③相关部门配合教育培训部管理；④各级人民委员会根据政府分级进行教育管理，包括规划教育网络，监察当地教育单位执行教育相关法律情况，对管辖范围内学校的师资队伍、财政、基础设施、教学设备负责，发展各类教育，促进教育社会化，扩大教育规模，提高当地教育质量和效果。

（1）教育培训部

越南政府 2017 年 5 月 25 日颁布的《第 69/2017/NĐ - CP 决议》规定了越南教育培训部的职能和任务。越南教育培训部是负责管理全国教育事业的国家机构，各省和中央直辖市设有教育培训局，县、郡和县级市则设有教育培训处。负责管理全国幼儿教育、普通教育、中级师范、高级师范、大学教育和其他教育机构的教育目标、章程、内容；考试、招生和文凭证书；发展和管理教师、干部队伍；学校基础设施和教学设备；保障和鉴定教育质量；管理国家的公共教育事业。根据政府 2016 年 9 月 1 日出台的《第 123/2016/NĐ - CP 决议》，越南教育培训部下设幼儿教育司、小学教育司、中学教育司、高等教育司、终身教育司、民族教育司、国防安全教育司、学生工作与政治教育司、体育司、组织干部司、计财司、科技环境司、法制司、竞赛奖励司、办公室、监察司、质量管理局、教师与教育管理干部局、信息技术局、国际合作局、基础设施局、越南科教院、教育科学院、教育管理学院、胡志明市教育管理干部学校、教育时代报和教育杂志等 26 个部门。

（2）两所国家大学

越南河内国家大学（Vietnam National University, Hanoi, VNU），是越南第一所国家大学。1993 年 1 月 14 日，越南确定发展教育和科技的方针，越南党中央第四次会议明确下达任务：建设几所重点国家大学，引领国家教育发展。根据 1993 年 12 月 10 日出台的《政府第 97/CP 号决议》，合并河内综合大学、河内第一师范大学和河内外语师范大学，创建越南第一所国家大学——河内国家大学。到 2016 年，河内国家大学包括 7 所成员大学：自然科学大学（VNU-HUS）、社会科学与人文大学（VNU-USSH）、外国语与国际研究大学（VNU-ULIS）、工程与技术大学（VNU-UET）、经济与商业大学（VNU-UEB）、教育大学（VNU-UED）、越日大学（VNU-VJU）。同时下辖 7 所研究院：通信技术院（VNU Information Technology Institute）、越南学与科学发展研究院（VNU Institute of Vietnamese Studies & Development Science)、微生物学和生物技术研究院（VNU Institute of Microbiology & Biotechnology)、越南佛教研究院（VNU Tran Nhan Tong Institute)、自然资源及环境科学中央研究院（VNU Central Institute for Natural Resources and Environmental Studies)、国际法语研究院（VNU International Francophone Institute）和教育质量研究院（VNU Institute for Education Quality Assurance）。

河内国家大学的使命：培养高质量、高水平人才；致力于多学科、多领域的科学研究、技术发展和知识传授；建设、发展和保卫祖国；成为越南大学教育系统的支柱和先锋。

河内国家大学的目标：到 2030 年成为多学科、多领域综合实力较强的大学。其中一些大学和研究院进入亚洲排名靠前的行列。

胡志明市国家大学（Viet Nam National University, Ho Chi Minh City），越南第二所国家大学。根据 1995 年 1 月 27 日的《政府第 16/CP 号决议》，合并胡志明市综合大学、技术师范大学、百科大学、农林大学、经济大学、财政大学、建筑大学、师范大学和胡志明大学 9 所大学，创建胡志明市国家大学。现包括百科大学、自然科学大学、人文与社会科学大学、国际大学、通信技术大学、经济法律大学和环境能源研究院。

胡志明市国家大学的使命：汇聚高质量师资、生源和人才，进行重要的科学研究工程，在推动国家发展、社会进步和改革事业中发挥引领作用。

胡志明市国家大学的目标：建设亚洲一流大学，成为越南科学、技术、文化和知识汇集地。

2001 年 2 月 1 日越南政府颁布《第 07/2001/NĐ – CP 号决议》，2001 年 2 月 12 日越南政府总理颁布《14/2001/QĐ – TTg 号》和《16/2001/QĐ – TTg 号决议》，规定了两所国家大学享有独立组织机构和活动的权力。目前，两所国家大学直属国家管理，肩负越南国家教育培养人才的重任，成为越南教育发展的引领者。

2. 教育投入

越南教育培训部明确规定学前教育、普通教育、职业教育和高等教育的预算须公开和透明，接受监督。2011 ~ 2016 年期间，越南教育财政投资改革预算中，教育财政预算支出平均占国家财政预算总支出的 20%。

五年的教育培训平均支出占国内生产总值的比例为 5.5%。[①] 越南教育法第 13、101～106 条指出投资教育就是投资发展。教育资金主要来源于国家财政，学费、招生费，教育机构收入，国内外致力于发展教育的组织和个人，法律规定的国内外组织、个人的捐助。国家优先投资教育，保证每年教育财政增长指数高于国家财政增长指数；优先拨款和修建学校；鼓励和保护国内外投资教育的组织、个人的权益；教科书出版、教学设备和用品生产享有税收优惠。2014 年 11 月 26 日，越南国会颁布《投资法 67/2014/QH13》，将幼儿教育、基础教育、职业教育纳入享受投资优惠的领域（见表 1－7）。

表 1－7 2014～2018 年越南教育财政预算

单位：10 亿越盾

	2014	2015	2016	2017	2018
教育培训常规投入	174480	184070	195604	215167	229074
中央	30360	32070	34604	22194	24884
地方	144120	152000	161000	192973	204190

资料来源：越南教育培训部，https://moet.gov.vn/Pages/home.aspx，最后访问日期：2019 年 6 月 24 日。

（三）国际教育合作

世界各国之间的友好关系都基于各国人民之间的友好关系，留学生是国家间的重要使者。随着全球化进程的加快，越南教育不仅致力于自身改革发展，同时也积极向国际教育靠拢。越南教育法第 107～110 条指出，鼓励越南与国际教育合作、鼓励国际与越南教育合作、国外文凭认证。在国际教育合作中，越南教育不断现代化、国际化，拓宽合作渠道，与国外政府、组织和高校实行项目合作，越南出国留学人数与日俱增，也获得了国外教育援助（见表 1－8）。

---

① 黎文升、易连云：《越南新公布总体基础教育章程的优、缺点分析》，《海南师范大学学报》（社会科学版）2018 年第 4 期。

表1-8 2000年以来为越南提供教育援助的机构一览

教育类型	援助机构
学前教育	联合国儿童基金会
初等教育	世界银行、英国国际发展部、联合国教科文组织、日本国际协力事业团、乐施会、拯救儿童联盟、挪威发展合作署、欧盟、荷兰、加拿大国际开发署、比利时、澳大利亚国际开发署
非正规教育	联合国教科文组织、联合国教科文组织全国联合协会（日本）
中等教育	亚洲发展银行、比利时
职业技术教育	德国技术合作公司
特殊教育	西班牙
高等教育	荷兰、日本、澳大利亚、比利时奖学金项目、国家教育合作
其他	欧盟

资料来源：Takao Kamibeppu, "Education Reform Context and Process in Vietnam," *The Political Economy of Educational Reforms and Capacity Development in Southeast Asia*, Springer Netherlands, 2009, p.180。

1. 中越教育合作

中越两国有着深厚的传统友谊，在两国党、政府以及人民的共同努力下，中越两国友好交流在各合作领域都取得了良好的成果，其中教育合作在两国合作中是一个闪光点。自1991年两国关系正常化之后，两国在教育方面的合作步入新的发展阶段，中越联合开展汉越语教学工作，培养许多汉越语翻译人才，为发展中越友好关系做出了重大的贡献。

2009年中越签署《中华人民共和国教育部与越南社会主义共和国教育培训部关于相互承认高等教育学历和学位的规定》，促进中越两国高等教育学历学位互认，推动两国高等学校的学分互认，以便中越两国学生在彼此国家进一步学习深造。2011年《中越联合声明》中提出"继续推进两国科技、教育、人力资源开发、文化、卫生、体育、新闻等领域合作。加强在环保、水资源管理以及应对气候变化领域的合作，落实好双方《2011～2015年教育交流协议》，扩大开放互派留学生数量"，签署了《中华人民共和国教育部与越南社会主义共和国教育培训部2011～2015年教育交流协议》。2014年12月27日，中国广西师范大学和越南河内大学共建越南河内大学孔子学院，为中越两国进行中文学习研究、巩固和发展中越友好关系做出了贡献。2016年9月时任越南总理阮春福在中国进行访问期间，中国教育部部长陈宝生同越南教育培训部部长冯春雅在人民大会堂共同签署了《中华人民共和国教

18

育部与越南社会主义共和国教育培训部 2016～2020 年教育交流协议》。

2016 年，我国教育部印发《推进共建"一带一路"教育行动》，致力于：①推进民心相通，开展更大范围、更高水平、更深层次的人文交流，不断推进沿线各国人民相知相亲；②提供人才支撑，培养大批共建"一带一路"急需人才，支持共建"一带一路"国家实现政策沟通、设施联通、贸易畅通、资金融通；③实现共同发展，推动教育深度合作、互学互鉴，携手促进沿线各国教育发展，全面提升区域教育影响力。在"一带一路"合作国家中，越南是与中国海陆河相接的邻邦，中越两国在风俗习惯、思想教育方面有很多接近和相同之处，如越南河内文庙里有孔子像和 82 块进士碑，越南学历学位还保留了古代汉语中"cử nhân/举人"表示学士学位、"tiến sĩ/进士"表示博士学位，可见儒家思想和科举制度对越南教育的影响。2017 年越南驻华大使邓明魁在专访中表示："两国在教育合作方面有悠久的历史传统，未来要继续加强；培养两国留学生，使其成为中越友好关系的使者、两国经贸合作的推动者。"中越需携手并进，推动"一带一路"建设落实，抓住中越教育合作新机遇，打造"一带一路"学术交流平台，吸引各国专家学者、青年学生开展研究和学术交流，推进优质教育资源共享等。

山水相连的中越两国政治、外交往来愈加紧密，越南十分关注中国的外交战略和政策，我国也愈加注重国家政策、倡议对越传播。2015 年 11 月，中共中央总书记、国家主席习近平访问越南之际，《习近平谈治国理政》越南文版发行仪式在越南首都河内举行。《习近平谈治国理政》越南文版是继韩文版之后第二个中方与外国出版机构合作翻译出版的版本，越方组织了国内顶尖翻译出版团队参与翻译出版工作。中国外文出版发行事业局、当代中国与世界研究院和中国翻译研究院联合组织实施的国家重点项目"中国关键词多语对外传播平台"，相继出版《中国关键词："一带一路"篇（汉越对照）》（2017 年）、《中国关键词：十九大篇（汉越对照）》（2018 年）、《中国关键词：治国理政篇（汉越对照）》（2019 年）、《中国关键词：新时代外交篇（汉越对照）》（2019 年）等译作。

2017 年，中越影视合拍纪录片《光阴的故事：中越情谊》分别在中国中央电视台 CCTV9 和越南国家电视台 VTV1 顺利播出，讲述在 60 多年前，1 万多名越南师生，远离了抗法抗美的战火硝烟，在中国学习和生活的刻骨铭心经历。越南学校如同一株参天大树，扎根中国枝繁叶茂，这份中越两国之间的友谊，穿越了半个多世纪的光阴，绵延不绝，让两国人民见证了越南学校在中国广西的历史，传承中越传统友谊，为中越教育合作奠定了坚实基础。

2. 越南—其他国家教育合作

教育合作有助于越南进一步拓展合作范围，也使越南教育领域吸引的资金逐渐增多。例如：

越南—美国教育合作。胡志明市富布赖特大学是越美教育合作中的里程碑，是越南首个独立、非营利和以美国作为合作伙伴的大学。2017 年美国政府向胡志明市富布赖特大学提供 1550 万美元援助资金。

越南—英国教育合作。越英长期举行教育合作论坛，2018 年 8 月越南河内市与英国文化教育协会签署《教育合作备忘录》，旨在协助越南开展外语发展战略，帮助分析和评价越南河内市师生的英语水平，提高语言水平、改进教学方法。

越南—俄罗斯教育合作。2018 年 11 月第一届俄罗斯—越南青年论坛举行，成为越南胡志明市和俄罗斯圣彼得堡市青年开展交流的重要平台。2018年 9 月，越共中央总书记阮富仲访问俄罗斯期间，越俄两国 40 所大学签署23 个教育合作框架和科教研究合作计划等。

越南—法国教育合作。河内科技大学（USTH，也称为越法大学），是越南唯一获得法国 40 家高校和研究院联盟援助的、以法国作为合作伙伴的国际大学。2018 年 11 月 12 日，越法两国政府签署了《2019 ~ 2023 年政府联合发展 USTH 协议》，双方承诺将河内科技大学建设成国际一流大学，成为东南亚一流大学之一。

越南—德国教育合作。越南德国大学（VGU），是越南教育培训部与德国黑森州科技部在胡志明市建设的大学。越南德国大学参照国际标准促进越南高等教育体系改革，结合德国学术合作伙伴的专业知识与越南特色的科学的要求，成为一所基于研究的大学。2013 年 3 月 18 日，越南教育培训部、劳动荣军社会部和德国外交部、经济发展合作部等共同签署人力资源合作协议。

越南—日本教育合作。隶属于河内国家大学的越日大学于 2014 年 7 月成立，2016 年正式招生。2004 年越南《西贡解放日报》报道，获越南政府授权，越南教育培训部与日本驻越大使馆签署了关于日本向越南无偿援助7.22亿日元的人力资源发展计划的协议。该援款主要用于对研究生的培养。[1] 2018年3月，日本的基层人员安全无偿援助计划向越南医疗、卫生和教育领域提供了40.36万美元援助。

3. 越南—国际组织教育合作

越南—世界银行教育合作。2013年5月14日，世界银行和越南国家银行签署关于世界银行援助越南三个项目的协议：①越南竞争力提升与管理援助项目（EMCC），得到来自国际发展协会（IDA）提供的2.5亿美元优惠贷款，与减贫信贷系列项目相结合；②第三期大学教育发展政策项目（HEDPO3），5000万美元；③提高幼儿入学率项目（SRPP），1亿美元。总额为4亿美元，项目援助贷款期限25年，包括5年宽限期，年利率为0.75%。[2] 世界银行还资助越南"提升教师教育项目"，预计能够帮助越南培养一支由超过2.8万名骨干教师和4000名校长顾问组成的专业队伍，为教师和校长的专业发展提供持续支持。

越南—欧盟教育合作。2004年，据越南《西贡解放日报》报道，越南—欧盟合作委员会主任安德鲁通报，欧盟已一致通过向越南提供9000万美元援款。这笔款项将用于发展越南为穷人辅助计划中的教育和医疗两个发展项目。下个阶段，欧盟将投资完成一项在越南西北和西原两个地区的消饥扶贫战略项目。同时将拟订投资发展人力资源、医疗、教育等三个领域的新计划。[3]

（四）越南教育存在的主要问题

尽管近年来越南在教育方面有了一定的发展，但从越南教育整体来看，还存在许多有待解决的问题，如提高教育管理效率、丰富教学手段、建设高素质的师资队伍等，是越南教育要继续研究推进的问题。

第一，国民教育体系缺乏统一性，各级学校和各类培训机构之间缺乏

---

[1] 《日向越提供研究生助学金》，http://vn.mofcom.gov.cn/article/jmxw/200406/20040600238572.shtml，最后访问日期：2019年6月20日。

[2] 《世行对越南三个项目援助4亿美元》，http://vn.mofcom.gov.cn/article/jmxw/201305/20130500132222.shtml，最后访问日期：2019年10月20日。

[3] 《欧盟向越南提供9000万美元扶贫款》，http://vn.mofcom.gov.cn/article/jmxw/200406/20040600236702.shtml，最后访问日期：2019年6月20日。

联系，没有制定关于教育的国家标准框架。教育培训专业结构和各区域间的不平衡现状改变较慢，未能满足社会人力资源需求。教育单位数量增加、规模扩大，但质量保障水平未能同步提高。一些指标尚未达到《2001～2010 年教育发展战略》提出的目标，如小学和中学学龄的入学比例、初中毕业进入职业教育学校的学生比例。

第二，与新时期国家的发展要求、与地区和世界的教育发达国家相比，教育质量仍然较低。数量增加与质量提高之间的关系尚未得到很好的解决；毕业生的职业能力未达到工作要求；部分学生的行为和生活方式存在偏差。

第三，教育管理仍然不足。存在包揽、事务主义、分工交叉重复现象；教育管理的责任和权限与人事和财务管理的责任和权限不同步；教育法律制度和政策缺乏时代性，且长时间得不到修订和补充；教育部门与其他各部门、各行业和地方之间的协调不紧密；教育财政和人力资源分配政策不甚合理；人力资源使用效率不高；国家教育投资并没有高度集中于优先发展的目标；专业事务支出仍然很低；教育单位的自主权和社会责任尚未得到充分切实的规范。

第四，部分教师和管理人员未能满足新时期的教育要求。教师队伍既剩余又局部短缺，且专业结构不均衡。高等教育教师中具有研究生学历者比例较低；师生比例尚未达到《2001～2010 年教育发展战略》中设定的目标；仍有小部分教师和教育管理者缺乏对职业的责任感和热情，违反社会道德，生活方式腐化，对教师在社会中的声誉产生不利影响；部分教师和教育管理人员的能力较低；针对教师和教育管理干部的政策，特别是薪资和津贴政策不尽如人意，不能吸引优秀人才进入教育行业，在教育行业中没有形成奋斗向上的动力；教师队伍的进修和培训不能满足教育革新的要求。

第五，教学内容、教学方法、考务、检查和评估工作改革缓慢。教学内容仍偏重理论，教学方法落后，与不同教育机构、地区和学习者的不同特点不匹配；学校与社会经济生活联系不紧；尚未向以社会需求为导向的人才培养转变；对发挥学生的创造性和实践能力方面的教育重视不够。

第六，学校的基础设施不足、落后。幼儿园和普通教育的教室条件还比较简陋，特别是在偏远地区；与提高教育质量的要求相比，图书馆、实

验室、专业教室等教学设施在数量、种类和质量方面得不到保证，高校的
情况尤为突出；教育机构的土地储备未达到规定标准。

第七，教育科学研究成果在研究和应用上力度不够，未能及时满足教
育发展的要求。高校科研的质量仍然较低，效果不明显，未能把培养与科
学研究、生产紧密联系起来。

四　越南教育改革和创新

1945 年"八月革命"成功，越南民主共和国成立，越南本土教育体系
逐渐形成。1945 年 9 月，越南政府组建平民学务司，开办平民扫盲班，号
召全民加入扫盲运动。1950 年越南进行第一次教育改革，提出"学行结合，
理论联系实际"的教育方针。1954 年越南北部获得全部解放后，越南进行
第二次教育改革，按照民族化、科学化、大众化建设教育体系，形成三级
十年制的基础教育。1975 年越南南北统一，进行第三次教育改革，把培养
越南新人、实行全民普及教育、培养新的劳动队伍作为教育改革的三大目
标。1981 年普通教育体制改为二级十二年制，即九年基础普通教育和三年
中学普通教育。整个教育体系包含幼儿教育、普通教育、大学教育和中专
培训等。2017 年 3 月越南政府成立首届国家教育与人力资源发展委员会，
指导管理教育培训和人力资源开发，完善教育领域的相关规划和战略。2017
年 11 月越南政府批准《中长期大学生创新创业项目提案（2017~2025
年)》，以完善越南大学生创新创业扶持政策，促进越南大学生创新创业发
展等。越南教育发展成绩斐然。

第一，教育规模和教育网络体系得到发展，更好地满足人民的学习需
求。全国范围内完成了扫盲的目标，普及了初等教育、初中教育，并正在
推动实现普及 5 岁儿童学前教育和适龄儿童小学教育，部分地方正在推动普
及中学教育。

第二，各级学校的教育质量和培养水平有所提高。学生的知识水平和
认知能力得到稳步提升；大部分毕业生有修身立业的抱负和自立精神；大
部分大学毕业生已顺利就业；教育培训工作已经向更好地满足社会经济发
展、科学和技术需求的方向发展；开设了许多新专业，初步满足了劳动力
市场的需求。

第三，改善教育公平，特别是少数民族、贫困家庭的子女、女童和弱势群体越来越受到关注。在普通教育和高等教育中基本上实现了男女平等。少数民族地区和偏远地区的教育继续得到发展。一些对各类学生的学费减免、奖学金、助学贷款和其他资助政策，在实现社会公平和日益发展高质量人力资源方面产生了切实效果。

第四，教育管理在克服行业负面问题、规范教师和教育管理人员方面取得了积极成效；教育行业的财政机制改革取得进展；教育管理的权力下放，教育机构的自主权和责任得到加强；信息技术广泛应用；形成了对教育和培训质量的社会监督；建立了从中央到地方教育机构的质量管理体系；促进了整个行业的行政改革；改善教育环境，鼓励学生的积极性和主动性；创新和加强传统教育和民族文化教育。

第五，教师和教育管理干部队伍数量迅速增加，质量逐步提高，逐步克服教师结构不合理问题，达到教育普及、各级学校发展及培养水平提高的要求。

第六，国家财政预算对教育的投入迅速增加，从 2001 年预算总支出的 15.3% 增加到 2010 年的 20%。教育社会化取得了重要成果，特别是调配资源投资建设学校基础设施、开办学校和为教育提供资金方面。教育投资日益得到严格控制，使用效率逐步提高。

第七，非公立教育日益发展，特别是在职业教育和大学教育方面。在过去的 10 年中，非公立教育的培养规模在总教育培训规模中的比例有所提高：初级职业培训从 28% 增长到 44%，中级和高职院校从 1.5% 增长到 5.5%，中专从 5.6% 增长到 27.2%，大专从 7.9% 增长到 19.9%，大学从 12.2% 增长到 13.2%。[①]

第八，学校设施得到改善。符合要求的校舍比例从 2006 年的 52% 增长到 2010 年的 71%。近年来教职工行政用房和学生宿舍等得到优先投资建设并逐年增多。

---

① Thư Viện Pháp Luật, 2012, *QUYẾT ĐỊNH PHÊ DUYỆT "CHIẾN LƯỢC PHÁT TRIỂN GIÁO DỤC 2011 – 2020" THỦ TƯỚG CHÍNH PHỦ*, https://thuvienphapluat. vn/van-ban/giao-duc/Quyet-dinh – 711 – QD-TTg-nam-2012 – Chien-luoc-phat-trien-giao-duc – 2011 – 2020 – 141203. aspx，最后访问日期：2019 年 6 月 24 日。

五 越南教育发展展望

2012 年 6 月 13 日，越南政府总理批准《2011～2020 年教育发展战略》，明确了越南到 2020 年教育发展战略的总目标是：按照标准化、现代化、社会化、民主化和融入世界的方向进行全面和根本的改革；全面提高教育质量；重视道德、生活技能、创造力、实践能力方面的教育；满足人才需求，特别是满足高质量的人才需求，服务国家工业化、现代化和知识经济建设；保证教育公平，使人人享有终身学习的机会，逐步形成学习型社会。

此前，越南在 2001～2010 年实施十年教育发展战略后，取得显著成就。如地方教育体系更好地满足了人们终身学习的需要，不仅有助于提高人们的知识水平，培训人力资源和培养适合的人才，还提高了学校数量和学习人数。与此同时，教育质量也取得了稳步提升，特别是在社会经济条件较好的地区，各级教育考试和评估已经改革，更加科学。此外，随着许多投资政策和措施的实行，教育公平逐步得到改善。

然而，在实施《2001～2010 年教育发展战略》中，越南教育部门的许多弱点也暴露出来。如农村地区，特别是山区和偏远地区，在教育普及化、扩大教育规模和动员儿童上学方面仍面临诸多困难。大众教育的质量，特别是大学教育的质量仍然较低，教育方法普遍落后，创新缓慢；学生也缺乏实用技能，缺乏创造力和活力；理论教育仍占较大比重，对应试教育依赖性较大；体育教育改革效果不佳。虽然情况有所改善，但总的来说，确保教育发展的条件仍然不足，达不到提高各级教育质量的要求。特别是教育的财政资源得不到保障。教育管理与社会和教育本身的发展也存在很大差距，未能提出有效和彻底的解决方案。

《2011～2020 年教育发展战略》提出了四个重点：第一，教育发展必须真正成为国策，成为国家和全体人民的事业；第二，以马克思列宁主义和胡志明思想为基础，建设人民化、民族化、先进化、现代化、社会主义化的教育；第三，教育向标准化、现代化、社会化、民主化、国际一体化，适应社会主义市场经济，与分配相关的基础性和全面性创新科技发展；第四，在维护和促进民族认同，维护独立和自主的基础上与国际教育接轨。

《2011～2020 年教育发展战略》提出的具有突破性的措施有：①创新教

育管理；②培养教师和教育管理人员；③创新学习、考试、测试和评估教育质量的方法；④增加投资来源，更新教育融资机制；⑤加强科学研究和技术转让的培训，满足社会需求；⑥加强对贫困地区、少数民族和社会政策受益者教育发展的支持；⑦教育科学的发展；⑧增强国际教育合作的有效性。

第二章　缅甸教育发展报告

一　缅甸教育发展简介

缅甸教育发展有自身特点。缅甸封建时期教育与南传上座部佛教息息相关；英国殖民统治时期，引入西方教育制度；缅甸独立后沿袭历史上的教育体系，又根据本国的社会经济发展情况进行调整，自1948年独立以来，缅甸的政治经济发展进程曲折复杂。独立后，军人对缅甸进行了长达50年的统治，直到2011年开始实行民主转型，进行社会全面改革。但由于缅甸政府的封闭统治，经济社会发展长期滞后，受经济条件限制，当前缅甸的教育还处于较为落后的状态。

（一）古代教育

缅甸古代教育与佛教有密切的关系。佛教经典的研习是缅甸古代教育的基本内容，世俗教育附属于佛教教育，没有独立的地位。7世纪时，骠国后期，佛教寺院已经具有作为教育中心的功能。阿努律陀于11世纪建立缅甸第一个统一的帝国蒲甘王朝，大兴佛教，缅甸实行政教合一的管理模式，南传上座部佛教具有统治地位，形成了以寺院为学校、教育从属于佛教的制度。按南传上座部佛教的传统，缅甸人几乎都要出家当和尚，在寺院接受教育。在寺院里的小和尚除了拜佛诵经、持戒守律外，还学习缅甸语、简单的数学等。缅甸僧侣在寺院里通常需要学习巴利文和梵文，他们接受的教育主要以佛教经典为主，佛教经典不仅仅是宗教著作，还蕴含哲学思想以及广泛的社会知识和自然知识。因此，博学的僧侣不仅精通佛教经典，还掌握天文、历法、医药等方面的知识。但宗教与教育合一的制度制约了教育的发展，影响教育内容的丰富、完善和教育水平的提高。在缅甸古代，佛教被定为国教，信仰南传上座部佛教的人数众多，佛教影响及佛教制度决定了古代缅甸基础教育的普及率相当高。

（二）近代教育

缅甸的近代教育始于 19 世纪中叶。1826 年第一次英缅战争后，英国占领阿拉干和德林达依地区。英殖民当局在毛淡棉、皎漂、实兑开设用英、缅两种语言进行教学的学校。1852 年，英国侵占下缅甸，在仰光、勃固、东吁、卑谬等地开设了一些用英语或英、缅两种语言进行教学的中学，除了英语、缅语之外，还开设一些近代自然科学课程。第三次英缅战争之后，1885 年缅甸沦为英国殖民地，殖民地的近代教育推广到全缅甸。1866 年英殖民政府在下缅甸设立教育部门，缅甸教育开始从寺院教育转变为班级教学模式。

高等教育方面：1884 年仰光学院成立并被并入加尔各答大学，1885 年，在仰光高级中学设立仰光学院，1904 年正式成立仰光学院。1920 年殖民地政府将仰光学院与原教会学校贾德逊学院合并，于该年 12 月 1 日成立了仰光大学。当时全校有学生 829 人（其中仰光学院有学生 692 人）。仰光大学开设的课程有缅语、巴利文、梵文、历史、地理、教育、哲学、森林、地质、生物、医药、化学、物理、工程等。1925 年增设曼德勒专科学院，1930 年增设师范学院和医学院，1936 年开设农学院。1941 年日本入侵缅甸前，仰光大学有 6 个学院，即仰光学院、贾德逊学院、师范学院、农学院、医学院和曼德勒专科学院，在校学生近 2000 人，成为当时中南半岛上较为著名的大学。[1]

基础教育方面：英国殖民者在缅甸实行"分而治之"的政策，在少数民族居住地区保留当地传统制度，在缅甸平原地区实行殖民统治。各类学校主要根据教学语言划分。二战之前，缅甸有三种类型的学校：

①以缅甸语或当地通用的民族语言教学的地方学校；

②以英语和缅甸语（或当地通用的民族语言）教学的英式地方学校，英语作为第二语言；

③以英语为教学语言，以缅甸语为第二语言的英语学校。

以缅甸语或当地通用的民族语言为教学语言的地方学校由地方教育局

---

① 贺圣达、李晨阳：《列国志：缅甸》，社会科学文献出版社，2003。

管理，是大多数适龄儿童的唯一选择。这类地方学校属于二类学校。这些学校的教师缺乏晋升机会，其师资水平相对不如其他两种类型的学校。而英式地方学校和英语学校的学费和其他开支很高，只有收入较高的家庭才能负担得起，缅甸儿童进入这两类学校学习受限较大。1939 年之前，缅甸共有 6854 所学校，其中 6552 所是以缅语或当地民族语言授课的地方学校，包括 251 所高中、863 所初中和 5438 所小学，占全国学校的 96%；215 所为英式地方学校和英语学校，包括 102 所高中、106 所初中和 7 所小学，占全国学校的 3%；87 所为政府开办的学校，包括 38 所高中、7 所初中和 42 所小学，超过全国学校的 1%。因此，二战前的缅甸教育无法保障缅甸适龄儿童享有平等的教育机会。而只有懂英语的人才能进入政府部门和专业领域就业，缅甸近代教育充满了殖民主义色彩，发展缓慢且畸形。

日本战败撤出缅甸之后，1945 年 7 月英国政府重新执掌缅甸，英国殖民当局支持流亡印度西姆拉的政府，成立了教育部，执行由英国军事预算资助的西姆拉教育复兴计划。根据西姆拉计划，缅甸开办了 42 所中学及 2060 所小学。1947 年，教育重建委员会针对缅甸教育作了报告。报告指出，缅甸教育体系应该由国家提供和管理。报告提出缅甸的学制体系为：

①小学为一年级到五年级，就读年龄为 6～11 岁；

②中学为六年级到九年级，就读年龄为 11～15 岁；

③大学预科为十年级到十二年级，就读年龄为 15～18 岁。

在缅甸，小学和中学的教育是完全免费的，而大学预科的教育是有年级补贴的。

该报告建议重新设计课程，以提供切合实际的实用教学。因此，在中小学课程设计中加入手工教育和体育教学。英语和缅甸语应被视为同等重要的科目，鼓励进行双语教学。在大学预科和大学阶段，英语必须作为主要的教学媒介。报告还建议在小学教授民族语言以及缅甸语的罗马体。该报告还允许寺院继续办学，将宗教教育作为世俗课程的一个强制性组成部分。

（三）缅甸独立后的教育发展

1950 年 6 月 1 日，缅甸开始执行一项新的政策，将学前教育与小学教育合并，形成从幼儿园到十年级的完整基础教育教学体制。从幼儿园到小学四年级，坚持使用缅甸语作为教学媒介；从五年级开始为中学阶段，英语成为必修课程。该制度下的缅甸教育体制为：

①幼儿园，读者为 3～5 岁儿童；

②小学为一年级到四年级，读者为 5～10 岁儿童；

③初中为五年级至七年级，读者为 10～13 岁少年；

④高中为八年级至十年级，适用于 13～16 岁的少年，包括农业和技术类职业高中；

⑤为 16 岁以上的年轻人开设的职业技术学院和大学。

1953 年，政府推出了新的教育计划，作为十大"福利计划"之一，确保缅甸联邦的每一个公民都有受教育的权利，其目的是：扫除文盲；培训大量的技术员；提升青年的文化素养，向民众传播民主意识。重点开发实用性教学课程，课程设计不再强调宗教教育。还启动了教师培训计划，培训充足的师资力量。

缅甸独立后的教育有了较大发展，尤其是高等教育发展迅速。1958 年曼德勒学院升格为曼德勒大学，1960 年开办了东枝学院，仰光大学增设了许多系、学院，尤其是自然科学方面的课程。学生人数在 1962 年已达 14799 人。

（四）军政府时期的教育发展

1962 年 4 月，由奈温将军领导的军政府成立联邦革命委员会，宣布其政治纲领为"缅甸社会主义道路"，其中关于教育的政策为：改变现有的不平等的教育制度。要建设以民生为核心、以社会主义道德价值为基础的教育体系，科学优先于其他学科教育，艺术学科被认为是智力低下的学科。缅甸政府先后制定并通过《缅甸联邦大学教育法》《缅甸联邦基础教育法》《缅甸联邦教育政策》等法律法规。这些法律法规强调教育以提高道德为基础，高度重视普及教育。

1962 年军事政变后，所有学校都被收归国有，缅甸不再有基督教学校，但佛教寺院学校可以继续在农村地区运作。1964 年，教育体系进行了重组。新教育体系的结构包括：基础教育，技术、农业和职业教育，高等教育。

基础教育方面，学前班至四年级为小学，五年级至八年级为初中，九年级至十年级为高中。使用缅甸语授课，不考虑少数民族语言。课程中也没有关于宗教教育的规定。五年级开始将英语作为第二语言进行教学。实行考试考核制度。根据八年级考试成绩，成绩优异者可以在高中学习理科，其余的学习文科。在当时的教育中，对历史、哲学、心理学、社会学等学科并不重视。根据十年级考试成绩，将学生分为 A、B 两类。A 类学生有资格申请大学，B 类学生只有资格申请职业学院。

1974 年，缅甸军政府推出《1974 年宪法》，同年建立民选政府。根据缅甸《1974 年宪法》第 152 条，"每个公民都有受教育的权利"。1974 年教育政策包括下列领域：基础教育；技术、农业和职业教育；高等教育和教育研究。基础教育的课程包含文科、理科，职业教育对就业的促进并不大，在独裁统治下，学术自由和言论自由并没有得到保障。

1962～1988 年间，缅甸基本上是关起国门办教育，强调教育事业的民族化、大众化、普及化和实践性，但对教育质量的提高尤其是对现代教育的发展，没有给予高度的重视，教育设施也没有随受教育人数的增长而得到相应的增加和更新。这一时期缅甸的教育发展还表现出不平衡性。根据教育部1980～1981 年的大学入学规定，申请人必须是"缅甸公民"。而 1982 年《缅甸公民法》规定，缅甸公民仅限于 1824～1825 年间英国入侵缅甸之前居住于缅甸的公民。在 1825 年以后进入缅甸的印度人和中国人约以百万计，他们的受教育权得不到保障，即使取得了缅甸公民身份，学习科技或医学依然受到严格的限制。另外，这一时期，缅甸政府实行扫盲运动，在少数民族居住地区大力推广缅甸语，将缅甸语凌驾于少数民族语言之上，使得教育发展极具不公平性。

（五）1988～2011 年的缅甸教育

1988 年，缅甸军队再次接管政权，并废除了《1974 年宪法》。苏貌将军上任后，缅甸在教育公平、质量和效率方面面临严重的问题。联合国儿童基金会的报告显示，缅甸近 40% 的儿童从未上学，近 3/4 的儿童未能完成小学教育。中学入学率很低，辍学率很高，尤其是贫穷的农村地区。教育设施严重短缺，学校数量、教师人数、教科书及图书资源严重不足。1992 年，缅甸制定新的教育制度，大力普及基础教育。为发展教育事业，缅甸政府采取了一系列措施：扩大大学教育规模，扩建、兴建大中小学和职业学校；加强师资力量，提高办学水平；开办各种学科的培训班；争取让所有适龄儿童都能上学，保证 80% 的学生能接受完基础教育；继续加强全民扫盲工作；积极发展边疆少数民族地区的教育事业；重视道德教育和学生的全面发展，不把学习成绩作为学生升级、毕业的唯一标准；发挥社会和民众在兴办教育中的作用，在学校成立"家长委员会""社会公益委员会"等，加强与学生的课后联系。①

课程设置方面：幼儿园到二年级学习缅甸语、英语及数学课程，三年级到四年级增加历史和地理课程，五年级至八年级增加科学课程。八年级之后不再分文科和理科，而是按主题选择课程。九年级至十年级学习缅甸语、英语、数学、科学（物理、化学和生物学）及社会（历史、地理、经济）课程。九年级和十年级的数学及科学教科书为英文教材，授课采用缅甸语及英语。缅甸的基础教育为应试教育，十年级的考试分数决定了学生能否进入高校接受高等教育。学生为了能考取大学，往往选择私人辅导课程。但是由于家庭经济实力有差异，大部分学生无法支付私人辅导费用，在十年级考试中缺乏竞争优势，这也是造成缅甸教育不平等的原因之一。

总体来说，缅甸教育教学硬件设施落后，缺乏教师，课程内容不够丰富，不重视学生学习能力的培养，往往只注重学生的死记硬背能力，学生以被动、机械的方式吸收知识，这对缅甸教育的长远发展是十分不利的。

（六）民主政府时期的缅甸教育

根据缅甸民盟执政第三年年度总结报告，在 2018/2019 财年，缅甸政府投资 2170 亿缅币进行教育改革，新建及修缮学校，培训、补充师资，实行教材改革等。缅甸自 2019 年起对基础教育实行教材改革，计划于 2023 年完成 12 个年级的教材改革。在师资培训方面，为提高师资素质，将学制二年的大专教育改为四年制的本科教育，并根据地区需要，增开民族管理学院及旅游管理专业，在仰光大学增开渔业和水产养殖专业，在实兑大学增开海洋科学专业。在少数民族地区，聘用教师助理辅助任课教师使用少数民族语言完成教学。2017～2018 年度共聘用 5161 位教师助理，其中有 719 位接受过师范教育并取得基础教育教学资质。在教材方面，政府给学生免费提供思想品德课程教材，教师用书免费使用，少数民族地区为学前教育学生提供缅甸语和当地少数民族语言两种文字印制的故事书。

---

① 贺圣达、李晨阳：《列国志：缅甸》，社会科学文献出版社，2003。

二　缅甸的教育体系

缅甸的教育体系包括学前教育、基础教育（初等教育和中等教育）、高等教育三个阶段，同时还实行职业教育和远程教育制度等。缅甸的教育方针是：教育为国家建设服务，提高公民的道德修养和知识水平，培养国家建设所需的各类高素质人才。人人享有接受基础教育的权利；通过中等教育考试合格及优秀者享有接受高等教育的权利；为劳动者和在职人员提供培训或继续接受教育取得更高学位的权利。

1. 学前教育

缅甸学前教育包括学前学校及幼儿园，招收 3 ~ 5 岁儿童，由缅甸社会福利部主管。缅甸学前教育还允许私人或其他社会组织办学。但缅甸的学前教育发展还很落后，缺乏高质量的学前教育机构，适龄儿童就读率较低，教学质量相对较差，在许多偏远地区缺少学前教育机构。根据缅甸制定的《国家教育发展战略计划》，针对学前教育，缅甸政府致力于提升学前教育的管理及协商机制；为偏远山区提供学前教育机会；改善学前教育学校的硬件建设；全面提高学前教育办学质量。

2. 基础教育

缅甸的基础教育包括初等（小学）教育和中等（初中、高中）教育，由教育部下属的基础教育局管理，目前缅甸基础教育实行十年制。如前所述，缅甸小学教育属于义务教育，小学教育实际从幼儿园开始，从学前班到四年级，为五年小学教育，正常入读年龄为 6 ~ 9 岁。初中教育为五年级至八年级，入读年龄为 10 ~ 13 岁。高中教育为九年级至十年级，共两年，入读年龄为 14 ~ 17 岁。2019 年缅甸拥有 44505 所基础教育学校，有近 510 万名学生。其中，高中有 2600 所、初中 5631 所、小学 36274 所，1527 所修道院。据统计，每位教师平均管理的学生数为：小学 21 人、初中 28 人、高中 25 人。[①] 高中的必修课程为缅甸语、英语及数学。文科类学生学习地理、历史及经济学科，理科类学生学习化学、物理及生物课程。通过十年级考试（大学入学考试）者可进入大学，教育部考试委员会于每年 3 月组织大

---

① 缅甸中央统计局，*MYANMAR ATATISTICAL YEARBOOK*，2020。

学入学考试。学生获得 5 科或 5 科以上优秀，或是总分为 500 分以上，可被缅甸技术或医科大学录取。自 2007 年起，考试成绩 6 月在全国公布。根据缅甸 2019 年政府工作报告，2019 年参加高考人数为 85 万人，考试通过人数为 26.7 万人（见表 2 - 1）。

表 2 - 1   缅甸基础教育发展情况（截至 2019 年）

序号	学校类型	学校数（所）	教师数（人）	学生数（人）
1	高中	2600	42103	1048865
2	初中	5631	108963	3011643
3	小学	36274	240664	1048865
4	修道院	1527	11044	297039
6	总计	46032	402774	5406412

资料来源：缅甸中央统计局，*MYANMAR ATATISTICAL YEARBOOK*，2020。

3. 高等教育

缅甸独立初期仅有仰光大学及曼德勒大学两所大学，之后为平衡发展各省、邦的高等教育事业，陆续把一些专科学校升格为大学和学院，在各地创办了不少地区学校和大学。1988 年，缅甸共有 32 所高等院校，到 2002 年，高等院校数量增长到 144 所。2012 年，缅甸共有 163 所高等院校及机构，其中 66 所隶属于教育部，97 所隶属于卫生、科学与技术、国防、文化、环境保护和林业、农业和灌溉等 13 个部门，不同高校开设不同学科，且均为政府开办。这 163 所高等教育机构专攻不同的领域，如文理、法律、经济、计算机研究、海事研究、国防、农业、林业、兽医科学、文化和美术等，设有本科、硕士和博士等不同层次的学位（见表 2 - 2）。

表 2 - 2   缅甸高等教育机构隶属部门情况（2012 年）

序号	隶属部门	机构数量（所）
1	教育部	66
2	卫生部	15
3	科学与技术部	61
4	国防部	5
5	文化部	2
6	环境保护和林业部	1

续表

序号	隶属部门	机构数量（所）
7	农业和灌溉部	1
8	畜牧业和渔业部	1
9	合作社	5
10	联邦公务员事务局	1
11	宗教事务部	1
12	边境事务部	2
13	交通运输部	2

资料来源：Panorama of Myanmar Higher Education。

缅甸高等教育从机构数量上看，发展变化较快，在校人数也迅速增加，从1988年的134320人增长到2012年的470912人。截至2019年，缅甸共有高等院校169所（包含军事院校5所），其中综合大学47所、科技大学50所、教育大学27所，[①] 有76所由教育部高等教育司管理。在缅甸高等教育机构攻读学位和接受远程教育的学生，从1988年的134320人增加到2012年的470912人，截止到2015年，缅甸共有636342人接受高等教育[②]，其中教育部直属高等学校全日制在校学生225178人，远程教育在校生411164人。

缅甸高等教育实行全日制教学，本科学制分为四年制、五年制、六年制。综合性大学和经济大学为四年制；计算机大学、农业大学为五年制；医药大学、畜牧大学、林业大学、工业大学等为六年制。硕士三年制，博士学位学制为三年至五年。

4. 缅甸其他教育

缅甸教育还包含科技及职业教育培训、继续教育及特殊教育等。科技及职业教育培训由相关的政府部门及私人共同开办，2015年，缅甸的培训机构共有372所。在师资培训方面，仰光教育大学和曼德勒教育大学是培养高等教育师资的学府。培养初中师资的属于教育学院，各高等学院还不定期举办各类高校师资培训班。为确保教育资源的合理分配，缅甸高等教育

① 中国驻缅甸大使馆，http://mm.china-embassy.org，最后访问日期：2021年10月12日。
② 《缅甸国民教育战略计划（2016~2021年）》年度报告。

还实行全国各学校之间教师轮换教学。缅甸的继续教育开展较为丰富，包括成人夜校、远程（函授）教育，主要依托大专院校进行。缅甸的远程教育始于 20 世纪 70 年代，开始依托于大专院校开设函授班，后于 1992 年正式成立远程大学，面向全国招生，学制五年。缅甸社会福利部还在全国开设 4 所特殊学校，为残疾人提供特殊教育课程，教授他们力所能及的谋生技能，使他们日后能够维持生计。

三 缅甸教育的法律保障

缅甸 2008 年宪法第 366 条规定，缅甸公民依法享有受教育权利，缅甸的基础教育属于义务教育，教育是自由平等的。此外，缅甸还颁布了国家教育法、国家教育法修正案及其他相关法律规定来保障缅甸公民的受教育权利。公民享有受教育的权利，政府为公民提供受教育的机会。国家在起草教育政策、相关法律及实施细则的过程中，会听取专家、民间教育组织及由家长、教师选出的代表，由学生选出的代表提出的意见和建议。在高等教育阶段，根据相关章程，教师和学生可以自由组建教师工会和学生会并开展活动。缅甸政府允许组建私立学校，鼓励公立和私立学校合作办学。为保证所有适龄儿童在相应阶段都能接受相应的教育，政府针对包括残障人士在内的所有公民制定全民教育计划，充分利用现代科技，促进教育国际化，促进教育为社会经济生活服务。

根据 2015 年缅甸国家教育法修正案，学校分为公立学校、政府资助所建学校、地方组织学校、私立学校、寺院学校、公益学校、特殊教育学校、搬迁及紧急学校、相关政府部门临时所建学校等。缅甸国家教育法还规定成立国家教育政策委员会，负责制定国家教育发展计划、管理政策、财政投入政策，向国家提交报告及与其他部门进行协商，管理教育机构的开办与关停事务等。法律规定，缅甸教育分为初等教育、职业技术教育及高等教育。将学前教育归入小学教育阶段，不断扩大免费义务教育范围。在教学方面，缅甸国家教育法规定自小学开始实施英语课程的教学，成立国家教材专家委员会负责编写各教育阶段教材，教材编写联系实际，注重传承和发扬缅甸各民族优秀的历史文化，初高中教材编写具有联系性等。缅甸国家教育法规定，在财政支持方面，国家财政对教育支持最高可达 20%，并可接受国内外组织机构的资金和物资捐赠。

四　缅甸教育发展面临的困难及挑战

（一）学前教育

近几年缅甸学前教育入学率一直在上升，但是依然面临一系列问题。首先，学前教育往往是针对生活在城市、有良好经济条件家庭的孩童，而偏远农村地区，由于受社会经济条件限制，学前教育配套不完善，缺乏有质量的、完备的学前教育设施。其次，缅甸许多地方的学前教育师资力量不足，教育质量及服务管理水平低下，达不到教育部、社会福利救济与安置部的要求，急需改善学前教育质量，完善师资力量培训机制。再次，缺乏有效的协调和管理机制，缺少对全国学前教育数据的统计，未能在各省邦、地区间进行有效的资源配置并提供便利的学前教育服务。最后，缅甸学前教育缺乏与儿童成长相关的文化类、知识类教材及课程，需设计一套适合儿童发展的、与文化和教育相关的学前教育课程。

（二）基础教育

缅甸的基础教育虽然是义务教育，缅甸公民人人享有受教育权利，但缅甸的基础教育体系仍面临以下挑战。

第一，缅甸并非所有儿童都有上学的机会，许多应入学的儿童没有定期上学，或由于上学困难而提早辍学。缅甸的失学率很高。据统计，2018年，缅甸失学儿童达91889人，辍学青少年达848088人。[①] 目前缅甸还缺乏对学校覆盖率与地区适龄儿童数的统计对比，在减少失学问题上困难重重，有必要建立数据库，根据当地的需要建立新的学校。

第二，缅甸教育基础设施不完备，大部分地区缺乏质量较好的校舍，缺乏完善的教育质量监控体系，办学质量不高。

第三，教学计划、学校管理改进缺乏政策指引，教师教学考核制度不完善，影响教学水平的提高以及学生学习能力的提升。

---

① 联合国教科文组织网站，http://uis.unesco.org/en/country/mm。

第四，经济水平也是影响缅甸儿童接受基础教育的因素，偏远农村地区的孩童接受教育的机会往往低于城市地区孩童。经济条件较好的家庭中小学毕业率为 79%，收入较低家庭中小学毕业率为 31%。对于少数民族的孩子来说，语言障碍也是导致他们辍学的一个重要因素。

第五，缅甸残疾儿童及移民家庭儿童缺少接受教育机会。根据缅甸全国残疾调查（2010）报告，几乎一半的残疾人从未上过学。由于教学资源不足、缺乏学习材料和专业教师、特殊教育学校和基础教育学校之间缺乏协调和有效联系等因素，阻碍残疾儿童接受教育或导致他们辍学。另外，流动家庭的儿童很难接受基本教育，需要针对残疾儿童以及流动家庭儿童接受基础教育制定相应政策。

（三）师资培训

提高教学质量是达到标准教学的关键，需要制定综合管理办法对教师教育和改革进行管理调配。在缅甸，教师的晋升不以教学成绩为依据，而是以教师的教学经验为基础，从事基础教学的教师的晋升往往取决于所在学校的级别，这就驱使很多有水平的教师为晋升而不选择小学教学。在许多偏远地区，小学聘用一些未受系统教育的临时教师，教师福利待遇低，聘用、安置体系不健全。另外，师范教育学院或是少数民族地区大学的基础设施建设及管理水平仍然较低。

（四）高等教育的管理

缅甸高等教育主要由教育部管理。政府对高等教育的管理过于集中，不允许教育部以外的其他利益相关者参与教育政策和相关教育法律的制定。缅甸高等教育机构及高等院校基础设施建设，特别是图书馆、实验室、网络学习中心的建设，还需要进一步改善。缅甸高等教育中，本科课程通常以理论知识为主，而高等教育不仅要关注本土市场的需求，更要关注国际的需求和社会、市场的变化，以及国内的经济和社会变化，并做出相应的课程内容结构调整，而缅甸的课程设计还相对滞后，一定程度上也影响了学生的学习能力和工作能力发展。大学教育过于强调死记硬背以及传统文化的教学，不太注重学生的专业能力发展以及社会和就业需求。缅甸高等教育机构和高等院校开设的专业较少涉及文科教育，比如政治学、新闻传播、社会科学等受到了限制。

　　缅甸教育资源有限，贫困、偏远农村地区的孩子升学就读受影响较大。大多数高等院校没有充足的校舍为学生提供寄宿，使得偏远地区孩子上学的教育成本增加，很多孩子难以接受高等教育。缅甸虽然开设远程教育大学，但教育质量及基础建设仍需完善，电子图书馆及其他科技信息化的教学资料匮乏。学生除了获得学位证书以外，无法获得其他资格证书或是习得某一项技能，接受远程教育的学生很难再继续攻读硕士和博士学位。而他们在应对社会需求和寻找就业机会的时候，往往还要参加额外的培训，如计算机、语言或其他技术的培训。缅甸高等教育机构的毕业生，在就业方面也面临诸多问题，如缺乏足够的资格获得与其专业相关的工作，许多毕业生无法在专业领域谋生。缅甸高等教育和职业教育培训机构的课程设置陈旧，实践能力不足，来自信息技术领域的人力资源相对缺乏，而许多优秀的知识分子和技术型人才由于竞争优势和自身利益选择到国外就业。

五　缅甸政府教育发展规划

　　缅甸的经济主要依靠自然资源的开采及农业种植。然而缅甸社会变革及转型，需降低对自然资源开采的依赖性，转向服务业及加工产业的发展，农业方面需从粗放型的农业种植向农产品精加工转变。目前，缅甸国内面临的主要问题，一是社会需求及就业增长与人才不足之间的矛盾，二是社会经济有效增长与政府管理水平之间的矛盾，三是贫富差距、城乡发展差距过大的问题，四是移民、人口拐卖、毒品泛滥等社会问题。这导致社会动荡不安，阶层矛盾加剧。提高教育质量和实现受教育权平等对于这些社会问题的有效解决格外重要。根据缅甸民盟政府制定的《缅甸国民教育战略计划（2016～2021年）》，政府对教育的改革主要从学前教育、基础教育受教育权、基础教育教程改革、教育考核、师资素质和管理水平、社会教育、职业教育与培训、高等教育及管理水平等九大方面入手，提出了12点具体要求：①

----

① 缅甸教育部：《缅甸国民教育战略计划（2016～2021年）》。

（1）提高学前教育的办学水平与质量。

（2）确保每个公民至少完成小学教育，逐步提升初中、高中的受教育程度。高度重视身体残疾、智力缺陷、贫困地区的小学适龄儿童的受教育权，改善和提高小学教育的条件。

（3）加大地方政府的自助办学权及监督管理权，在语言差别较大的少数民族地区，允许使用各少数民族语言编制的教材，使用少数民族语言教学，提升少数民族传统文化的传承性。

（4）加大师资培养力度，增加师资力量，保证适当的师生比例。

（5）全面提升各学校教师专业素质，提高师资水平。

（6）为保证人人享有小学受教育权，优先补充欠发达地区的教育资源，尤其是中小学的硬件设施。

（7）为改善受教育程度低下人群的生活质量，开创条件为其提供中小学的校外培训或是职业技能的培训。

（8）在高等教育方面，下放权力，各高等院校能自主设置课程、自主管理和自由科研，提升缅甸高等教育的教育及科研水平。

（9）在发展高等院校专业的同时，重视职业技术教育的发展。

（10）避免教育服务发展给受教育人员家庭带来负担。

（11）合理有效及公开透明使用政府、私人及国内外企业对缅甸教育提供的援助资金。

（12）实事求是、有序开展教育改革，开展管理、监督项目。

缅甸民盟政府对教育提出了系列改革措施，从教育管理到教学活动，都进行了相关政策的制定。随着社会经济的发展，如果教育改革能顺利稳定地推进，缅甸的教育将会逐渐取得进步。

六　缅甸与中国的教育合作

（一）合作概况

早在 1960 年，中国就接收了缅甸的第一位留学生——吴迪三伦。吴迪三伦是一名缅籍华裔，来华后就读于北京大学中文系，交流时间长达 5 年，回缅后成为缅甸外国语学院中文系第一任系主任，在任时间长达 40 余年。

20 世纪 70 年代末，两国官方恢复互派留学生，每年各四名。但从实际情况来看，缅方多年来并未用满名额。经过中方大使馆的多方沟通，1990 年缅甸教育部第一次用足了四个名额，分别是缅甸外交部的杜山达、历史委员会的杜温、杜玛格丽黄和外国语学院中文系教员杜漂漂温。

事实上，民间来华学习的学生数量较多，但比较分散，统计难度大。从 60 年代末，缅甸赴华留学人数开始增加，前十年的目的地大多为台湾地区，其中华裔占多数。到 70 年代末期，我国开始恢复学位学衔制度后，来大陆的缅甸留学生数量增多。进入 90 年代后，缅甸来华留学生的情况有很大改观，人数、层次都有所提高。起初，接受缅甸留学生的院校并不多，但 90 年代后，我国多个部门增设多个渠道接受缅甸留学生，所学专业与接受院校都有增加，兼收本硕博各级学生，并为缅方提供了充足的来华奖学金名额。[1]

据统计，2018 年，中国大使馆共收到中国政府奖学金报名申请 600 余份，数量比上年增长了近 4 倍，中方录取了缅甸留学生人数共 216 人，录取人数为历年之最。在被录取人员中，大多数是来自缅甸外交部、国防部、计划和财政部、商务部、教育部、酒店和旅游部、议会人民院、议会民族院、最高法院等政府部门和国家机关的公务员。这些缅甸留学生将前往北京外国语大学、外交学院、中科院农业研究所、哈尔滨工业大学、武汉大学、中国政法大学、中山大学、厦门大学等中国著名高校和科研机构学习，就读国际关系、经济学、法学、农业科技、计算机科学、教育学和汉语言文学等十余个学科门类约 60 多个专业，包括博士研究生、硕士研究生、本科等不同的学历层次。[2] 截至 2019 年年底，缅甸向 70 个国家派遣留学生 14381 名，其中印度 2941 名、中国 2776 名。

（二）交流项目

在交流项目上，中缅教育合作主要以语言教育为主。国内开设有缅甸语的高校包括北京大学、北京外国语大学、广西民族大学、云南大学、云南民族大学等高校。2020 年，中国共有 20 所本科院校开设缅甸语专业，

---

① 李谋：《中缅互派留学生及其启示》，《公共外交季刊》2012 年第 2 期，第 32～38 页。
② 《洪亮大使出席 2018 年缅甸赴华留学生送行会》，http://mm.china-embassy.org/chn/xwdt/t1597548.htm。

8 所招收硕士研究生、2 所招收博士研究生，缅甸语学生在校人数 1500 余人。2016 学年到 2017 学年在仰光外语大学学习缅甸语的外国留学生中，中国留学生数量最多。与此同时，中国也招收缅甸学生，2017 年，云南省共有 82 所学校对缅开放，缅甸在云南高校就读学生高达 3500 人。[①] 另外，中国也在缅甸设立了孔子学堂以及诸多中文教学点，派遣了大量志愿者，通过举办"汉语桥"等中文比赛，以中文歌、中文文学作品等为载体，面向缅甸开展汉语言文化的传播与交流活动。

此外，在机构互访方面，云南多个机构组织与缅甸有过多次互相访问与往来交流。缅甸高校代表团、政府官员代表团多次访问云南大学、云南师范大学、保山学院等。2018 年 12 月，保山学院与曼德勒缅中友好协会、密支那育成学校、福庆学校联合举办"中缅文化周"座谈会。2019 年 11 月，缅甸大学校长百人团第一批启程访华，此次校长团包括缅甸 8 所师范类大学、8 所理工大学、8 所综合大学的校长、副校长，涵盖面广，除钦邦与克伦邦之外，全缅甸有 7 个省 7 个邦均有校长、副校长参与访华团。耶德纳蓬大学与中国云南大学签署备忘录，在云南大学进行为期一周的管理方面的学习交流。[②]

（三）有关中缅教育合作的政策

随着共建"一带一路"的不断深入，中缅双方在教育领域的合作也有了不小的进展。自 2008 年起，中国外交部、教育部及贵州省人民政府已联合在贵州成功举办了 12 届中国东盟教育交流周。借助教育部长圆桌会议、大学校长论坛、学术研讨会、教育资源展等多种活动形式，推动双方在职业教育、创新创业教育以及智能科技教育方面的交流合作，推动了双方学生双向流动提质增效，[③] 构建中国—东盟教育共同体。2015 年，江苏教育厅与缅甸教育部签署了《中缅职教留学生合作项目（江苏）备忘录（2016~2018 年）》，将南京工业职业技术学院、扬州工业职业技术学院、苏州卫生

---

① 《缅甸官方人士发文："一带一路"好得很》，http://www.sohu.com，最后访问日期：2021 年 10 月 11 日。

② 吕婧：《"一带一路"背景下云南与缅甸高等教育合作模式研究》，硕士学位论文，云南财经大学，2020。

③ 刘进、钟小琴：《"一带一路"沿线国家的高等教育现状与发展趋势研究（三十八）——以缅甸为例》，《世界教育信息》2020 年第 5 期，第 33 页。

职业技术学院、江苏农牧科技职业学院、常州工程职业技术学院 5 所高职院校作为首批项目合作学校。2018 年，云南省教育厅以缅甸等 9 个主要投资国家为重点，制定了《云南省对外投资重点国别国际教育交流合作实施方案》，借助云南的地理优势，扩宽教育合作的辐射范围与合作领域，有助于中缅双方进行教育创新和学术交流。

第三章　印度尼西亚教育发展报告

一　印尼教育发展简史

印度尼西亚（以下简称印尼）的教育历史大致经历了三个时期，即宗教教育时期、殖民教育时期和国民教育时期。[①]

（一）宗教教育时期（公元 1 世纪至 16 世纪初）

宗教在印尼的传播促使了印尼教育的诞生。随着婆罗门教、印度教、佛教和伊斯兰教先后传入印尼群岛，各类寺院及礼拜堂逐渐成为印尼社会的教育中心，当地民众在聆听讲经布道中，不知不觉地接受了宗教教育。以苏门答腊的巨港为中心的室利佛逝王朝（公元 600～1300 年）和以爪哇为中心的麻诺巴歇王朝（公元 1300～1500 年）是当时整个亚洲传播佛教和文化的中心，[②] 吸引了亚洲各国学者慕名求学。

自 7 世纪伊斯兰教传入印尼后，印尼越来越多的村社建的各种小清真堂（langgar 或 surau）或学经院（pesantren），也成为教育活动中心。有伊斯兰教士用阿拉伯语编写的《古兰经》和《穆罕默德言行录》作为教科书，一边传播伊斯兰教思想和履行宗教仪轨，一边向信徒们讲解一些文化知识。由于广大普通百姓没有机会接受宫廷教育，因此这种伊斯兰教教育成为长期以来大部分印尼人唯一的选择，并一直延续到荷兰殖民时期，后来还慢慢演变成为现代印尼伊斯兰学校制度。可以说，伊斯兰教教育是印尼民族中扎根最深的一种教育。

---

① 梁敏和：《印尼教育简史、现状及面临的问题》，《东南亚研究》2003 年第 1 期。
② 潘懋元：《东南亚教育》，江苏教育出版社，1988，第 106 页。

（二）殖民教育时期（16 世纪初至 1945 年）

16 世纪开始，葡萄牙人和西班牙人来到了印尼马鲁古群岛地区。出于贸易和传播天主教的需要，他们开办宗教学校，教当地人读书、写字和算术。著名的西方传教士方济各·沙勿略（S. Franciscus Xaverius）被认为是印尼天主教传播的奠基人。他于 1536 年在特尔纳特创办了经学院（seminarie），招收当地贵族子弟，也教授拉丁语。但是，随着葡萄牙人和西班牙人势力的衰弱，这些经学院教育也被迫停止。

16 世纪末，印尼沦为荷兰的殖民地。从此，殖民奴化教育在印尼持续了 340 多年。在荷兰殖民统治前期，当时的统治集团——荷属东印度公司和他们的前任一样在其管辖地区兴办学校，主要传播基督教和培养低阶职员。荷属东印度公司甚至每年都会挑选一些安汶（Ambon）人派往荷兰学习，回国后到殖民学校当老师。到 1627 年，在安汶地区已经建立起 16 所学校，培养了 1300 名学生。[①] 除了安汶外，荷兰人也在爪哇岛推广殖民教育。1617 年在雅加达建立起爪哇岛第一所殖民地学校，使用荷兰语教学，并许诺毕业生能在殖民当局工作。

19 世纪初，荷印殖民政府取代东印度公司，直接统治印尼，并对原有的教育政策进行了一些修改。范·博世（Johannes van den Bosch）担任荷属东印度总督后，在印尼推行强迫种植制度，急需大量的技术人才。为此，1848 年荷印殖民政府颁布了第一个《基础教育条例》，要求在每个州都建立 20 所左右的学校。进入 20 世纪后，荷兰殖民政府施行旨在宣扬西方自由、平等、博爱的"伦理政策"，对教育制度进行了进一步的改革，大力创办中小学学校，发展少量高等院校，加速了科学文化在印尼的传播。

在小学阶段，有为平民孩子创办的农村学校（Tweede Inlandsche School），设置读书、写字和算术课程，并对原住民进行栽种培训，使用方言教学，学制三年。有面向印尼贵族子弟创办的荷印小学（HIS），除了基本的读写和计算课程外，还讲授地理、历史、物理、画图和测量等课程，部分采用荷兰语教学，学制达七年。有专门招收华族的荷华小学（HCS），采用荷兰语和

---

① RizkiAl-Ashraf, "Sejarah Pendidikan di Indonesia," https://www. academia. edu/18956688/SE-JARAH_PENDIDIKAN_DI_INDONESIA, accessed July 2, 2019.

华语教学。还有专门为欧洲人子弟创办的欧洲人小学（ELS），完全采用荷兰小学课程设置，使用荷兰语教学。

在中学阶段，开办有荷印初级中学（MULO）和荷印高级中学（AMS），学制各三年，荷印小学毕业生升入初中还需要增加一年的预科学习，使用荷兰语教学。后来还陆续开设大学预科学习课程（HBS）。

在高等教育阶段，荷印政府在爪哇岛设立了巴达维亚土著医师训练学校（STOVIA）、泗水荷印医学院（NIAS）、巴达维亚法学院（Rechts Hoge School）和万隆理工学院（THS）。这些高等院校的教育活动成为印尼高等教育的雏形。

尽管荷印殖民政府通过发展教育对印尼人民实行怀柔政策，客观上推动了印尼教育事业的发展，但其殖民教育的本质没有改变，其根本目的还是培植殖民政府低级官吏和荷兰企业雇员，为荷印殖民政府和荷兰政府服务。这一时期印尼各阶层的社会精英也在积极兴办教育，推动社会思想启蒙运动。

1908年5月20日，在退休医生瓦希丁（Dr. Wahidin Sudirohusudo）的发起下，爪哇岛各高等院校的印尼学生成立了印尼第一个民族主义组织——至善社（Budi Utomo）。它以促进民族觉醒为己任，主张普及教育、振兴科技和民族文化，开展了一系列社会教育活动。

面对荷印殖民政府的西方教育体制对印尼伊斯兰传统教育的冲击，印尼伊斯兰教士阿赫默德·达赫兰（Ahmad Dahlan）于1912年成立穆罕默迪亚（Muhammadiyah），"致力于伊斯兰教育与伊斯兰社会改革"。[①] 此外，1922年，出生于日惹王室的哈查尔·德宛达拉（Hadjar Dewantara）发起"学习园地"运动，采取"不与殖民政府合作"和"社会自助"的方式向底层社会大众普及教育。

1942年至1945年日本占领印尼期间，日本军政府将荷印殖民政府时期的各类小学统一称为"小学校"（Syoo-gakkoo），面向社会各阶层招生，学制六年；同时将初中改为"中学校"（Tyuu-gakkoo），高中改为"高等学校"（Kootoo-gakkoo）。日本侵略者禁止各类学校使用荷兰语和英语教学，强迫学生学习日语，进行军事训练和体力劳动。他们还强迫印尼学生每天

---

① 施雪琴：《20世纪印度尼西亚伊斯兰教育变迁》，《东南亚纵横》2010年第2期。

宣誓向天皇效忠，妄图通过学校为日本帝国主义培养顺民。不过，由于日语尚未来得及推广，因此印尼各类学校只能使用印尼语教学，客观上推动了印尼语的发展。

（三）国民教育时期（1945 年至今）

1945 年 8 月印尼独立后，根据 1945 年宪法，开始实施国民教育。在第一届内阁中，设立了教育部，著名教育家德宛达拉担任第一任教育部部长。这一时期，印尼教育的根本任务是改造和利用荷印殖民政府时期建立起的教育体制，为建设民族国家服务。为此，印尼教育部力图消除旧教育体系中的殖民色彩，对荷兰殖民时期的小学学制和教材进行改革，把小学学制由七年（荷印小学）和三年（农村小学）一律改为六年。为全国小学制定新的教学大纲，突出印尼历史、地理等教学内容，教学用语以印尼语代替荷兰语，纠正以往教学中重智育、轻德育的倾向。1946 年 3 月教育部部长令中特别规定国民教育的目标是"培育爱国主义精神"，借此不断激发民众热情，反抗荷兰殖民势力卷土重来，保卫独立成果。

抗荷斗争胜利后，从 1950 年至 1965 年的十五年间，印尼政府颁布了一些有关教育的法律法令，确立了教育的基本方针。1950 年 4 月，印尼颁布《1950 年第 4 号学校教育和教学基本法》，这是印尼共和国历史上第一部教育法。在该法的序言中，明确提出国家教育是国家社会建设的基础，所以旧有的国家教育和教学体系必须逐渐被民主的国家教育和教学体系所取代；教育要"造就有教养的人才和具有民主精神、对国家繁荣富有责任感的国民"。该法还规定，教育将以"潘查希拉"[①] 为原则，以 1945 年宪法和民族文化为基础。四年后，印尼又颁布《1954 年第 12 号法律》，除了重申和强调实施《1950 年第 4 号学校教育和教学基本法》外，还提出了义务教育的思想，并规定"所有儿童，年满六岁就有权在学校接受教育；年满八岁就有义务在学校受教育"。1961 年 12 月，印尼颁布《1961 年第 22 号高等院校法》，对高等院校的形式和职责进行了规范，明确了高等教育的总体目标。1965 年 8 月，印尼又颁布《1965 年第 14 号关于国家教育理事会的总统条

---

① 潘查希拉（Pancasila）即苏加诺提出的印尼建国五原则：民族主义、人道主义、民主协商、共同繁荣、信仰神道。

例》和《1965年第19号关于潘查希拉国家教育体系基本原则的总统条例》。得益于政府对教育的重视和投入及广大人民的支持，印尼大、中、小学校的学生数量都有显著增加。

1965年"9·30"事件后，苏哈托政权迅速崛起，开启了以经济建设为中心的"新秩序"时代。印尼政府的教育政策也进行了相应的改革，重在解决印尼教育和经济发展不协调的问题，让教育更好地为经济建设服务。1969年10月成立了教育发展局，负责研究、规划和协调教育工作。《1973年第4号关于印尼国家大政方针的人协规定》指出，"教育建设以潘查希拉国家哲学为基础，并培养信奉潘查希拉的建设者和身心健康、拥有知识和技能、能够发扬创造力和责任心、富于民主精神和宽容理念、更加智慧、道德崇高、热爱民族、热爱全人类的印尼人"。20世纪70年代，随着印尼从油气资源的开发中大量获益，经济也逐渐复苏，印尼政府加大了对教育的投入。从1973年起，印尼每年从石油收入中划出特别经费，用于发展教育。1978年政府宣布减免小学生的学费。自20世纪80年代起，印尼大规模兴建小学校、招聘教师，扩大招生规模，于1984年5月开始在全国对7岁至12岁的儿童实行六年的免费义务教育。

1989年3月27日，印尼颁布《1989年第2号国家教育体系法》。这是第一部全面系统阐述印尼教育目标、使命和任务的法律，它规定"国家教育的目标是健全民族生活，使印尼人民全面发展，即成为一个信仰并敬畏独一无二的真主、精神崇高、拥有知识和特长、身心健康、具有坚定和独立的个性、对社会和民族负责的人"。根据该法律，年满7岁的印尼公民必须接受基础教育直至毕业。1994年印尼开始实施九年义务教育制和新的课程大纲。1995年，印尼政府为了应对未来高素质人力资源需求的挑战，提出实施教育的四点优先方向，即：彻底贯彻九年义务教育、全面提高各类教育的质量、教育对接行业需求和提高科学技术能力。

1998年印尼政局经历动荡，苏哈托政府倒台。为迎接改革时代和全球化带来的挑战，人们更加意识到发展教育的重要性和紧迫性。印尼人协两次就1945年宪法中有关教育的内容进行修改和补充，并明确规定：每位公民有权接受教育；每位公民有义务接受基础教育，政府有义务支付学费；政府依法建立并管理国家教育体系；国家优先从国家收支预算和地方收入预算中提取至少20%作为教育预算以满足管理国家教育的需要。基于修改后宪法的改革精神，印尼 2003 年 7 月颁布《2003 年第 20 号国家教育体系法》。这部法律是印尼教育改革的滥觞，乃当今印尼教育理念和实践的基础。

在新的"国家教育体系法"的指导下，印尼教育进入了加速发展阶段。2005 年，印尼颁布《2005 年第 14 号教师法》，有效地规范了中小学教师队伍的建设和发展；同年还开始实施国家教育标准（Standar Nasional Pendidikan，SNP），让印尼全国的教育活动有了统一的衡量标准。2006 年开展教师资格认定制度。2008 年彻底实现九年义务教育承诺。2009 年首次保证国家和地方预算 20% 的投入。2010 年实施教育最低服务标准，对全国中小学进行教育资格鉴定。2012 年，颁布《2012 年第 12 号高等教育法》。一系列教育法律政策的出台，极大地促进了印尼教育的进步。到 2014 年，学前教育入学率 68.10%，每个村至少有一所学前教育机构；小学毛入学率达到 97.313%，初中毛入学率达到 74.29%，68.7% 的小学和 62.5% 的初中获得 B 等资格认证，政府还大量翻修和建设基础教育的教育设施；高中阶段入学率为 68.92%，并开始给高中阶段的教育机构发放学校运行费，73.5% 的高中和 48.2% 的职高获得 B 级认证。通过长期的扫盲教育，印尼文盲率也从 2010 年的 4.75% 降至 2014 年的 3.76%。

二　印尼教育政策法律

教育的发展离不开政策制度的引领，也离不开法律法规的保障。从印尼教育发展历史来看，印尼教育政策越明确，法律法规越规范完善，教育发展水平也就越高，也越能推动经济文化的进步。当前，印尼已经形成了兼顾当前与长远、目标和任务清晰的教育政策，以及一套较为完善的教育法律体系。

（一）印尼当前的教育政策

1. 2005～2025 年印尼国家教育长期发展计划

为了促进印尼国家长期稳定的发展，2007 年印尼政府以国家法律的形式颁布了《2005～2025 年国家长期发展计划》，提出国家建设四步走的发展思路。与此相适应，印尼国家教育部门也制定了四个阶段的教育发展战略，作为促进教育发展的行动准则。同时每届政府也会为各发展阶段制订为期 5 年的中期发展计划，不断细化和明确教育发展任务目标。根据 2005～2025 年的印尼国家教育长期发展计划，印尼教育发展分为以下四个阶段。

第一阶段（2005～2009 年）的发展战略是"提高教育能力和现代化"，重点在于加大教育基础设施投入，尤其是偏远落后地区的学校建设；增强教育机构的现代化教学能力；向全社会各阶层和国家各个角落普及教育，减少文盲数量。

第二阶段（2010～2014 年）的发展战略是"强化教育服务"，重点在于关注提高教育服务质量，从数量建设向质量建设过渡，以便教育更有目的性、更有竞争力；使印尼人可以更为便利地接受教育；公共问责更为透明，为国家建设培养更多的建设者。

第三阶段（2015～2019 年）的发展战略是"教育质量在东盟地区具备区域竞争力"，重点在于建设和运行符合东盟标准的教育服务体系；进一步加强对教育的管理；加大教育标准的制定和规范力度；常态化实施教育质量跟踪、教育机构鉴定和课程专业的评估；让印尼人处于东盟社会文化实体的中心地位。

第四阶段（2020～2025 年）的发展战略是"提升教育质量的国际竞争力"，重点在于建设有国际标准的教育服务体系；树立具有印尼民族使命的特色教育形象；与其他国家在教育领域紧密合作；在公正、优质和紧贴国内外需求的教育基础上，最终实现培养"睿智和有竞争力的印尼人"的奋斗目标。

2. 佐科政府的教育政策

印尼现任总统佐科 2014 年就职，他的第一个任期的施政纲领，即九项愿景（Nawacita）中与教育相关的有，"提高教育和训练质量，实施'智慧印尼'项目，推广 12 年免费义务教育"（第 5 项）；"在各地建设一定数量的科技园、工艺学院和职业高中，配备先进的教学设施"（第 6 项）；"调整国家教育课程大纲，培育优秀民族品格"（第 8 项）。为了实现上述愿景，佐科政府已经实施的主要措施有：

（1）向 6～21 岁的贫困家庭学子发放"智慧印尼卡（Kartu Indonesia Pintar）"，每月发放一定数量的现金补助，支持受教育者完成基础教育和中等教育学业；

（2）成立教育基金管理机构（LPDP），实施"瞄准使命"奖学金（Beasiswa Bidik Misi）项目，每半年发放一次现金补助，帮助学业优秀的困难大学生进入高等院校学习；同时设立印尼教育奖学金（Beasiswa Pendidikan Indonesia），资助印尼学生在国内外接受硕士和博士教育；

（3）提高各类学校运行补贴标准（Bantuan Operasional Sekolah），将发放范围扩大至私立学校，旨在提高基础教育和中等教育的净入学率，改进教学质量；

（4）着手改革职业教育体系，让工商企业界参与职业教育改革，提高职业教育质量和市场需求关联度，制定职业教育国家标准，调整职业高中课程大纲，复兴工艺学院的职业教育。

2019 年是印尼总统选举年。佐科为了竞选连任，在教育方面提出了"改革教育体系，振兴职业教育和培训，让教育更普及、更公平，质量更均衡"的口号。在 2019 年国家预算中，佐科政府提出教育领域的政策方向有：

（1）重新聚焦教育预算，使得教育质量和普及更加均衡和公平；

（2）不断提高学校设备和基础设施质量；

（3）提高教师素质和储备，建设基于业绩的监督和分配系统；

（4）强化家庭项目、智慧印尼项目以及各类奖学金之间的协调利用，实现可持续的教育；

（5）强化职业教育，实现职高课程与市场需求间同步；

（6）加强中央政府和地方政府在提高教育普及度和教育质量上的协调；

（7）培养适应数字技术发展的教学力量；

（8）加强教育基金管理机构作为主权财富基金的作用，推动定向奖学金项目的拓展。

2019 年佐科政府提出要实现的教育目标主要包括：

（1）提高基础教育普及程度，通过"智慧印尼卡"，使接受资助的基础教育和中等教育阶段学生数量达到 2010 万人；

（2）接受"瞄准使命"奖学金大学生 471800 人；

（3）学校运行补助惠及 5700 万人；

（4）在 40 所高校兴办职业高等教育，提高教学质量；

（5）3800 门高校课程专业（Prodi）通过国家鉴定；

（6）完成 56100 项教室建设和翻修项目；

（7）对 1433249 名公务员编教师和 485010 名非公务员编教师发放职业补贴。

（二）教育领域主要的法律法规

进入改革时代后，特别是根据修改后的 1945 年宪法中关于教育的规定，印尼政府陆续制定和颁布了一系列的法律法规，以规范教育事业各方面的发展。教育领域主要的全国性法律法规大致可以分为五类。

（1）国家法律（Undang-Undang），如：《2003 年第 20 号国家教育体系法》《2005 年第 14 号教师法》《2009 年第 9 号教育法人机构法》《2012 年第 12 号高等教育法》《2013 年第 20 号医学教育法》等；

（2）中央政府条例（Peraturan Pemerintah），如：《2005 年第 19 号关于教育国家标准的政府条例》及其历次修改、《2008 年第 48 号关于教育经费的政府条例》、《2008 年第 47 号关于义务教育的政府条例》、《2008 年第 74 号关于幼儿园和中小学教师的政府条例》及其修改、《2010 年第 17 号关于教育管理和实施的政府条例》及其修改、《2012 年第 8 号关于印尼国家资格认定框架的政府条例》等；

（3）部长条例①（Peraturan Menteri），如：《2005 年第 28 号关于高等院校国家鉴定机构的国家教育部部长条例》及其修改、《2007 年第 17 号关于同等教育国家测试的国家教育部部长条例》、《2007 年第 26 号关于印尼高等院校与外国高等院校或其他机构合作的国家教育部部长条例》、《2008 年第 6 号关于公立高等院校招收大学新生指导意见的国家教育部部长条例》、《2008 年第 85 号关于高等院校章程制定指导意见的国家教育部部长条例》、《2009 年第 63 号关于教育质量保证体系的国家教育部部长条例》、《2009 年第 67 号关于学科定期鉴定的国家教育部部长条例》、《2010 年第 17 号关于高等院校防止和杜绝剽窃的国家教育部部长条例》、《2012 年第 24 号关于在高等院校开展远程教育的教育与文化部部长条例》、《2014 年第 154 号关于

---

① 由于印尼内阁设置变化较大，主管印尼教育的中央政府部门的名称也多次发生变化，因此部长条例的名称也会发生相应的变化，详见本章教育体制一节。

高等院校科学技术门类、命名、课程专业代码和毕业生学位头衔的教育与文化部部长条例》等；

（4）部长决定书（Keputusan Menteri），如：《第 212/U/1999 号关于开展博士课程指南的教育与文化部部长决定书》《第 232/U/2000 号关于高等院校课程设置编订和大学生学习成绩评价指南的国家教育部部长决定书》《第 184/U/2001 号关于监督、控制和指导高等院校大专课程、学士课程和研究生课程的指南的国家教育部部长决定书》《第 054/U/2002 号关于高等院校核心课程的国家教育部部长决定书》等；

（5）总司长决定书（Keputusan Dirjen）或总司长通知书（Surat Edaran Dirjen），如：《第 08/DIKTI/Kep/2002 号关于执行〈第 184/U/2001 号关于监督、控制和指导高等院校大专课程、学士课程和研究生课程的指南的国家教育部部长决定书〉的技术指南的高等教育总司总司长决定书》《第 82/DIKTI/Kep/2009 号关于外国高等院校毕业生毕业文凭评价指导意见的高等教育总司总司长决定书》《第 498/E/T/2011 号关于四类大专等同学士学位资格认定的高等教育总司总司长通知书》《第 152/E/T/2012 号关于学术成果出版的高等教育总司总司长通知书》等。

总体而言，教育领域的法律、中央政府条例和部长条例是印尼教育活动开展最主要的规范文件，具有综合性、全局性。此外，也有不少其他的法律法规涉及教育领域，如：《2004 年第 32 号地方政府法》涉及中央政府和地方政府教育领域职权划分问题；《2002 年第 23 号儿童保护法》及其修改涉及儿童受教育权利的保护问题；《2007 年第 17 号关于 2005～2025 年国家长期建设计划的法律》涉及国家教育的长期目标。在每年涉及国家预算的法律中，都对教育领域预算使用进行了详细的规范。

（三）《2003 年第 20 号国家教育体系法》

《2003 年第 20 号国家教育体系法》于 2003 年 7 月 8 日颁布实施，分 22 章，共 77 条，是对《1989 年第 2 号国家教育体系法》（20 章 59 条）的全面修订和完善。有关教育的基本概念得到了明确，例如，教育是指营造学习氛围的有目的、有计划的活动，是让受教育者主动发展自身潜力的教学（pembelajaran）过程；在该过程中，受教育者将获得宗教精神力量，自制能力，个人性格、智慧头脑、高尚品德、本领技能，以满足自身、社会、民族和国家的需要。国家教育是指以"潘查希拉"精神和1945年印尼共和国宪法为基础的教育，它根植于宗教价值和印尼国家文化并顺应时代变化要求。国家教育体系则是指为实现国家教育目标，由相互关联的各教育部分组成的综合性统一体。

该法对国家教育的任务和目标也重新进行了表述。该法规定，国家教育的任务是提高民族能力，塑造有尊严的民族性格和文化。国家教育目标是开发受教育者潜能，使他们成为信仰和敬畏至高无上的神道的人，成为品德高尚、身心健康、博学多才、开拓创新、独立自强的人，成为有民主精神、有责任担当的公民。

该法详细规定了公民、家长、社会和政府在国家教育中的权利和义务。每一个公民都有接受优质教育的平等权利。每一名公民要对自身教育的连续性负责。家长有权参与选择教育机构，有权获得其子女教育发展的相关信息。社会有权参与教育项目的规划、实施、监管和评估，有义务为兴办教育提供资源支持。中央政府和地方政府有权依照现行法律法规对兴办教育进行引导、指导、帮助和监督。中央政府和地方政府有义务提供服务和便利，并确保每一名公民不受歧视地获得优质教育；并有义务提供资金，让每一名7~15岁的公民接受基础教育。

该法还明确，印尼的教育形式分为正规教育（pendidikan formal）、非正规教育（pendidikan nonformal）和非正式教育（pendidikan informal），三者相互补充、相互促进。正规教育是指结构化、分阶段的教育形式，可分为基础教育、中等教育和高等教育三个层次。非正规教育是指正规教育之外，结构化和分阶段实施的教育形式。非正式教育是指在家庭和周围环境里学习的教育形式。印尼的教育类型可参见表3-1。

此外，《2003年第20号国家教育体系法》还体现了不少新的教育思想和理念。

第8章阐述了义务教育的思想，规定：每一名6岁的公民可以参加义务教育。中央政府和地方政府保证在基础教育层次实施最低限度的免费义务教育。义务教育是国家的责任，由中央政府、地方政府和社会开办的教育机构实施。

第9章提出了国家教育标准的概念，认为国家教育标准包括内容标准、过程标准、毕业生能力标准、教育实力标准、设备和基础设施标准、管理标准、开支标准、教育评价标准，必须有计划地定期提高，并作为实施教育的基本参照。

第 12 章提出对教育设备与基础设施的要求，各教育机构必须提供满足教育所需的设备和基础设施，以符合受教育者身体、智力、社会交往、情感、心理方面的潜在成长和发展。

第 16 章提出要依照国家教育标准对教育管理者、教育机构、教育形式、教育层次和教育类别进行评估（evaluasi）；对教育机构及所开设专业课程的可行性进行鉴定（akreditasi）；对受教育者的学习经历或能力进行认证（sertifikasi）。

第 17 章规范了教育机构成立的基本要求。正规教育机构和非正规教育机构的成立必须得到中央政府或地方政府的许可。获得许可的条件包括：教育内容、教育人员和教育力量的数量和资格、教育设备和基础设施、教育费用、评估和认证体系以及教育管理和过程。

第 18 章对外国机构在印尼开展教育活动做出基本规定。有资质的或得到其国家认可的外国教育机构可以依法在印尼共和国境内开展教育。外国教育机构在基础教育和中等教育层次必须向受教育的印尼公民提供宗教教育和公民教育。外国机构在印尼开展教育，必须与印尼国内教育机构合作，吸纳印尼公民作为教育人员和管理人员。

（四）《2012 年第 12 号高等教育法》

《2012 年第 12 号高等教育法》于 2012 年 8 月 10 日颁布实施，分 12 章，共 100 条。该法是印尼专门规范高等教育的法律，之前的《1961 年第 22 号高等院校法》从 1989 年起就已经不再适用。该法的主要内容有以下几点。

第一，规定了高等教育的任务和目标。高等教育的任务是提高民族能力，塑造有尊严的民族性格和文化；培育积极创新、反应敏捷、富于创造、本领高超、有竞争力和善于合作的学术团体；发展科学技术，关注和践行人文价值。高等教育的目标是：（1）开发大学生的潜能，使他们成为信仰和敬畏至高无上的神道的人，成为品德高尚、身心健康、博学多才、开拓创新、独立自强、本领高超、称职能干的人，为了民族利益而掌握科学文化；（2）为实现国家利益，提高民族竞争力，培养掌握某一领域科学或技术的毕业生；（3）通过科学研究，发展关注和践行人文价值的科学技术，造福民族进步、文明发展和人类繁荣；（4）以思想结晶和科研成果为基础，服务社会。

第二，确立了高等教育学术自由和学术自治的原则，重新划分了科学技术的门类，将科学技术划分为宗教科学、人文科学、社会科学、自然科学、形式科学和应用科学。

第三，将高等教育分为学术教育、职业教育和专业教育三大类。学术教育包括学士课程、硕士课程和博士课程；职业教育包括一类、二类、三类和四类大专课程，应用硕士课程和应用博士课程；专业教育包括专业课程和专家课程。同时也明确了各类课程毕业生所获得的学位和头衔名称。

第四，规范了高等教育各课程专业的开设、鉴定和管理；确定了高等教育课程大纲由各高等院校参照高等教育国家标准为每个专业单独制定，宗教、建国五基、公民和印尼语是高等教育的必修课程；明确了印尼语必须成为高等院校的教学用语，地方语言可以用作地方语言文化课程专业的教学用语，外语可以用作高等院校的教学用语。

第五，要求制定高等教育国家标准，组建高等院校国家鉴定委员会，建设高等教育数据库，在各地方设立高等教育服务机构，全面管理高等院校教育的实施，确保高等教育的教学质量。

第六，将高等院校明确为大学、综合性学院、高级学校、工艺学院、专业学院和社区学院六类，规定了各类高等院校的学科条件和主要教育类别，确定了高等院校自治的原则。中央政府至少在每一个省发展一所公立高等院校；中央政府联合地方政府分阶段地在每个县市或边境地区至少建设一所社区学院。

第七，明确高等院校的三大职能（Tridharma），即教学、科研和服务社会。要求高校中学术团体的各项活动要围绕三大职能进行。

第八，规范了高等院校教职员工的任命和安置，大学教师学术职务层级，教授职务的基本条件和待遇。规范了高等院校招生的基本原则，规定公立高等院校必须招收的家庭困难学生和来自偏远落后地区的学生至少达到总招生人数的20%。

第九，允许外国机构在印尼境内依法开展高等教育。中央政府将规定外国高等院校可以开展高等教育的地区、类别和课程专业。外国高等院校必须获得中央政府许可，秉承非营利原则，与印尼高等院校合作，优先采用印尼国籍的大学教师和教育力量。

三　印尼的教育体制①

（一）学制系统

印尼当前的学制系统基本上属于分支型学制，始终贯穿于普通教育和宗教教育两种正规教育类型中。中等教育（高中）层次前还有同等层次的非正规教育形式。中等教育又分化出中等职业教育（职高）。在高等教育层次，有从学士到博士的学术教育对接普通教育，有从一类大专到应用博士的高等职业教育对接中等职业教育，同时在学士或四类大专阶段之后进一步分化出专业教育（profesi）和专家教育（spesialis），各类教育之间允许一定程度的交流，可参见表3－1。

下面按照印尼的教育层次，分别介绍印尼学制的具体情况。

1. 学前教育（pendidikan anak usia dini）

学前教育也叫儿童早期教育，是指面向0～6岁儿童的教导活动；它通过教育启蒙，促进儿童身心成长和发展，为进入下一阶段教育打下基础。学前教育可以通过正规教育、非正规教育或非正式教育形式开展。实施学前教育的正规教育机构有幼儿园（Taman Kanak-Kanak）、伊斯兰幼儿园（Raudatul Athfal），非正规教育机构有同乐班（Kelompok Bermain）和托儿所（Taman Penitipan Anak）。除了托儿所外，学前教育机构一般招收3岁以上的儿童。家长也可以通过家庭生活或利用生活环境对学龄前的孩子开展非正式的学前教育。

---

① 除特别注明外，本部分内容统计数据源自：1. BPS（印尼中央统计局），*Portret Pendidikan Indonesia Statistik Pendidikan* 2018，Jakarta：Badan Pusat Statistik，2018；2. Pusdatin Kemenristekdikti（研究技术与高等教育部数据和信息中心），*Statistik Pendidikan Tinggi* 2018，Jakarta：Pusdatin Iptek Dikti，Setjen，Kemenristekdikti，2018。

表 3-1　印尼学制表

入学年龄	正规教育					非正规教育	教育层次
	普通教育			宗教教育			
	学术教育	职业教育	专业教育	学术教育	职业教育		
27	博士 Doktor	应用博士 Dr. Tr.	高级专家 Spesialis II	宗教博士 Dokter			高等教育
26							
25							
24	硕士 Magister	应用硕士 M. Tr.	初级专家 Spesialis I	宗教硕士 Magister			
23							
			专业资格 Profesi				
22	学士 Sarjana	应用学士 S. Tr /四类大专 DIV		宗教学士 Sarjana			
21		三类大专 DIII			三类大专 DIII		
20		二类大专 DII			二类大专 DII		
19		一类大专 DI			一类大专 DI		
18	高中 SMA	职业高中 SMK		宗教高中 MA/SMAK/SMTK/UWP	伊斯兰职业高中 MAK	C 类学习班 Kejar Paket C	中等教育
17							
16							
15	初中 SMP			伊斯兰初中 MTs		B 类学习班 Kejar Paket B	基础教育
14							
13							
12	小学 SD			伊斯兰小学 MI		A 类学习班 Kejar Paket A	
11							
10							
9							
8							
7							
3-6	幼儿园 TK			伊斯兰幼儿园 RA/BA		同乐班 KB	学前教育
0						托儿所 TPA	

　　近年来，印尼政府越来越认识到学前教育的重要性，通过教育与文化部全力推动为期一年的学前班项目，加大了对偏远和落后地区的学前教育基础设施的投入，努力实现"一村一所幼儿园"的目标。到 2007 年，印尼已经有 23.8 万所各类学前教育机构，其中公立学前教育机构 6000 所，剩下大部分都是私立性质的。① 2018 年，3~6 岁儿童的学前教育毛入学率已经达到 37.92%，其中城市地区相对较高，为 39.46%，农村地区为 36.14%。不过，该数据与 2015~2019 年国家中期发展计划中 77.2% 的目标还有较大差距。

　　2. 基础教育（pendidikan dasar）

　　基础教育也叫初等教育，是为中等教育奠定基础的教育阶段。印尼基础教育分为两个阶段，小学和初中，均实施义务教育。

　　（1）小学阶段

　　在印尼，年满 6 岁的儿童可以进入小学，但很多家长认为 7 岁时孩子身心状态更适合开始接受基础教育。小学是印尼正规教育的起点，可以分为小学（Sekolah Dasar）和伊斯兰小学（Madrasah Ibtidaiyah）。此外还有非正规教育的 A 类学习班（Kelompok Belajar Paket A）。无论是正规教育还是非正规教育，小学阶段学制都是 6 年。

　　2017~2018 学年，印尼有小学 14.83 万所，比上一年度增加 0.5 个百分点，其中公立 13.2 万所，占 89%；私立 1.63 万所，占 11%。近年来，印尼政府推动公立小学调整合并，以克服师资不足和学生吸纳率低的问题，导致公立小学数量在逐年减少。与此相对，私立小学数量则不断上升。

　　目前，小学生人数共计 2548.65 万人，男生比女生多 109 万人；各年级学生数较为平均，在 413 万人至 428 万人。7~12 岁儿童的小学及同等学校毛入学率为 108.61%，其中城市地区为 107.22%，农村地区为 110.15%。不过，该数据与 2015~2019 年国家中期发展计划中 114.1% 的目标仍有差距。造成毛入学率超过 100% 的原因，一是有 9.22% 的小学生不到 7 岁就开始上学，二是还有 2.62% 的学生因推迟上学或留级直到 12 岁尚未毕业。在印尼的 34 个省份中，只有巴布亚省的小学毛入学率低于 100%，说明小学阶段

---

① Okenews, "Jumlah PAUD Meningkat Pesat, Kualitas Harus Ditingkatkan," https://news.okezone.com/read/2018/01/24/65/1849487/jumlah-paud-meningkat-pesat-kualitas-harus-ditingkatkan, accessed July 2, 2019.

印尼的教育发展较为均衡。此外，各类小学留级率为 1.45%，还有 32127 名学生失学，辍学率为 0.12%，可见印尼小学的教学质量还需要进一步提升，教育扶持力度还需加大。

在教学力量方面，印尼小学有教师 148.56 万人，师生比约为 1∶17，女教师数量是男教师数量的 2.16 倍。教师中学士及以上学历的占 85.98%，低于学士学位的占 14.02%。此外，还有职工 9.60 万人。印尼小学教职工 60 岁退休。

在教学设施方面，有教室 107.21 万间，但对于 111.52 万个教学班而言仍然有 4.31 万间的缺口。更为严重的是，设施完善的教室仅占 26.4%，受轻度或中度损坏但勉强能用的占 63.6%。公立学校图书馆（室）从 2015~2016 学年的 78604 处增至 94550 处，覆盖率达 71.64%，而私立学校图书馆（室）仍然薄弱，2/5 的私立学校小学生还没有校图书馆（室）。因此，印尼小学的基础设施建设仍然任重道远。

在教学活动安排上，小学每个学年分单双两个学期，每学年 34~38 个教学周，每周上课 5 天或 6 天，由各学校自行规定。一般要求每天早上 7 点到校，中午 12 点左右放学，每天安排 6~7 节课，每节课约 35 分钟。印尼小学生普遍穿着白色短袖上衣配红色长裤（男）或长裙（女）的校服上学。

目前，印尼小学阶段正规教育同时执行 2006 年和 2013 年两套课程大纲（KTSP）。根据 2006 年课程大纲，一年级至三年级使用统编教材；而 2013 年课程大纲要求整个小学阶段均使用统编教材（具体的教学课程见表 3-2）。

表 3-2　小学教学课程大纲

2006 年课程大纲	2013 年课程大纲
A 统一课程	A 统一课程
1. 宗教教育	1. 宗教和品德教育
2. 公民教育	2. 建国五基和公民教育
3. 印尼语	3. 数学
4. 英语	4. 印尼语
5. 数学	5. 自然科学
6. 自然科学	6. 社会科学
7. 社会科学	B 地方自主课程

续表

2006 年课程大纲	2013 年课程大纲
8. 艺术文化和手工	1. 艺术文化和手工
9. 体育和健康	2. 体育和健康
10. 信息和计算机技术	3. 地方语（各校安排）
B 地方自主课程	
1. 地方语	
2. 其他外语	
C 自我发展	

（2）初中阶段

初中阶段是小学教育的后续阶段，入学年龄一般为 13 岁。正规教育初中阶段教育机构主要有初级中学和伊斯兰初级中学（Madarasah Tsanawiyah），此外还有非正规教育的 B 类学习班（Kelompok Belajar Paket B），学制均为 3 年。

2017～2018 学年，印尼有初中 38960 所，比上一年度增加 3.17%，其中公立 23227 所，占 59.62%，私立 15733 所，占 40.38%。在校学生人数共计 1012.57 万人，男生比女生多 22.21 万人；各年级学生数较为平均，有 332 万人至 244 万人。13～15 岁少年的初中及同等学校毛入学率为 91.52%，其中城市地区为 92.60%，农村地区为 90.31%。不过，该数据与 2015～2019 年国家中期发展计划中 106.9% 的目标还有较大差距。初中留级率为 0.028%，还有 51190 名学生失学，辍学率为 0.5%，相比小学阶段而言，初中阶段的留级率低，但是辍学率更高。随着教育层次的提升，学费之外的经济压力会迫使初中生早早地进入就业市场。

在教学力量方面，印尼初中有教师 62.8 万人，师生比约为 1∶16，女教师数量是男教师数量的 1.55 倍。教师中学士及以上学历的占 93.16%，低于学士学位的占 6.84%。此外，还有职工 11.63 万人。印尼初中教职工 60 岁退休。

在教学设施方面，有教室 35.84 万间，能满足 35.45 万个教学班的需要，每班平均 28 人。设施完善的教室仅占 29.7%，受轻度或中度损坏勉强使用的占 61.46%。公立学校图书馆（室）从 2015～2016 学年的 17901 处增至 19293 处，覆盖率达 83.06%，而私立学校图书馆（室）有 10737 处，覆盖率也有 68.25%。

在教学活动安排上，初中的学年也分单双两个学期，每学年 34～38 个教学周，每周上课 5 天或 6 天，由各学校自行规定。一般要求每天早上 7 点到校，下午 5 点左右放学，每天安排 7～8 节课，每节课约 40 分钟。印尼初中学生普遍穿着白色短袖上衣配海蓝色长裤（男）或长裙（女）的校服上学。

目前印尼初中阶段正规教育同时执行 2006 年和 2013 年两套课程大纲，具体的教学课程大纲见表 3－3。

表 3－3　初中教学课程大纲

2006 年课程大纲	2013 年课程大纲
A 统一课程	A 组必修课程
1. 宗教教育	1. 宗教和品德教育
2. 公民教育	2. 建国五基和公民教育
3. 印尼语	3. 数学
4. 英语	4. 印尼语
5. 数学	5. 自然科学
6. 自然科学	6. 社会科学
7. 社会科学	7. 英语
8. 艺术文化和手工	B 组必修课程
9. 体育和健康	1. 艺术文化（美术、音乐、舞蹈、戏剧等）
10. 信息和计算机技术	2. 体育和健康
B 地方自主课程	3. 手工（制作、种植、加工等）
1. 地方语	4. 地方语（各校安排）
2. 其他外语	5. 其他外语（各校安排）
C 自我发展课程	

3. 中等教育（pendidikan menengah）

中等教育是基础教育的继续和知识扩展，包括中等普通教育和中等职业教育，入学年龄一般为 16 岁。正规教育中等教育机构主要有普通高中（Sekolah Menengah Atas）、职业高中（Sekolah Menengah Kejuruan）、伊斯兰高中（Madrasah Aliyah）、伊斯兰职高（Madrasah Aliyah Kejuruan）、天主教高中（Sekolah Menengah Agama Katolik）、基督教神学高中（Sekolah Menengah Teologi Kristen）和印度教高中（Utama Widya Pasraman），此外还有非正规教育的 C 类学习班（Kelompok Belajar Paket C），一般学制 3 年，部分中等职业教育专业为 4 年。①

2020 学年，印尼 16~18 岁青年高中阶段的毛入学率为 84.53%，其中城市地区为 88.17%，农村地区为 79.91%。净入学率为 61.25%，其中城市地区为 64.57%，农村地区为 57.04%。2020 年，印尼高中阶段失学率为 1.13%，留级率为 3.31%。

2019~2020 学年，印尼有普通高中 13692 所，比上一年增加 1.8%。普通高中阶段在校生人数共 497.61 万人，女生比男生多 51.1 万人，主要因为男生倾向于选择职业高中，以便提前进入就业市场。全国的普通高中共有教师 32.19 万人，师生比约为 1:15，符合教师学历要求（学士及以上）的占 89.93%。

在教学设施方面，有教室 177323 间，可以容纳 159177 个教学班，每班平均 31 人。设施完善的教室占比为 27.10%，受轻度或中度损坏勉强可用的教室占 70.20%，教室情况略好于小学和初中。公立学校图书馆（室）从 2017~2018 学年的 6118 处增至 6980 处，覆盖率由 90.88% 增至 101.48%，多数高中不止一处图书馆；而私立学校图书馆（室）从 2017~2018 学年的 4744 处增至 6545 处，覆盖率由 70.15% 快速增至 92.69%。

2019~2020 学年，印尼有职业高中 14301 所，比上一年度增加 1.69%，其中公立 3622 所，占比为 25.33%，私立 10679 所，占 74.67%，私立职业高中是发展的主流。职业高中在校学生人数共计 524.92 万人，略高于普通高中学生人数；男生比女生多约 80.8 万人。全国的职业高中有教师 31.56 万人，师生比约为 1:17，学士及以上学历的教师占 90.0%。在教学设施方面，有教室 185819 间，可容纳 183585 个教学班，每班平均 29 人。设施完善的教室占比为 29.88%，受轻度或中度损坏勉强可用的教室占 68.62%。公立学校图书馆（室）从 2017~2018 学年的 2890 处增至 3415 处，覆盖率由 82.13% 增至 94.28%；私立学校图书馆（室）从 2017~2018 学年的 5961 处增至 9380 处，覆盖率由 82.13% 增至 87.84%。

在教学活动安排上，中等教育阶段的学年也分单双两个学期，每学年

---

① 主要是重型装备技术、化学技术、工业技术、矿产地质和林业等需要大量实操的专业。

34~38 个教学周，每周上课 5 天或 6 天，由各学校自行规定。一般每天早上 7 点到校，下午 5 点左右放学，每天安排 8~10 节课，每节课约 45 分钟。印尼普通高中学生普遍穿着白色短袖上衣配灰色长裤（男）或长裙（女）的校服上学。

目前，印尼正规中等教育同时执行 2006 年和 2013 年两套课程大纲。根据 2006 年课程大纲，普通高中和职业高中课程相互独立；普通高中在十一年级（高中阶段二年级）开始区分文（IPS）、理（IPA）科；职业高中的专业划分了六大领域、40 个专业、122 个职业方向。而新的 2013 年课程大纲则要求普通高中和职业高中课程有共同的 A 组必修课程和 B 组必修课程；伊斯兰高中和职高也必须开设 A 组必修课程；普通高中自入学就划分数学和自然科学、社会科学、语言和文化三个方向，各方向课程不同；职业高中的专业划分了 9 个领域、47 个专业，不再细分职业方向（2013 年课程大纲的具体教学课程见表 3-4）。

表 3-4　高中教学课程大纲

2013 年课程大纲（普通高中和职业高中）	
普通高中	职业高中
A 组必修课程	A 组必修课程
1. 宗教和品德教育	1. 宗教和品德教育
2. 建国五基和公民教育	2. 建国五基和公民教育
3. 数学	3. 数学
4. 印尼语	4. 印尼语
5. 英语	5. 英语
6. 印尼历史	6. 印尼历史
B 组必修课程	B 组必修课程
1. 艺术文化	1. 艺术文化
2. 体育和健康	2. 体育和健康
3. 手工	3. 手工
C 组兴趣课程	C 组职业课程
数学和自然科学： 1. 数学；2. 物理；3. 生物；4. 化学	技术和工程领域（18 个专业）
	卫生领域（3 个专业）
	信息和通信技术领域（3 个专业）

续表

2013 年课程大纲（普通高中和职业高中）	
普通高中	职业高中
社会科学： 1. 历史；2. 地理；3. 经济；4. 社会学	农业企业和农业技术领域（6 个专业）
	渔业和海洋领域（3 个专业）
	商务和管理领域（3 个专业）
语言和文化： 1. 印尼语言文学、英语语言文学、其他外国语言文学；2. 人类学	旅游领域（4 个专业）
	表演艺术领域（5 个专业）
	美术和手工艺领域（2 个专业）

随着经济的发展，印尼急需高素质的劳动力。但是当前印尼的劳动力市场还是以小学和初中毕业生为主，中等教育的发展是支撑印尼未来可持续发展的关键。因此，印尼教育部门积极推动面向就业的中等教育建设，尤其是发展职业高中，减少年轻失业人群。从 2012～2017 年普通高中和职业高中发展示意图中可以看出，从 2015～2016 学年起，职业高中数量就反超了普通高中数量，而且之间的差距还有逐渐拉大的趋势（见图 3-1）。

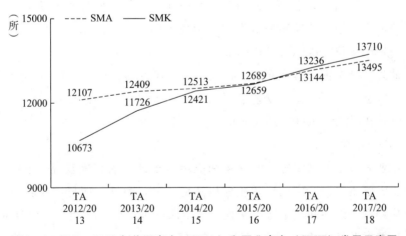

图 3-1　2012～2017 年普通高中（SMA）和职业高中（SMK）发展示意图

2012 年 5 月，首都雅加达率先宣布，实施十二年义务教育并对中等教育给予相应的经费支持。2014 年，佐科就任总统后提出了"十二年免费义务教育"的愿景，在佐科第二个总统任期内，印尼义务教育制度由九年向十二年拓展的趋势也在不断加强，印尼的中等教育将得到更大的发展。

4. 高等教育（pendidikan tinggi）

（1）高等教育类别

高等教育处于中等教育之后的教育阶段，包括学术教育（pendidikan akademik）、职业教育（pendidikan vokasi）和专业教育（pendidikan profesi）三大类别，由各类高等院校负责实施。

1）学术教育

学术教育是实施学士课程、硕士课程和博士课程的高等教育，面向掌握和发展科学技术的某一分支。无论是普通高等院校还是宗教高等院校都可以开展学术教育。

印尼高等院校的学士课程面向中等教育或同等学力毕业生，使他们具备科学鉴别能力并运用所学科学技术，合格的毕业生将获得学士学位（sarjana，缩写 S.），学制四年。

硕士课程面向学士课程或同等学力毕业生，使他们具备科学鉴别和科学研究能力并运用和发展所学科学技术，合格的毕业生将获得硕士学位（magister，缩写 M.），学制二年。

博士课程面向硕士课程或同等学力毕业生，使他们具备科学鉴别和科学研究能力，通过发现和创造推动科学技术的发展和运用，合格的毕业生将获得博士学位（doktor，缩写 Dr.），学制三年。

此外，拥有博士课程的大学、综合性学院和高级学校有权向在科学、技术、社会、宗教、文化或艺术领域做出过杰出贡献并值得尊敬的个人授予荣誉博士学位（dokter kehormatan）。

2）职业教育

职业教育主要是实施大专课程和应用学士课程的高等教育，主要目的是培养大学生具备特定的应用技能以适应工作。目前，印尼政府正在努力拓展应用硕士课程和应用博士课程。大专课程可以分为一类大专（Diploma I）、二类大专（Diploma II）、三类大专（Diploma III）、四类大专（Diploma IV），学制分别是一年至四年。应用学士课程等同于四类大专。

合格的一类大专毕业生将获得初级技工（ahli pratama）资格；合格的二类大专毕业生将获得中级技工（ahli muda）资格；合格的三类大专毕业生将获得高级技工（ahli madya）资格；合格的四类大专毕业生将获得应用学士学位（sarjana terapan），等同于学术教育的学士学位。应用硕士课程主要面向应用学士课程或同等学力毕业生，学制二年，合格的毕业生将获得应用硕士学位（magister terapan）。应用博士课程主要面向应用硕士课程或同等学力毕业生，学制三年，合格的毕业生将获得应用博士学位（doktor terapan）。

3）专业教育

专业教育是学士（含应用学士）课程之后的高等教育，培养学士课程或同等学力毕业生的特殊技能，发展他们的天赋和能力，获得其工作行业所需本领。专业教育由高等院校负责实施，但需要与政府部门和负责专业服务质量的专业团体进行合作。专业资格课程一般 1～2 年，合格的毕业生将获得专业技术资格。目前主要培养的技术资格种类有：建筑师（Arsitek）、会计师（Akuntan）、学习顾问（Konselor）、小学教师（Guru）、医师（Dokter）、针灸师（Akupuntur）、牙医师（Dokter gigi）、护理师（Ners）、药剂师（Apoteker）、兽医师（Dokter hewan）、工程师（Insinyur）。此外，还有一些舶来的专业技术资格头衔在印尼被广泛使用，如心理医师（Psikolog）、理疗师（Fisioterapi）、税务顾问（Konsultan Pajak）、公共会计师（Certified Public Accountant）、特许会计师（Chartered Accountant）等。

专业教育的更高层次是专家教育，通过对已经具有专业经历的专业教育课程毕业生实施专家课程，使其掌握更高的专业技能。专家教育分为等同于硕士教育的初级专家教育（spesialis I）和等同于博士教育的高级专家教育（spesialis II），合格毕业生可以获得专家头衔（spesialis）。目前，印尼开展的初级专家教育，绝大部分都是培养医学专家，如：儿童健康专家（Spesialis Kesehatan Anak）、儿童外科专家（Spesialis Bedah Anak）、妇产科专家（Spesialis Obstetrik dan Ginekologi）、法医学专家（Spesialis Kedokteran Forensik dan Legal）、临床寄生虫学专家（Spesialis Parasitologi Klinis）等。

4）文凭和证书

以上学术教育和职业教育的高等院校毕业生，经鉴定合格将获得毕业证书（ijazah）作为其完成学习的证明，并且有权使用相应的学位和技术资格头衔，如果在其后面缀加所学的学科分支缩写，就构成了完整的学衔，如：卫生学初级技工（A. P. Kes.）、广告学中级技工（A. Ma. I. K.）、艺术学高级技工（A. Md. Sn.）、畜牧学应用学士（S. Tr. Pt.）、语言学学士（S. Li.）、文学硕士（M. S.）、经济学博士（Dr. E.）等。而完成专业教育的合格毕业生将获得专业证书（sertifikat profesi），完成专家教育的合格毕业生将获得专家证书（sertifikat kompetensi），并且可使用相应的职业头衔。

（2）高等院校

印尼高等院校（perguruan tinggi）的定位是大学生和民众的学习场所、民族未来领导人的培育摇篮、科学技术发展中心、政策和道德力量研究中心以及民族文明的培育中心。印尼高校可以分为大学（universitas）、综合性学院（institut）、高级学校（sekolah tinggi）、工艺学院（politeknik）、专业学院（akademi）和社区学院（akademi komunitas）六类。它们的区别如下。

大学是在各学科门类里主要开展学术教育并可开展职业教育的高等院校，符合条件的还可以开展专业教育。综合性学院是在一些学科门类里主要开展学术教育并可开展职业教育的高等院校，符合条件的还可以开展专业教育。高级学校是在一个学科门类里主要开展学术教育并可开展职业教育的高等院校，符合条件的还可以开展专业教育。工艺学院是在各学科门类里开展职业教育的高等院校，符合条件的还可以开展专业教育。专业学院是在一个或几个特定的学科分支里开展职业教育的高等院校，符合条件的还可以开展专业教育。社区学院是在一个或几个特定的学科分支里开展一类大专或二类大专层次职业教育的高等院校，其职业教育要基于当地的优势或满足特殊的需求（见表3-5）。

表3-5 印尼高等院校类型及其承担教育种类情况

高等院校类型	学科范围	学术教育	职业教育	专业教育
大学	各学科门类	√	√	√
综合性学院	一些学科门类	√	√	√
高级学校	一个学科门类	√	√	√
工艺学院	各学科门类		√	√
专业学院	一个或几个学科分支		√	√
社区学院	一个或几个学科分支		√（仅限一类大专和二类大专层次）	

2018年，印尼有各类高等院校4670所，根据办学经费来源不同，可以分为公立高校和私立高校。依照主管部门的不同，公立高校还可以进一步分为高等教育主管部门（目前是研究技术与高等教育部）管理的高校和其他国家部门（如宗教部、国防部、财政部、警察总局，等等）管理的高校。

私立高校也受到高等教育主管部门的协调监管。具体的高校数量和学生人数见表3-6。

表3-6 2018年印尼高等院校数量和学生人数

高等院校类型	公立高校数量（所）		私立高校数量（所）	高等院校数量（合计）	大学生人数（新入学+已注册）
	教育部属	其他部属			
大学	63	18	500	581	6346822
综合性学院	12	123	79	214	745282
高级学校	—	1076	1449	2525	1913940
工艺学院	43	78	156	277	462405
专业学院	—	81	973	1054	304741
社区学院	4	1	14	19	2598
合计	122	1377	3171	4670	9775788

从高校数量上看，私立高校是印尼高等院校的主力，种类繁多的高级学校和专业学院占比也很高，但是从培育学生的人数上看，仅占高校总数12.44%的大学培育了近65%的大学生，其次是高级学校培养了19.58%的大学生。

根据印尼研究技术与高等教育部2017年的高校排名[1]，并结合2019年Webometrics世界大学排名[2]和2019年QS亚洲大学排名[3]的资料，印尼十大公立高校和十大私立高校排名见表3-7、表3-8。

表3-7 印尼十大公立高校排名

高校名称（城市）	印尼教育部门排名	Webometrics排名（括号里的为世界排名）	QS排名（括号里的为亚洲排名）
加查马达大学（日惹） Universitas Gadja Mada	1	1（657）	3（74）

---

[1] Ristekdikti, "Peringkat Perguruan Tinggi Terbaik," https://pemeringkatan. ristekdikti. go. id/, accessed July 3, 2019.

[2] Webometric, "Ranking Web of Universities (Indonesia)," http://www. webometrics. info/en/asia/indonesia, accessed July 3, 2019.

[3] QS World University Rankings, "Asia University Rankings," https://www. topuniversities. com/university-rankings/asian-university-rankings/2019, accessed July 3, 2019.

续表

高校名称（城市）	印尼教育部门排名	Webometrics 排名（括号里的为世界排名）	QS 排名（括号里的为亚洲排名）
万隆工学院（万隆） Institut Teknologi Bandung	2	3（1132）	2（73）
茂物农学院（茂物） Institut Pertanian Bogor	3	4（1288）	4（130）
印尼大学（雅加达/德波） Universitas Indonesia	4	2（856）	1（57）
十一月十日科技学院（泗水） Institut Teknologi Sepuluh Nopember	5	7（1543）	7（299）
蒂博内哥罗大学（三宝垄） Universitas Diponegoro	6	5（1371）	9（271—280）
艾尔朗卡大学（泗水） Universitas Airlangga	7	12（1917）	5（199）
布拉维查亚大学（玛琅） Universitas Brawijaya	8	6（1524）	10（271—280）
哈山努丁大学（望加锡） Universitas Hasanuddin	9	14（2189）	11（401—450）
日惹国立大学（日惹） Universitas Negeri Yogyakarta	10	23（3116）	22（451—500）

表3-8 印尼十大私立高校排名

高校名称（城市）	印尼教育部门排名	Webometrics 排名（括号里的为世界排名）	QS 排名（括号里的为亚洲排名）
印尼伊斯兰大学（日惹） Universitas Islam Indonesia	29	36（3875）	18（451—500）
雅加达阿玛查亚大学（雅加达） Universitas Atma Jaya Jakarta	30	37（3961）	13（451—500）
电信大学（万隆） Universitas Telkom	33	11（1910）	16（451—500）
日惹阿玛查亚大学（日惹） Universitas Atma Jaya Yogya	34	86（5447）	—
万隆天主教大学（万隆） Universitas Katolik Parahyangan	35	30（3643）	14（451—500）
玛琅穆罕默迪亚大学（玛琅） Universitas Muhammadiyah Malang	36	55（4585）	—

续表

高校名称（城市）	印尼教育部门排名	Webometrics 排名（括号里的为世界排名）	QS 排名（括号里的为亚洲排名）
梭罗穆罕默迪亚大学（梭罗） Universitas Muhammadiyah Surakarta	38	47（4246）	19（451—500）
苏吉甲普拉纳达天主教大学（三宝垄） Universitas Katolik Soegijapranata	39	269（10870）	—
印尼建国大学（雅加达） Universitas Bina Nusantara	40	24（3317）	8（251—260）
贝特拉基督教大学（泗水） Universitas Kristen Petra	41	45（4187）	22（451—500）

从各类排名可以看出，印尼与世界发达国家，甚至与亚洲国家相比，在高等教育领域还相对落后，这与其国家经济发展水平和人口数量并不相符。总体而言，印尼公立高校普遍优于私立大学，加查马达大学、万隆工学院、茂物农学院、印尼大学等传统名校始终处于高校第一方阵。私立高校中，大部分都是宗教高校，成立不久的印尼建国大学（1996 年）和电信大学（2013 年）发展较为迅速。印尼质量较好的高校普遍集中在爪哇岛的大城市，十大公立高校中仅有哈山努丁大学位于爪哇岛外的南苏拉威西省。

（3）学科与课程专业

高等教育与学科密切相关。根据《2012 年第 12 号高等教育法》，印尼的科学技术分为宗教学科（rumpun ilmu agama）、人文学科（rumpun ilmu humaniora）、社会学科（rumpun ilmu sosial）、自然学科（rumpun ilmu alam）、形式学科（rumpun ilmu formal）和应用学科（rumpun ilmu terapan）六大门类。每个学科门类下分学科分支（cabang ilmu），分支下开设课程专业（prodi）。根据《2017 年第 R 257/M/KPT/2017 号研究技术与高等教育部部长决定书》以及《2016 年第 33 号宗教部部长条例》及其修改，印尼学科分支和课程专业数量见表 3-9。

表 3-9　印尼学科分支和课程专业数量

学科门类	学科分支（括号内为课程专业数量，单位：个）
宗教学科	伊斯兰教（54）、基督教（17）、天主教（6）、印度教（36）、佛教（6）
人文学科	艺术学（18）、历史学（3）、语言学（28）、文学（20）、哲学（8）

续表

学科门类	学科分支（括号内为课程专业数量，单位：个）
社会学科	社会学（46）、经济学（11）、防卫学（14）、心理学（3）
自然学科	化学（4）、地球科学（8）、海洋学（1）、生物学（10）、生物物理学（1）、物理学（2）、天文学（2）
形式科学	计算机学（7）、逻辑学（1）、数学（5）
应用科学	A 农业类学科：农学（24）、畜牧学（8）、渔业科学（9）； B 建筑、设计和规划类学科：建筑学（2）、区域规划学（6）、设计学（6）； C 商业类学科：会计学（2）、管理学（9）、物流学（2）、工商管理学（1）、企业管理学（8）； D 传播类学科：传播学（9）； E 教育类学科：教育学（82）； F 工程类学科：工学（50）； G 环境类学科：环境学（10）、林学（6）； H 卫生类学科：医学（11）、牙医学（4）、兽医学（5）、药学（6）、营养学（3）、公共卫生学（2）、助产学（1）、护理学（1）、健康学（11）； I 信息类学科：信息学（2）； J 法律类学科：法学（11）； K 军事类学科：军事学（2）； L 社会类学科：公共事务学（4）； M 体育类学科：体育学（2）； N 旅游类学科：旅游学（1）； O 交通类学科：交通学（1）； P 多学科、交叉学科、跨学科类（31）
职业教育硕博课程	艺术学：艺术创作（硕/博） 农业：粮食防御力（硕）、农业生物能源（硕） 工学：建筑物维护和修复工程（硕）、桥梁维护和修复工程（硕）、计算机工程（硕） 旅游学：旅游规划和发展（硕）、酒店管理（硕） 多学科、交叉学科、跨学科：动画（硕）、光子通信工程（硕）、数字取证和网络安全（硕）

　　学科分支是高等院校开展教学活动的重要依据，每个学科分支都可以授予单独的学位和资格头衔。学科分支下再细分课程专业，课程专业的开设由各高等院校根据学科发展和社会需要自行安排并报高等教育主管部门鉴定批准。获批的课程专业还要定期接受再次鉴定，如果不合格将被撤销。

　　有些课程专业可以同时培养学士、硕士、博士层次人才，有些课程专业只培养一或两个层次。例如，同属于人文学科门类艺术学学科分支，民族音乐学专业（Etnomusikologi）可以同时培养学士、硕士和博士，摄影专业（Fotografi）只培养学士，电影美学专业（Estetika Film）只培养硕士，电影电视（Film dan Televisi）专业只培养学士和硕士，而艺术研究专业（Kajian Seni）只培养硕士和博士（博士专业数量分布见图3-2）。

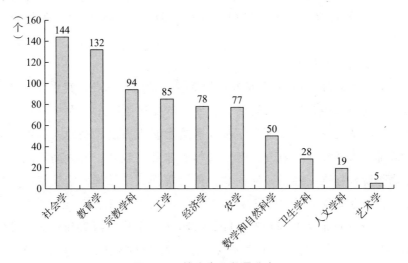

图3-2　博士专业数量分布

高等院校还要参照高等教育国家标准为每个课程专业制定课程大纲，包括教学目标、教学内容、教学方法以及教材等一整套计划和安排，用作开展教学活动的指南，发展大学生的智力、道德和技能以达到高等教育的目标。《高等教育法》规定，高等教育课程大纲的必修课程有宗教、建国五基、公民和印尼语。课程大纲一般都包括课内活动（kurikuler）、课程辅助活动（kokurikuler）和课外活动（ekstrakurkuler）三大部分。课程辅助活动和课外活动是大学生学习不可分割的部分。对于专业教育课程大纲，还需要高等院校、相关部门和专业团体共同制定。

（4）高等院校学术团体

各高等院校的教师和学生共同组成学术团体（sivitas akademika），它是"拥有科学传统、发展学术文化"的共同体。高等院校的学术文化是源自科学技术的一切价值体系、观点、道德、行动和作品，不分种族、宗教、性别、社会地位、经济层次和政治派别。

在学术团体中，高等院校教师负责传授科学技术、营造学习氛围、发展大学生潜能，并成为发展其学科分支的科研工作者，有义务为教学活动编写教材、提供学习资料。大学生则是学术团体中有独立思想的个体，要努力学习、寻求真知、掌握所学专业本领，遵守道德伦理，充分发挥自身潜能，使自己成为有文化的科学家、知识分子、实践者或专业人士。此外，大学生拥有符合学术文化的学术自由，有权获得符合自身天赋或能力的教育服务，可以根据自身学习能力和高校学习年限规定完成高等教育。

1）高等院校教师

高等院校教师（Dosen）是专业的掌握科学的教育者，其主要任务是通过教育、科研和服务社会来转变、发展、传播科学技术。大学教师由政府或教育机构依法任命和安置。任何有卓越才能或杰出成就的人都可以成为大学教师。大学教师一般分为常任教师和非常任教师。公立高等院校根据国家高等院校标准，经过政府同意，任命常任大学教师，给其基本工资和补贴。政府还要给大学教师发放学术职务补贴、专业补贴和荣誉补贴。

2018 年，印尼各类高校有教师 294820 人，常任教师 255393 人，非常任教师 39427 人。其中男教师 167296 人，女教师 127524 人，师生比约为 1∶33。在整个高等院校教师群体中，大学教师还是主流，占 57.44%，私立高校教师占到总人数的 60% 以上（见表 3 - 10）。

表 3 - 10　2018 年印尼高等院校教师人数和师生比

单位：人

高等院校类型	公立高校教师人数		私立高校教师人数	高校教师人数合计	大学生人数（新入学 + 已注册）	师生比
	教育部属	其他部属				
大学	62733	9234	97385	169352	6346822	1∶37.5
综合性学院	5255	9221	7208	21684	745282	1∶34.4
高级学校	—	15226	51376	66602	1913940	1∶28.7
工艺学院	7882	6236	5934	20052	462405	1∶23.1
专业学院	—	1871	15170	17041	304741	1∶17.9
社区学院	22	—	67	89	2598	1∶29.2
合计	75892	41788	177140	294820	9775788	1∶33.2

不同层次的高等教育，对教师的学历都有基本的要求，一般来说，大

学教师必须具备硕士或同等以上学力。学士（含应用学士）课程的大学教师必须拥有硕士或同等以上学力。硕士和博士（含应用硕士和博士）课程的大学教师必须有博士或同等学力。大专课程的大学教师必须有硕士或同等以上学力。对于一类大专、二类大专课程也可以让有经验的三类大专毕业文凭获得者或同等学力者担任指导教师。专业教育课程的大学教师必须是具有至少两年工作经验的专业教育课程毕业生、硕士课程或同等学力毕业生。专家教育课程的大学教师必须是具有至少两年工作经验的专家教育课程毕业生、博士课程或同等学力毕业生。

2018 年，印尼常任教师中最高学历为学士及以下学历的占 6.92%，硕士占 75.76%，博士占 15.74%，获得专业证书的占 0.62%，获得专家证书的占 0.96%。非常任教师中最高学历为学士及以下学历的占 46.21%，硕士占 37.57%，博士占 8.25%，获得专业证书的占 2.99%，获得专家证书的占 4.98%。数据说明，还有不少高等院校教师达不到法律规定的要求。

高等院校常任教师的学术职务层级包括助教（asisten ahli）、讲师（lektor）、副教授（lektor kepala）和教授（profesor）四个级别，讲师以上还区分 2~3 个档次。学术职务的任命和晋升有一套全国性的标准。教师根据其学历水平与教学业绩、科研业绩、社会服务业绩和其他业绩（如参加学校管理、获得奖章奖励等）两个方面的评价指标，获取并累积业绩分（angka kredit），作为其任命和晋升的依据。每个方面（或子方面等）的评价指标还有一定的比例要求。硕士学历高等院校教师学术职务业绩要求见表 3–11。

表 3–11　硕士学历高等院校教师学术职务最低业绩分要求

评价指标		百分比	助教	讲师			副教授		
职务档次			III/b	III/c	III/d	IV/a	IV/b	IV/c
学历水平			150	150	150	150	150	150
业绩	教学业绩	≥90%	—	45	≥45%	135	≥45%	225	≥40%	360	≥40%	495	≥40%
	科研业绩				≥35%		≥35%		≥40%		≥40%		≥40%
	社会服务业绩				≤10%		≤10%		≤10%		≤10%		≤10%
	其他业绩	≤10%		5		15		25		40		55
累计总分			150	200	300	400	550	700

硕士毕业的高校教师可以直接任命为助教，博士毕业的高校教师可以直接任命为讲师。除需要满足最低业绩分之外，硕士毕业的教师晋升副教授还必须在国际刊物上发表学术论文。晋升教授的条件则更为严格：要求拥有 10 年常任大学教师工作经验、有学术出版物、具有博士教育水平或同等学力，且在国际知名期刊上发表学术论文。只有担任高级学术职务的高校教师才能负责指导研究生论文，副教授以上或拥有博士学位的讲师能指导硕士毕业论文（tesis），教授或在国际知名刊物作为主要完成者发表论文的副教授才能指导博士毕业论文（disertasi）。在印尼，高校教师一般65 岁退休，教授 70 岁退休，特别优秀的教授可以返聘到 75 岁。博士学历高等院校教师学术职务业绩分要求见表 3 – 12。

表 3 – 12　博士学历高等院校教师学术职务最低业绩分要求

评价指标		百分比	讲师		副教授			教授	
职务档次			III/c	III/d	IV/a	IV/b	IV/c	IV/d	IV/e
学历水平			200	200	200	200	200	200	200
业绩	教学业绩		—	≥45%	≥40%	≥40%	≥40%	≥35%	≥35%
	科研业绩	≥90%	90	≥35%	≥40%	≥40%	≥40%	≥45%	≥45%
				180	315	450	585	765	
	社会服务业绩		—	≤10%	≤10%	≤10%	≤10%	≤10%	≤10%
其他业绩		≤10%	—	10	20	35	50	65	85
累计总分			200	300	400	550	700	850	1050

高校教授由政府部长任命，社会地位非常高。法律还特别规定，教授的称号只能用于称呼高等院校担任教育工作的在职人员。2018 年，全印尼只有教授 5961 人，相对于近 2.7 亿的总人口数，能聘上教授的人可谓是凤毛麟角（见图 3 – 3）。

2）大学生

2018 年，印尼各高等院校有大学新生 1732308 人，已注册大学生8043480 人，毕业生 1247116 人，具体情况见表 3 – 13。

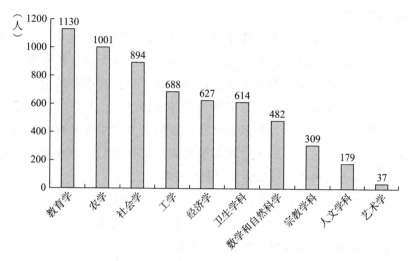

图 3 - 3　印尼教授数量及学科分布

表 3 - 13　2018 年印尼高等院校大学生人数

单位：人

高等院校类型	大学新生数	已注册大学生数	毕业生数
大学	1111495	5235327	762009
综合性学院	126533	618749	78268
高级学校	336133	1577807	266082
工艺学院	96848	365557	75200
专业学院	60538	244203	65094
社区学院	761	1837	463
合计	1732308	8043480	1247116

　　2018 年，19～23 岁青年的高等院校毛入学率为 30.19%，其中城市地区为 40.39%，农村地区为 15.97%。不过，该数据与 2015～2019 年国家中期发展计划中 36.7% 的目标还有一些差距。同期，19～23 岁青年的高等院校净入学率为 20.94%，其中城市地区为 27.79%，农村地区为 11.40%，女生入学率比男生要高 3.3 个百分点。因此，在高等院校入学率方面，印尼不仅低于世界银行公布的全球 37.88% 的平均水平（2017 年），[①] 而且还存在

————————

① 联合国教科文组织统计研究所：《入学率，高等院校（占总人数的百分比）》，世界银行官网，https://data.worldbank.org.cn/indicator/se.ter.enrr，最后访问日期：2019 年 6 月 2 日。

很大的城乡差距。

公立高等院校通过全国性招生模式或其他形式招收大学新生。政府承担高等院校参加全国性大学招生模式活动的费用。高等院校要确保各课程专业大学生人数和设施、教育力量之间的平衡。私立高等院校的招生由各高校自行安排，也可参加公立高等院校全国性招生。公立高等院校必须寻找和网罗具有较高学术潜力但家庭经济困难的准大学生和来自偏远落后地区的准大学生，数量不得低于全部新生的 20%，招收后分散在所有的课程专业里。外国公民可以被招收为高等院校大学生。

目前，印尼青年想要成为高等院校大学生有六种渠道。

一是公立高等院校入学全国选拔（SNMPTN），高中应届毕业生在毕业前凭借高中时期学习成绩单参加选拔，无须笔试。

二是公立工艺学院兴趣和能力考查（PMDK–PN），主要招收愿意接受高等职业教育的高中应届毕业生，凭借高中时期学习成绩单参加考察，无须笔试。

三是公立高等院校统一入学考试（SBMPTN），通过一系列笔试、机试和能力考查，凭借最后的成绩获得入学资格。

四是政府部门管理高校的入学考试，如财政部、内政部等直属的院校和军事学院。此类院校的大学生，入学后学费得到减免，毕业后直接安排工作，但有一定的淘汰率。

五是公立工艺学院入学考试（UMPN），是印尼 40 多家工艺学院的统一入学笔试。

六是公立高校或私立高校的自主选拔，时间和形式由高校自行安排，一般在公立高等院校统一入学考试之前进行。

2018 年，已注册大学生中有 245810 人退学，退学率达 3% 左右，其中公立高校退学率为 1%，私立高校退学率为 5%。

（5）高等院校管理和自治制度

公立高等院校由中央政府设立，由高等教育主管部门或政府其他部门管理。私立高等院校由社会建立，组成具有法人团体地位的非营利组织，必须获得高等教育主管部门部长的批准。高等院校必须满足鉴定最低标准，并拥有章程。

高等院校要根据各自章程成立管理组织，对机构自身进行管理。高等院校拥有自治权，分为学术方面和非学术方面。学术方面的自治管理包括制定运行的准则和政策，以及践行三项职能。非学术方面的自治管理包括设立组织、管理财务、处理大学生事务、管理教职员工、管理设备和基础设施。

5. 远程教育（pendidikan jarah jauh）

远程教育是指采用多种学习资源，运用通信技术、信息技术和其他媒体技术实施远距离教学的过程。由于人口众多、交通不便，传统的教育模式极大地限制了印尼教育事业的发展，因此，远程教育成为印尼突破教育发展瓶颈的必然选择，能让更多无法参加面授教育或定期教育的社会群体接受教育服务。印尼的远程教育已经在各种教育形式、阶段和类型中开展。

印尼远程教育起源于师资培训，当时通过广播的形式，向教师提供函授文凭教育，取得了快速的发展。在此基础上，印尼也逐步把远程教育技术用于小学和中学阶段的教育。但是印尼远程教育的真正大规模发展还是与高等教育的结合。1984年9月4日，印尼成立了第一所完全运用远程教育模式的大学——开放大学（Universitas Terbuka），旨在向由于种种原因无法进入传统高等院校的人们提供更为便捷和经济的高等教育服务。根据2019年Webometrics世界大学排名，印尼开放大学位于印尼高等院校排行榜第62位，世界排名4799位，这充分说明它在印尼高等教育体系中占有一席之地。起初，印尼只有开放大学一所远程教育高等院校。随着《2012年第24号关于在高等院校实施远程教育的教育与文化部部长条例》的颁布，越来越多的传统名校也加入到远程教育的行列中来，如印尼大学、万隆工学院、十一月十日科技学院、加查马达大学等。

在信息技术的助推以及国家政策的支持下，印尼远程教育正在蓬勃发展。目前，印尼高等教育主管部门已经建立了一系列国家在线课程（Mata Kuliah Daring Nasional），主要涵盖知名专家学者的基础课程、新兴学科课程和高校特色课程。2014年起，印尼高等教育主管部门开始建设在线教学系统（SPADA），[①]包括慕课（MOOCS）建设、在线教学和混合制教学三大任务。

到2018年，在慕课建设方面，已有54所高校参与建设，201所高校参与使用，已建成在线课程279门、开放课程338门、开放式学习资源197

---

① https://spada.ristekdikti.go.id/.

项，有 1.8 万名大学生进行学习。在线教学方面，有 102 门在线课程进入"7 in 1"项目①的在线教学，29 门在线课程入选"大学生交换计划"。在混合制教学方面，教师资格专业教育成为混合制教学的试点，有 55 所高校、53 门课程和 1.81 万名学生参加了三批试点。混合制模式大致如下：10 周的在线课程学习（学习在线课程 10 学分）→20 天的师范学校学习（入学教育、复习讨论 1 学分、教师讲授 1 学分、同伴教学 5 学分、班级活动研究 1 学分、知识测试）→合作学校实习 3 周（后续专业教育 6 学分、在合作学校进行最终测试）。

6. 特殊教育（pendidikan khusus）②

为保证每一个公民都享有接受优质教育的平等权利，《国家教育体系法》规定在身体、情绪、精神、智力或社会交往方面有特殊情况的公民有权利接受特殊教育。《2010 年第 17 号关于教育实施和管理的政府条例》将需要接受特殊教育的公民分为：视力残疾、听力残疾、言语残疾、智力残疾、肢体残疾、语言障碍、学习困难、智力落后、交流障碍、行动障碍、违禁药品滥用受害、其他特殊情况等十二类。

特殊教育可以在特殊学校进行，也可以在普通学校、职业学校和宗教学校进行。目前在印尼，特殊教育主要还是在公立和私立的特殊学校进行，较好地覆盖了基础教育和中等教育。2017~2018 学年，印尼有各类特殊学校 2157 所，其中公立的 563 所，私立的 1594 所。在校学生约 15.73 万人，其中公立学校约占 40%，私立学校约占 60%。特殊教育的教师 24334 人，学士以上学历的约占 88.7%。各类教室 22104 间，不足以满足 3 万多个教学班的需要（见表 3-14）。

表 3-14　2017~2018 学年印尼特殊学校数量

单位：所

类别	公立学校数	私立学校数	合计
特殊小学	108	131	239

---

① "7 in 1"项目是印尼研究技术和高等教育部利用低息贷款于 2014 年启动的校园建设项目，即在选定的 7 所大学校园里，各建设 7 栋现代化教学大楼，特别用于开展在线学习。

② 此部分内容数据主要来自 PDSPK（印尼教育与文化部数据统计中心），*Statistik Persekolahan PLB*, Jakarta: Setjen, Kemendikbud, 2018。

续表

类别	公立学校数	私立学校数	合计
特殊初中	19	97	116
特殊高中	13	63	76
特别学校	423	1303	1726
合计	563	1594	2157

7. 非正规教育（pendidikan nonformal）

非正规教育是指在正规教育之外，结构化和分阶段实施的教育形式，由政府和社会共同举办，是正规教育的替代、补充和完善，以支持印尼社会的终身教育。非正规教育的作用在于开发受教育者的潜力，强调掌握知识和实用技能，培养专业化的态度和个性。

非正规教育包括生活技能教育（pendidikan kecakapan hidup）、学前教育（pendidikan anak usia dini）、青少年教育（pendidikan kepemudaan）、妇女赋能教育（pendidikan pemberdayaan perempuan）、识字教育（pendidikan keaksaraan）、技能教育和工作培训（pendidikan keterampilan dan pelatihan kerja）、同等教育（pendidikan kesetaraan）以及旨在提高受教育者能力的其他教育。很多政府部门、军警单位训练机构开展的各类教育培训活动都属于非正规教育。

非正规教育机构的形式有培训班（lembaga kursus）、训练机构（lembaga pelatihan）、学习班（kelompok belajar）、社会学习活动中心（pusat kegiatan belajar masyarakat）、诵经会（majelis taklim）等机构，帮助受教育者提高知识储备、职业技能、生活技巧和积极态度，以实现他们自我发展、专业提高、工作提升、自身事业进步或接受更高阶段教育的目标。在印尼，从托儿所、同乐班（KB）直到A类至C类学习班，已经形成了一整套非正规教育体系。A类至C类学习班还可以参加教育部门主办的同等考试，获得教育部门承认。

8. 非正式教育（pendidikan informal）

非正式教育是指在家庭和周围环境里学习的教育形式。它和非正规教育最大的区别是没有专门的教育组织者和相应的教学体系，学习者主要依靠自学获得知识和技能。通过符合国家教育标准的测试后，学习者自我学习的成果能得到国家教育部门的认可，获得相应的证书。随着智能应用和在线课程的不断发展，进行非正式教育的人士将越来越多。

（二）教育行政体制

1. 中央政府教育管理部门

由于印尼总体上实行普通教育和宗教教育两套系统，因此在中央政府层面上，印尼教育方针的制定和实施由国家教育部门和宗教部分别负责。

印尼国家教育部门的最高管理机构，负责印尼教育政策的规划、制定、落实和监督以及教育成果的总结和评估，并协调宗教教育活动。从独立至今，印尼国家教育部门已经多次更名或调整重组：

1945 年 8 月 19 日至 1948 年 1 月 29 日建立教学部；

1948 年 1 月 29 日至 1956 年 3 月 24 日改称教学、教育与文化部；

1959 年 3 月 24 日至 1963 年 3 月 6 日改称教育与文化部；

1962 年 3 月 6 日至 1966 年 3 月 28 日，教育与文化部拆分为基础教育与文化部、高等院校与科学部；

1966 年 3 月 28 日至 1966 年 7 月 25 日，同时设立教育与文化部、基础教育部、高等院校与科学部；

1966 年 7 月 28 日至 1999 年 10 月 20 日，重新合并为教育与文化部；

1999 年 10 月 28 日至 2011 年 10 月 18 日，改称国家教育部；

2011 年 10 月 19 日至 2014 年 10 月 20 日，再次改称教育与文化部；

2014 年 10 月 27 日至今，高等教育部门又从教育与文化部中拆分出来，分别设立教育与文化部、研究技术与高等教育部。

目前，教育与文化部下设的主要职能司局有：总秘书处、总监察处、教师和教学力量总司、学前教育和社会教育总司、基础教育和中等教育总司、文化总司、语言发展和图书局、研究和发展局、创新和竞争力高级专员、中央和地方关系高级专员、民族性格建设专员、教育和文化法规专员。有的总司在全国各省还设有教育质量管理办公室作为派出机构。各省、县市也设立了相应的教育和文化管理机构（dinas pendidikan），隶属于各地方政府，跟教育与文化部存在业务联系。

研究技术与高等教育部下设的主要职能司局有：总秘书处、总监察处、教学和大学生总司、研究技术与高等教育机构总司、研究技术与高等教育资源总司、强化研究和发展总司、强化创新总司、关联度和生产力高级专员、基础设施高级专员、学术领域高级专员等。该部还设立了 14 个高等教育服务处（LLDIKTI），对印尼全国各地进行划片管理，协调和服务各地公立和私立高校。

2. 中央和地方教育管理权限

根据《2014 年第 23 号地方政府法》，有关教育领域政府事务实行三级管理，赋予了中央政府（由教育主管部门实施）、省级政府和县市级政府不同的管理职权，涉及教育管理、课程大纲设置、教育机构资格鉴定、教师和教学力量分配调动、教育许可发放和语言文化管理等方面（见表 3 - 15）。

表 3 - 15　印尼教育领域政府事务管理职权划分

职权范围	中央政府	省级政府	县市级政府
教育管理	a. 确定教育国家标准 b. 管理高等教育	a. 管理中等教育 b. 管理特殊教育	a. 管理基础教育 b. 管理学前教育和非正规教育
课程大纲设置	确定中等教育、基础教育、学前教育的国家课程大纲，确定非正规教育课程大纲	确定中等教育、特殊教育地方自主课程	确定基础教育、学前教育和非正规教育地方自主课程
教育机构资格鉴定	高等教育、中等教育、基础教育、学前教育、非正规教育机构的资格鉴定		
教师和教学力量分配调动	a. 控制教师编制、调动教师和教师职业发展 b. 跨省的教师和教学力量的调动	本省范围内跨县市教师和教学力量的调动	本县市范围内教师和教学力量的调动
教育许可发放	a. 发放私立高等院校许可 b. 发放外国教育机构办学许可	a. 发放私立中等教育机构许可 b. 发放私立特殊教育机构许可	a. 发放私立基础教育机构许可 b. 发放私立学前教育和非正规教育许可
语言文化管理	指导语言和文化	指导本省内跨县市的语言和文化	指导本县市的语言和文化

3. 教育经费配置体制

《2003 年第 20 号国家教育体系法》规定，教育经费是中央政府、地方政府和社会（私立办学者、家长等）共同的责任。教育经费管理遵守公正、高效、透明和公共问责的原则。在《2008 年第 48 号关于教育经费的政府条例》中，规定了中央政府、地方政府和社会的经费责任划分。教育经费支出分为三大部分：教育机构支出、教育实施管理支出和受教育者个人支出。其中，教育机构支出、教育实施管理支出还可以细分为投资支出和运营支出。上述政府条例还对基础教育阶段和中等教育阶段的经费支出责任划分做出了原则性规定（见表3－16）。

表3－16　公立学校教育经费支出责任划分

	教育经费支出类型	责任者	
		基础教育	中等教育
I	教育机构投资支出		
	A 教育用地投资支出		
	a 国家标准学校	中央/地方	
	b 基于地方优势的学校	中央/地方/社会	
	B 非教育用地投资支出		
	a 国家标准学校	中央/地方	中央/地方/社会
	b 基于地方优势的学校	中央/地方/社会	
II	教育实施管理投资支出		
	A 教育用地投资支出	中央/地方	
	B 非教育用地投资支出	中央/地方	
III	教育机构运营支出		
	A 人事支出		
	a 国家标准学校	中央/地方	
	b 基于地方优势的学校	中央/地方/社会	
	B 非人事支出		
	a 国家标准学校	中央/地方	中央/地方/社会
	b 基于地方优势的学校	中央/地方/社会	
IV	教育实施管理运营支出		
	A 人事支出	中央/地方	
	B 非人事支出	中央/地方	
V	教育开支补助和奖学金	中央/地方	
VI	国外教育经费	中央	

对于私立教学机构，除了办学者必须承担的经费外，政府也要对其给予资助（见表3－17）。

表3－17　私立学校教育经费支出责任划分

	教育经费支出类型	责任	
		基础教育	中等教育
I	教育机构投资支出		
	A 教育用地投资支出		
	a 国家标准学校	办学者/教育机构	
	b 基于地方优势的学校	办学者/教育机构/家长/家长之外的其他社会人士/中央/地方	
	B 非教育用地投资支出		
	a 国家标准学校	办学者/教育机构	办学者/教育机构/社会
	b 基于地方优势的学校	办学者/教育机构/家长/家长之外的其他社会人士/中央/地方	
II	教育实施管理投资支出		
	A 教育用地投资支出	办学者/教育机构	
	B 非教育用地投资支出	办学者/教育机构	
III	教育机构运营支出		
	A 人事支出		
	a 国家标准学校	办学者/教育机构	
	b 基于地方优势的学校	办学者/教育机构/家长/家长之外的其他社会人士/中央/地方	
	B 非人事支出		
	a 国家标准学校	地方	办学者/教育机构/社会
	b 基于地方优势的学校	中央/地方/社会	
IV	教育实施管理运营支出		
	A 人事支出	办学者/教育机构	
	B 非人事支出	办学者/教育机构	
V	教育开支补助和奖学金	办学者/教育机构/家长/家长之外的其他社会人士/中央/地方	

　　而在高等教育经费部分，中央政府在国家收支预算中编列高等教育经费，地方政府根据当地经济实力从地方收支预算中分配资金支持当地的高等教育经费。鼓励企业界积极资助高等院校。国家收支预算和地方收支预算中的高等教育经费，用于（1）公立高等院校的运营费，教师和教育力量的支出以及院校投资和发展；（2）私立高等院校的教师专业补贴的补足部分、教授

荣誉补贴以及院校投资和发展；（3）大学生接受高等教育的费用补助。

中央政府定期根据高等教育国家标准的完成情况、课程专业种类和地区物价指数制定高等教育运营费标准（standar satuan biaya operasional），作为给公立高等院校分配预算的依据和确定大学生缴纳费用的依据。中央政府从教育预算中向各公立高等院校划拨运营补助资金（dana bantuan operasional），其中30%用作公立高等院校和私立高等院校的科研基金。

四　印尼教育发展现状

（一）教育预算情况①

进入改革时代后，印尼的教育预算较之以往有了翻天覆地的变化。不仅从宪法上规定了教育预算至少要占整个国家预算的20%，而且透明度也非常高。2013年初，国际预算合作组织（IBP）通过相关评估，认为印尼在2012年成为预算透明度最高的东盟国家。②

印尼教育预算主要分为三大部分。第一部分是中央政府支出教育预算（Anggaran Pendidikan melalui Belanja Pemerintah Pusat），主要用于教育基础设施建设、各类奖学金和中央部门直属公务员教师工资和补贴等。这部分预算分别划拨给教育与文化部、研究技术与高等教育部、宗教部等国家部委，以及国家统一支出预算部分。第二部分是对地方转移支付教育预算（Anggaran Pendidikan melalui Transfer ke Daerah），主要用于教育人员工资、学校运行补贴、地方公务员教师专业补贴等。这部分预算将划拨给各省、市县地方财政以及农村基金部分。第三部分是投资支出教育预算（Anggaran Pendidikan melalui Pengeluaran Pembiayaan），也被称作国家教育发展资金，由财政部的教育资金管理机构（LPDP）进行管理，包括教育永久基金（Dana Abadi Pendidikan）和教育储备基金（Dana Cadangan Pendidikan）。前者主要

---

① 本小节数据来源于印尼财政部文件：Anggaran Pendidikan 2010 – 2017（2010~2017年教育预算情况）；Anggaran Pendidikan APBN 2019（2019年国家收支预算之教育预算情况）；Perubahan Postur dan Rincian APBN 2020 di Masa Pandemi Covid – 19（新冠肺炎疫情期间2020年国家收支预算态势和明细修改情况）。
② 池昭梅、黄思婷：《印度尼西亚公共预算改革：缘起、现状及未来》，中国会计学会2013年学术年会，南宁，2013，第874页。

用于开展投资，确保后代教育的延续性；后者用于弥补自然灾害造成的教育设施损毁。

近年来，印尼的教育预算在逐年增加，从 2010 年到 2020 年已经翻了一倍以上。2020 年，为了减少新冠肺炎疫情对教育领域的影响，印尼还专门调整预算，由原先计划的 508.1 万亿印尼盾，增加至 522.8 万亿印尼盾，加大了中央支出和投资支出部分（见表 3 – 18、图 3 – 4）。

表 3 – 18　2010 ~ 2020 年印尼教育预算和国家收支预算一览表*

单位：万亿印尼盾

年份	教育预算额	国家收支预算总额	占比
2010	225.2	1126.1	20.0%
2011	266.9	1320.8	20.2%
2012	310.8	1548.3	20.1%
2013	345.3	1726.2	20.0%
2014	375.4	1876.9	20.0%
2015	408.5	1984.1	20.6%
2016	416.6	2082.9	20.0%
2017	426.7	2136.8	20.0%
2018	444.1	2220.7	20.0%
2019	492.5	2461.1	20.0%
2020	522.8	2613.8	20.0%

注：* 教育预算数据以调整后国家收支预算（APBNP）数据为准，2018 年整个国家预算没有调整，2019 年则是尚未到预算调整时间节点。

图 3 – 4　2010 ~ 2020 年印尼教育预算构成示意图

（二）教育质量情况

自从《2003 年第 20 号国家教育体系法》颁布以来，印尼政府开始制定各教育层次的教育国家标准（SNP），以确保教育的质量。《2005 年第 19 号关于教育国家标准的政府条例》出台，并在 2013 年和 2015 年进行了两次修改。印尼的教育国家标准包括：内容标准、过程标准、毕业生能力标准、教师和教育力量标准、设备和基础设施标准、管理标准、支付标准和教育评价标准。依据上述政府条例，教育与文化部、研究技术与高等教育部分别制定了"基础教育和中等教育国家教育标准"和"高等教育国家教育标准"。教育国家标准的一个中心原则是要确保教育机构的教育自主权。政府不再为所有的学校规定同样的课程，仅仅规定内容标准、课程大纲和最低通过标准，教育机构可以在满足标准的前提下根据自身特点和环境特色自主完善课程内容。

为统一衡量基础教育阶段和中等教育阶段的教学质量，印尼教育国家标准委员会（BSNP）在小学、初中和高中毕业时安排有全国考试（USBN 或 UN）。各类学校的毕业生都需要参加全国统一考试。值得一提的是，印尼高中毕业生参加的全国性考试和中国的高考不同，印尼的高中毕业全国考试主要考查学生能力，仅仅作为教学质量分析依据，考试成绩并不能直接决定能否进入好的大学。2015 年以前，印尼高中毕业全国考试还有一个分数标准，低于这个分数，很多大学就无法申请（特殊情况除外），但是现在这个标准已取消。因此，印尼高中生对于全国考试不如中国学生那样重视。

小学毕业全国考试科目有印尼语、数学和自然科学，目前只采取笔试形式。而初中和高中，则有笔试（NUKP）和机试（NUBK）两种形式供选择。基础教育（初中）毕业全国考试科目有印尼语、英语、数学和自然科学，从 2015 年到 2019 年五个学年的成绩看，只有印尼语科目的全国平均分能在及格线上，在 64～65 分，其他科目普遍不及格。五个学年的全国综合平均分分别是 51.76 分、58.61 分、54.25 分、51.10 分和 51.76 分。

中等教育（高中）毕业全国考试则按普通高中、职业高中、宗教高中学校类别分别实施，其中普通高中还区分语言文学类、自然学科类、社会学科类，类似于中国的文理分科。中等教育毕业全国考试中，印尼语、英语和数学都属于必考科目，普通高中语言文学类加考印尼文学、第二外语和人类学，自然科学类加考物理、化学和生物，社会科学类加考经济、地理和社会，宗教高中毕业全国考试加考宗教内容。职业高中毕业全国考试加考技能内容。和基础教育一样，从 2015 年到 2019 年五个学年的成绩看，也只有印尼语科目的全国平均分能在及格线上，数学则是最差的科目，平均分从未超过 40 分。2018~2019 学年，印尼语全国平均分 68.89 分，英语 52.37 分，数学 38.60 分，综合平均分 52.30 分。

　　总体上看，印尼基础教育和中等教育的教育质量水平一般，特别是与近年来不断增加的教育预算投入不相符合。因此，2018 年 5 月，印尼财政部部长慕燕妮（Sri Mulyani）批评说："印尼教育界没有最大限度地使用预算来提高人力资源素质和教师能力，尤其是基础阶段和中等阶段，对学生素质有非常大的影响。"① 印尼财政部部长的理由是，印尼学生在"国际学生评估项目"（PISA）中表现不佳。

　　在 2015 年的国际学生评估项目中，印尼学生综合得分 395.3 分，位于 70 个受评估国家的第 62 位。在东盟国家里，低于排名第 1 位的新加坡（551.7 分）、排名第 22 位的越南（502.3 分），甚至落后于排名第 56 位的泰国（415.0 分）。从单科成绩看，数学排名第 63 位（386 分）、科学排名第 63 位（403 分）、阅读排名第 64 位（397 分），与 2006 年国际学生评估项目中印尼学生成绩相比基本没有太大变化。当时成绩分别是数学（393分）、科学（395 分）、阅读（395 分）。② 不过，在 2012 年的国际学生评估项目中，印尼学生的快乐指数是所有国家里最高的。③ 由此可见，印尼要在 2019 年实现"教育质量在东盟地区具备区域竞争力"的目标还是挑战很大的。

　　在高等教育方面，印尼延续自荷兰殖民时期的欧洲高等教育模式逐步被英美模式所取代，更加重视教育质量的监督和管理。1994 年，印尼成立

① CNN Indonesia, "Sri Mulyani Kritik Penggunaan Dana Pendidikan Belum Maksimal," https://www.cnnindonesia.com/ekonomi/20180507153544-532-296298/sri-mulyani-kritik-penggunaan-dana-pendidikan-belum-maksimal? accessed July 3, 2019.
② OECD, "Programme for International Student Assessment Results from PISA 2015: Indonesia," https://www.oecd.org/pisa/PISA-2015-Indonesia.pdf, accessed July 3, 2019.
③ OECD, "PISA 2012 Results in Focus," https://www.oecd.org/pisa/keyfindings/pisa-2012-results-overview.pdf, accessed July 3, 2019.

国家高等教育鉴定委员会（BAN - PT），定期对所有高等院校及其课程专业进行评估，包括课程、教师的质量和数量、学生条件、教育设备及基础设施、学生管理、人力资源、高校财政等诸多方面。鉴定结果分为 A（杰出）、B（优秀）、C（良好）和未通过四个等级。根据 2019 年国家高等教育鉴定委员会网站数据，获得 A 级鉴定的高等院校 96 所、B 级 880 所、C 级 1283 所，其中获得 A 级鉴定的各类公立高校 60 所，私立高校 36 所。此外，还有 2991 个课程专业获得 A 级鉴定、9221 个课程获得 B 级鉴定、4500 个课程获得 C 级鉴定，公立高校的情况也好于私立高校。

（三）升学就业情况①

经过多年的发展，印尼国民教育平均水平仍然不高。根据 2018 年统计数据，印尼全国 15 岁以上的国民中，只有一半人口具有初中以上文化程度，能完成高等教育的也只有八分之一（见图 3 - 5）。

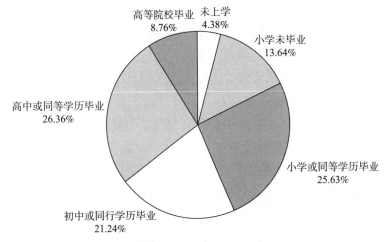

图 3 - 5　2018 年印尼 15 岁以上国民最高学历示意图

根据印尼中央统计局 2019 年 5 月发布的数据②，印尼大部分劳动力仅为

---

① 除特别注明外，本部分内容统计数据源自：BPS（印尼中央统计局），*Portret Pendidikan Indonesia Statistik Pendidikan* 2018, Jakarta：Badan Pusat Statistik, 2018。

② BPS（印尼中央统计局），"Februari 2019：Tingkat Pengangguran Terbuka（TPT）sebesar 5, 01," persen, https：//www. bps. go. id/pressrelease/2019/05/06/1564/februari - 2019—tingkat-pengangguran-terbuka—tpt—sebesar - 5 - 01 - persen. html, accessed May 6, 2019.

小学或以下文化程度，在 1.294 亿印尼就业人口中约占 40.51%；初中毕业约占 17.75%；普通高中毕业 17.86%；职业高中毕业 11.31%；（一、二、三类）大专毕业 2.82%；本科（学士）及以上 9.75%。约 12.57% 的劳动力人口受过高等教育。从 2019 年 2 月的公开失业率来看，高中及以下学历就业人口的失业率比 2017 年 2 月均有所下降，但是具有大专或本科学历以上人口的失业率却在攀升。大专学历人口失业率从 2017 年的 6.4% 上升到了 6.9%，本科（学士）以上的从 5.0% 上升到了 6.2%。大学生失业的主要原因有：掌握的技能与劳动力市场需求不符合，预期收入比实际收入要高以及相应的劳动力岗位有限。

为了更好地具备劳动力市场的竞争能力，目前每年有不少印尼学生决定出国留学。2010 年约 4 万人出国深造，希望能接受具备国际水平的教育，学习其他国家的文化、语言和生活方式，拓展国际视野和人际关系，为毕业后找到满意的工作乃至未来的发展做好准备。受印尼学生欢迎的留学国家有美国、新加坡、澳大利亚、马来西亚、埃及、德国、日本、荷兰和中国，主要学习的领域有语言、工程、经济、医学、餐饮、设计和宗教。

第四章　马来西亚教育发展报告

一　马来西亚教育发展简史

马来西亚的教育史可分为三个阶段，传统社会阶段、英国殖民阶段以及独立后教育的发展，不同阶段有不同的教育发展方向。

（一）传统社会阶段

在传统社会，马来西亚的教育模式比较单一，宗教教育随着佛教和伊斯兰教的传入而逐渐发展起来，伊斯兰教的教育是该阶段主要的教育形式，着重于古兰经的教导，旨在提高马来族群的良好品行，以及宗教方面的知识和灵性。当时一些学生在伊斯兰教学者设立的平房学校学习宗教知识，这种平房学校叫作旁多克（马来语为：pondok），现在在马来西亚的吉兰丹、登嘉楼州和吉打州仍然可以看到这类学校。

在伊斯兰教育的背景下，"旁多克"的意思是求学的穆斯林学生所居住的住所，宗教教师会建立许多小平房给远道而来学习的学生，一般会建在靠近清真寺的地方。这正符合伊斯兰学习的特点，方便师生们到清真寺进行礼拜。旁多克作为一种专门开展伊斯兰教研究的学校，最早被引入马来地区的伊斯兰教育体系。它的创建是为了满足穆斯林群体关于宗教学习的系统性指导的需求。

在旁多克建立之前，非正规的伊斯兰教育一般只在清真寺开设，或是由家庭教师承担。为了让更多人接受伊斯兰教的教育，了解更多的宗教知识，旁多克才在清真寺周边发展起来，原本的家庭教师也开始到旁多克进行教学。随着旁多克的发展，一种独立的教育体系逐渐形成，这种教育体系存在几个特点：

教学场地：靠近清真寺，既是学习场所，又是学生居住的小平房；

教学方式：宗教老师教授宗教知识，或是长辈对后辈口口相传的教导；

教学目标：增强马来族群对伊斯兰教的认知；

教育理念：培养礼貌谦逊的穆斯林后代；

教学宗旨：基于信仰与道德。

综上所述，马来西亚在该阶段的教育是非正式的、具有宗教性质的教育体制。

（二）英国殖民阶段（1786～1956年）

英国殖民阶段的教育分为两个阶段，分别是方言学校的发展和一体化教育的萌芽。

1. 方言学校的发展（1786～1940年）

（1）马来方言学校的发展

这个时期，英国政府已经开始注意海峡殖民地槟城和马六甲的教育问题，并且在海峡殖民地开设了多个马来方言学校，这些学校由英国政府出资建立。在1858年至1863年间，英国政府在槟城和马六甲建立了几所马来方言学校。其开设的科目普遍为马来语拼写、马来语阅读、马来语写作、科学、数学、体育锻炼和自然等。

（2）中国方言学校的发展

中国方言学校的出现，是1819在槟城建立的第一所私塾——五福书院。19世纪初，华文教育一开始便以民办教育的姿态出现。当时大量中国人移民到马来西亚当劳工，为了解决子女的教育问题，就在会馆、宗祠、神庙或其他简陋的地方建立私塾学堂，以方言传授《三字经》、《百家姓》、《千字文》、"四书"、《孝经》等经典古籍以及书法、珠算等。在新式学校还没有建立之前，分散于各地的小型私塾学堂是华文教育的主流，它们是马来西亚华文教育开荒史上的先行者和播种者。[①]

19世纪末中国清政府采纳维新派主张进行教育改革，建立起了新式学

---

① 李开慧：《简论马来西亚华文教育的发展》，《西南民族大学学报》（人文社科版）2005年第10期。

堂，这股风潮也吹到了马来西亚，当地华人跟随祖籍国的脚步，推动华文教育取得新进展。中国所开展的教育改革活动，对马来西亚华文教育产生了巨大的影响，成为推动华文教育的动力。马来西亚第一所现代式华校是创立于1904年的槟城中华义学华文学校。所教授的课程包括修身、读经、华语、英语、历史、地理、算术、物理、体育等。1911年中国辛亥革命成功之后，马来西亚华人受到中国革命思潮的影响，在马来联邦以及海峡殖民地兴办了上百所华文学校。在祖籍国的五四运动之后，马来西亚华文学校的教学媒介语也由方言改为普通话。总体来看，该阶段的中国方言学校存在以下几个特点：

学校性质：大多为客家人和福建人开办的私人学堂；

教学场地：私人住宅、营业场所、华人寺庙等；

开办城市分布：以大城市为中心，如吉隆坡、柔佛新山、怡保太平等；

开设课程：学科仿照中国的课程设置，弘扬中华文化。

（3）泰米尔语学校的发展

泰米尔语学校的发展始于马来半岛橡胶、棕榈、咖啡和糖的开采园区，许多来自印度的劳工被送往园区做开采的工作。泰米尔方言教育的初期阶段，泰米尔语学校收到了来自基督教传教士的资助。到1938年，马来半岛已有13所政府性质的泰米尔学校、511所种植园区学校、23所传教学校和60所私立泰米尔学校。泰米尔语学校的发展水平在该阶段还较低，与华文方言学校一样，泰米尔语学校开设的课程大多仿照印度所开设的课程，授课教师以及所用教材大多来自斯里兰卡和印度。

该阶段的泰米尔语学校大多由欧洲种植公司建立，在印度劳工工作的橡胶林和咖啡种植林开设。教学设备简陋，教育质量较低，只提供初级教育。

（4）英语学校发展

在早期阶段，大多数英语学校都是靠基督教传教士的努力而建起的。比如1816年建立的槟城自由学校，其所面向的学生包括所有的民族，强调教育纪律，要求学生要善良和勤奋，并且尊重父母。该阶段的英语学校把教育理念确立为发展基督教和传播基督教意识形态。在校舍的建设中得到了政府的帮助以及基督教组织的资助。教授学科定为英语的阅读、写作，还有计算、体育训练和自然等。

在英国殖民时期的教育发展第一阶段，也就是方言教育阶段，体现了几个特点：第一是学校类型的多样化，该阶段已有五种类型的学校存在，分别是英语学校、马来学校、旁多克宗教学校、中国方言学校和印度方言学校；第二体现在教育理念上，该阶段的教育理念主要是注重各民族方言教育，同时注重技术教育；第三体现在教育特征方面，该阶段明显体现了分离式教育的特征。

2. 一体化教育的萌芽阶段（1941～1956年）

1941～1945年，日本殖民马来亚期间，大多数学校都是使用日语授课。日本战败后，马来西亚再次被英国统治，恢复了以英国教育为模式的殖民教育体系。1948年马来亚联合邦成立，政府计划实现教育统一，起草了新课程改革的报告书。其中《巴恩报告书》提出了建立以英语和马来语为教学语言的双语学校；提倡用双语教学替代华语、泰米尔语；并且提出用英语教学来提高马来族的教育水平，增加马来儿童受教育的机会。另一份课程改革报告书是《芬吴报告书》，该报告提出华文学校要在华语的基础上增加英、马来两种语言的教学；增加英文教学的课程。两个报告书对语言的强调，旨在建立一个以英语、马来语为教学用语的全民教育系统。

1956年的《拉扎克报告》从教育一体化改革的角度，指出了即将独立的马来亚联合邦的教育方针应被全民族接受，提倡以马来语为国语，将其作为主要教学用语，同时允许华人和印度人的语言、文化存在。但1956年马来亚联合邦还未获得独立，这一时期的一体化教育仍处于萌芽状态，初等教育和中等教育的发展缓慢。1905～1957年，马来西亚只有4所大学。在殖民地时期的马来西亚大学，一直受英国殖民统治者的控制，马来亚联合邦政府没有办大学的自主权。[①]

以上报告提出的建议包括要求政府提供良好的教学设施，提供经过严格训练并且有高素养的教师，同时还要求教师在求学期间拥有良好的记录，

---

① 张淑细：《马来西亚教育历史的回顾与展望》，中国地方教育史志研究会纪念《教育史研究》创刊二十周年论文集，2009，第4页。

在道德素养方面要达到一定的标准，才能够成为学生学习的榜样。这几个报告旨在重整教育体系，推动教育发展，并为独立后的过渡做好准备。纵观各个报告，马来语的地位随着时间推进而愈显重要。

（三）独立后教育的发展（1957年至今）

1. 独立初期（1957~1969年）

1957年，马来亚联合邦摆脱英国控制并获得了独立，从此也在教育上有了自主权。马来西亚的教育开始正式发展。政府非常重视教育，逐步摆脱了殖民地时期英国的教育模式，努力消除种族隔离。

该阶段在初等教育方面，1957年颁布了《教育法令》，规定马来语小学被命名为国民小学，而华文、英语、泰米尔语小学则被命名为国民型小学，两种类型的小学都实行六年制教育，使用的教材由教育部统一编写课程大纲。在法令下，国民小学将享有国家全津贴，然而国民型小学实际只是"半津贴"，其中存在制度偏差的问题。1960年发布了《达利报告书》，该报告书对《拉扎克报告书》进行了修订，规定全国实行九年义务教育，学生在结束六年小学教育后，需参加"小学评估考试"再进入中等教育阶段。

在中学方面，以马来语为主要教学媒介的中学称为国民中学，以英语为主要教学媒介的中学称为国民型中学或政府津贴中学，只有这两类中学可以获得政府的资助。但是以华文作为教学媒介的华文中学，政府不再给予任何津贴，且须受到政府教育条例之限制。华文中学面临着艰难的选择，最后还是坚持不接受政府分文津贴，成为华文独立中学。

在20世纪60年代，马来亚大学、马来西亚国民大学及马来西亚理工大学等著名大学相继成立，马来西亚高等教育停滞不前的局面终于有了突破。

在这一阶段，华文教育面临巨大的挑战：第一是华文小学被定性为国民型小学，无法获得政府全额津贴；第二是教育部部长拥有随时解散学校董事会的权利。以上两条法令限制了华文学校的自主发展，无论是在教学语言的选择上还是学校机构设置上都面临巨大的困难。

2. 新经济政策阶段（1970~1990年）

马来西亚新经济政策从1970年开始实施，至1990年结束，共20年。新经济政策简单来说就是"原住民优先政策"，目标就是要帮助马来族群和土著进行财富重新分配，以消除与其他民族特别是华族在经济实力上明显的差距。虽名为"经济政策"，但其内容和实施过程涉及教育、语言、文化、宗教等非经济领域。独立以后，马来人有了较多受教育的机会，出现了一大批具有强烈民族意识的马来人知识分子，在他们的影响下，马来人的民族意识日益高涨，他们对自己在经济上的被支配地位越来越不满，强烈要求改变这种状况。"新经济政策"就是在这种背景下产生的。[1]

新经济政策实现目标的途径之一是改变就业结构，其中与教育紧密相关的一项规定是提升马来人的受教育水平。政府优先向马来学生提供奖学金，使他们得到更多的受教育机会，从而有条件从事各种技术工作和熟练劳动。这一政策的实施导致华人国民型小学得到的政府资助远远不如用马来语教学的国民小学。而在高等教育方面，非马来族学生上本国大学的机会减少很多，而马来族学生在招生政策和录取标准上受到专门的优待，某些特定学科的招生还为马来族以及土著学生单独保留名额。

新经济政策的实施很大程度上影响了教育资源的公平分配，牺牲了非马来族的利益，并且对当今的马来西亚教育体制和教育版图依然产生着巨大的影响。

3. 现代教育阶段（1990 年至今）

1990～1997 年，马来西亚颁布了多个教育改革法案，包含从学前教育到高等教育的所有阶段。通过的法案有《1996 年教育法令》《1996 年私立高等教育法》《1996 年国家高等教育委员会法案》《1996 年国家学术鉴定局法案》《1996 年大学和大学学院法》《1997 年国家高等教育基金局法案》等。

在该阶段，上述教育法案对学前教育、师范教育、特殊教育、私立教育及职业技术教育都有了明确的要求，对于私立大学、大学学院及外国大学分校的建立制定了具体的规定，赋予国家的高等教育更大的自由发展空间。国家学术鉴定局法案则对私立高等教育机构的学术标准、师资素质、课程内容及活动素质、教育质量与学术科技研究成果等作了明确的规定。国家高等教育基金局法案则规定了学生进入高等教育机构的财务援助。

---

① 曹云华：《试论马来西亚的"新经济政策"——从华人与原住民关系的角度进行分析》，《东南亚纵横》1998 年第 2 期。

二　马来西亚教育政策法律

在马来西亚国家教育体系里，为全民提供健全的教育是中央政府的职责。马来西亚拥有从学前教育至高等教育的完整教育体系。马来西亚自1957年独立至今，总共发布了三份教育法令，分别是《1957年教育法令》、《1961年教育法令》及《1996年教育法令》。《1996年教育法令》一直沿用至今。

（一）教育部与教育部部长及副部长

马来西亚的教育主管部门是马来西亚教育部，负责国家教育事务。教育部负责处理国立小学、国立中学的事务，对高校的设立行使行政审批权，高等教育部则负责处理国立以及私立高等教育事务。

马来西亚教育部直属联邦政府管辖，在英国殖民时期就已成立。该部门负责处理全国教育事务，包括教育制度、义务教育、高等教育、技术职业教育培训、课程标准、教科书、标准化考试、语言政策、翻译、选修学校、综合性学校，等等。其宗旨是培养爱国和团结一致的人民，培养有知识、有能力、可信任、和平和高尚品格的人才，为国家的发展需求培养人才，并且为全国人民提供教育的机会。马来西亚高等教育部隶属于教育部，其宗旨是发展世界一流的优质高等教育体系，为国家培养有潜力的人才。

教育部部长及副部长属于内阁成员，由最高元首从首相所提交的名单中选出。部长可以就他认为影响国家教育政策的所有事务，向其委任的任何官员，不时发出符合法令规定的一般性训令以及特别训令。其中一般性训令是指示该官员如何行使法令所赋予的权力与决定权，以及如何履行法令及其条例下的职责，而该官员必须执行部长发出的每项训令。而特别训令是指部长可以不时就任何可以在本法令[①]下制定的条例所管制的事务，向任何教育机构的董事、董事会成员、雇员或校长发出符合本法令或其条例的训令，有关董事、董事会成员、雇员或校长必须执行部长发出的每项训令。

---

　① 指《1996年教育法令》，下同。

（二）教育部部长委任的重要行政职能岗位

1. 教育总监

教育部部长必须委任一名教育总监。教育总监拥有本法令所授予的权力以及必须履行本法令所规定的职责，并就教育事务对部长提出建议。

2. 州教育局局长

教育部部长在马来西亚的每一州设有一名教育局局长执行本法令所规定的职责。

3. 学校与教师注册官

教育部部长必须委任一名学校与教师总注册官，总注册官拥有法令所授予的权力以及必须履行本法令所规定的职责，同时还要为每一州委任一名学校与教师注册官。

4. 总督学及督学

教育部部长必须委任一名学校总督学以及所需要的其他学校督学。总督学负责管辖和控制其他的学校督学。

5. 考试局局长

教育部部长必须委任一名考试局局长，同时也可以委任执行本法令所需要的其他官员。

（三）教育机构以及教育人员的注册

1. 教育机构的注册

马来西亚教育法令规定所有教育机构必须注册。教育机构需按照法令规定的程序，向总注册官申请注册。当某教育机构存在以下问题时，总注册官有权拒绝该教育机构注册，允许该教育机构提出上诉，最后的判定结果由教育部部长来决定：

（1）该教育机构没有达到所规定的安全及卫生标准；

（2）该教育机构存在有损国家、公众或学生利益的风险；

（3）该教育机构的注册名称被认定为不符合标准；

（4）在该教育机构拟申请开办的地区已拥有足够的教育设施；

（5）在申请注册时做出虚假或误导性的声明；

（6）教育机构注册人不符合申请标准。

当某教育机构在办学过程中存在以下问题时，总注册官有权吊销该教育机构的注册证书，允许该教育机构提出上诉，最后的判定结果由教育部部长来决定：

（1）该教育机构被认定为纪律存在问题；

（2）该教育机构被发现曾提交了错误、虚假或误导性的声明；

（3）该教育机构的负责人士在推介该教育机构时，对有关重要事实做出虚假或误导性的声明。

2. 董事及雇员的注册

每位在教育机构工作的董事、雇员以及教师，都必须向总注册官进行注册。当总注册官接到有关程序的申请，并对申请人进行必要的查询后，如确立该人士有资格注册为有关教育机构的董事、雇员或教师，将向其发放注册证书。

教育机构的董事、雇员或教师在申请注册时如存在以下问题，总注册官有权拒绝该人员被注册，允许其提出上诉，最后的判定结果由教育部部长来决定：

（1）该人士曾被法庭定罪并被判监禁超过一年，或罚款不少于两千林吉特；

（2）该人士曾在本法令下或任何成文的法律条文下被除名；

（3）该人士在注册申请中或处理其注册申请时，做出虚假或误导性的声明，或故意隐藏与该注册申请有关的重要事实；

（4）该人士为非马来西亚公民；

（5）该人士未满18岁；

（6）该人士被总注册官判定为未达到教师资格（针对教师申请注册）。

（7）患有某种生理上或心理上的病患，被总注册官认定不适合出任教师（针对教师申请注册）。

教育机构的董事、雇员或教师在已获得证书后如存在以下问题，总注册官有权吊销该人员的证书并将其除名，允许其提出上诉，最后的判定结果由教育部部长来决定：

(1) 该人员被总注册官判定为有损国家或公众的利益；

(2) 该人员被查实注册过程中曾提交错误、虚假或误导性的资料。

（四）关于教育机构及其相关人员的犯罪与刑罚

1. 涉及教育机构董事和雇员的犯罪与刑罚

教育机构的董事长或其负责人，如在推介该教育机构时做出虚假或误导性的说明，则可视情节定罪，处五年以下监禁或处五万林吉特以内罚款，或两者兼施。任何在本法令下申请注册的教育机构或申请注册为董事、雇员的人员，如被发现违反以下规定且罪名成立，将被处两年以下监禁或处三万以内罚款，或两者兼施：

(1) 阻止或妨碍总注册官行使其权力；

(2) 拒绝提供其教育机构的账务、文件或资料，或提供虚假的任何资料；

(3) 出任未在本法令下注册的教育机构的董事或雇员；

(4) 身为教育机构的董事长或负责人，利用该教育机构进行非法活动，或是将该教育机构提供给非法组织、团体进行非法活动。

2. 涉及教师注册的犯罪与刑罚

在申请注册为教师时，若提交错误、虚假或误导性的资料，将被定为犯罪行为；而如果罪名成立，将被处一年以下监禁或处一万林吉特以内罚款，或两者兼施。

三 马来西亚学制

马来西亚曾经是英国的殖民地，因此教育体制的形成也基于英国教育体系。马来西亚的教育注重考试制度，而且以多种全国统一考试来评估学生的学习能力和升学资格。马来西亚的学制可分成几个阶段：学前教育、初等教育、中等教育、高等教育。

（一） 学前教育

马来西亚的学前教育，虽然不在国家规定的正规教育的范畴，但政府对学前教育十分重视，该阶段教育也在教育部监督之下。幼儿园作为学前教育的载体，开办幼儿园必须向教育部申请注册，遵守教育部相关规定。以马来语、英语或华语作为教学语言，课程设置需遵照教育部下发的学前教育课程指南，通过"玩教结合"来启发儿童的智力和创造力。开设一所幼儿园的最低招生人数要求为 10 名儿童，授课教师必须受过学前教育的专业训练。各州的教育局有权对已注册的幼儿园进行监督与管理。

1. 国家统一"学前教育课程指南"

教育部会颁布国家统一的学前教育课程指南，所有已注册的幼儿园必须根据该指南来设置课程。学前教育课程指南提出学前教育阶段的学生应掌握的知识、技能和所要实现的价值。幼儿园如要实施学前教育课程指南之外的课程，必须依照所规定的程序向教育部提出申请，通过后方可实施。

2. 教学语言

马来语作为马来西亚的国语和官方语言，在学前教育的教学中起着重要的作用。除马来语外，国家规定英语和华语也可作为幼儿园的教学语言。当使用英语或华语作为教学语言时，该幼儿园必须将马来语设置为学生的必修科目。

（二） 初等教育

马来西亚的小学实行六年制，分为国民小学和国民型小学。马来西亚是一个多民族国家，实行尊重各民族母语的教育政策。国民小学用马来语进行教学，而国民型小学则以华语和泰米尔语作为教学媒介语言。以华语为教育语言的小学称为"国民型华文小学"，以泰米尔语为教学语言的小学称为"国民型泰米尔小学"。国家规定国民型小学在使用华语和泰米尔语作为教学语言的同时，必须将马来语设为学生的必修科目，并将英语定为第二学习语言。

1. 国家统一课程大纲

国民小学、国民型华文小学和国民型泰米尔小学都采纳教育部颁布的统一课程纲要，但各类学校用不同教学媒介语言来开展教学。还有一种类型的学校为私立小学，除了依据政府规定的小学课程外，更强调英语教育及学生的个人教育。

2. 国民小学和国民型小学

国民小学全面采用马来语作为主要教学媒介语。国民小学生大部分为马来族，非马来族只占少数。目前国民小学享有政府的全面津贴，学校发展经费由国家拨款资助。马来西亚独立后，在政府全力的扶持和推动下，国民小学发展迅速，学校数量由独立时的2000多所发展到2017年的7776所。马来西亚教育部发布的教育报告显示，从2013年到2017年国民小学和国民型小学增加了32所（见图4－1），2017～2021年国民小学和国民型小学增加了4所（见图4－2），增长幅度并不大，由此可见，教育法规对初等教育机构的注册把关越来越严。

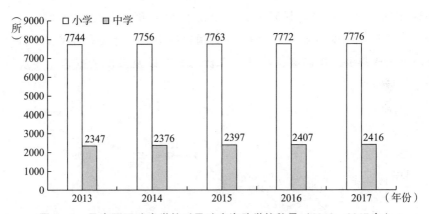

图4－1　马来西亚政府学校以及政府资助学校数量（2013～2017年）

资料来源：Dr. Habibah Binti Abdul Rahim：《2017年马来西亚教育统计报告》，马来西亚教育部研究与规划部门，2017，第3页。

国民型华文小学指的是以华文作为教学媒介语的学校，为配合国家教育政策及环境需求，马来语和英语也被规定必须列为华小课程的必修科目。基于历史渊源，绝大部分华文小学由华人社团自行创办。

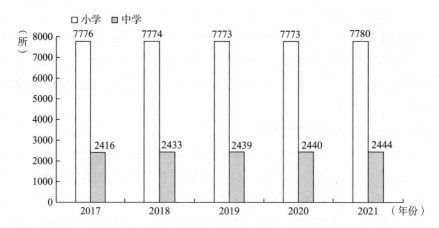

图 4 – 2 马来西亚政府学校以及政府资助学校数量（2017 ~ 2021 年）

资料来源：Dr. Hajah Roziah Binti Abdullah：《2021 年马来西亚教育统计报告》，马来西亚教育部研究与规划部门，2021，第 31 页。

根据 2021 年马来西亚华校教师会总会发布的报告，截止到 2021 年马来西亚总计有 1301 所华小，十一年之间仅仅增加了 10 所华小（见图 4 – 3）；2021 年华小学生人数为 505513 人，相较于 2008 年华小人数 630572 人，减少了十多万人（见图 4 – 4）。华小作为国民型小学，所接受的政府津贴与国民小学相比甚少，比起国民小学更高额的学费以及破旧的校舍，导致华小学生数量减少。

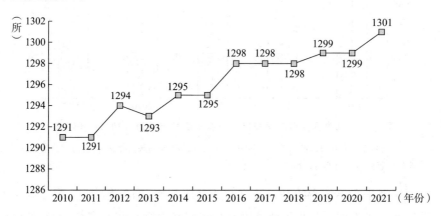

图 4 – 3 2010 ~ 2021 年全国华小数量

资料来源：马来西亚华校教师会总会：《2010 ~ 2021 年华小数目和学生人数演变概况》，2021，第 105 页。

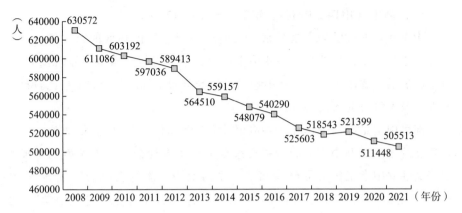

图 4 - 4　2008～2021 年全国华小学生人数

资料来源：马来西亚华校教师会总会：《2008～2021 年华小数目和学生人数演变概况》，2021，第 105 页。

　　长期以来，华文小学除了办学经费困难，最大的问题还是华小的师资力量很有限。令马来西亚华人群体担忧的是国民型华文小学随着国家的发展，未来有可能被改为国民小学。尽管面对众多现实不利因素，马来西亚华人群体仍努力维护华文教育，为华文教育的发展而努力。

　　国民型泰米尔小学，是以泰米尔语为媒介语的国民型小学，主要学生来源是印度族，多分布于郊区园丘。其在马来西亚的发展所面临的问题和华小相似，也是母语教育在马来西亚多源流文化中生存的问题。截至 2016 年，马来西亚共有 524 所泰米尔小学，人数为 83343 人。[①]

（三）中等教育

1. 中学教育

　　中学教育的目标是促进学生的全面发展，使学生获取知识，扩大视野，提高生活技能。学校着力塑造具有民族意识的价值观，为学生个人未来学习打下坚实的基础。在小学毕业后学生将自动升入中学，接受 5 年的中学教育。在马来西亚，中学分成两个等级：

　　（1）初中（中一、中二、中三），年龄介于 13～15 岁；

---

① 马来西亚教育部研究与规划部门：《2016 年马来西亚教育统计报告 "2016 年各源流小学的学校数量和学生人数统计"》。

（2）高中（中四、中五），年龄介于 16~17 岁。

中学使用的教学语言是马来语。英语是所有学校必修的第二语言。中文和泰米尔文是选修课程。一些中学也引进了其他外语课程，如阿拉伯语、日语、法语、德语等。学生在中学除了接受全面正规的教育，学校也教授一些专业技术科目的入门课程。

国民中学是以马来语作为主要教学媒介语的公立中学。华文独立中学是独立的公共民办中学，经费主要来自本地华人社会，由"董教总全国发展华文独立中学工作委员会"和"马来西亚华校教师会总会"领导。① 在《1961 年教育法令》下，所有拒绝改制的中学均被定义为"独立中学"，并且完全失去政府的经济资助。马来西亚华人群体为了保护华文教育，有些中学拒绝使用马来语作为教学语言，它们成为现今以华文作为主要教学媒介语的华文独立中学。华文独立中学除了强调母语的教学，也把马来语和英语列为必修且必考科目，提倡"三文三语"的教育方针。在教育观点上，推崇"德、智、体、群、美"五育并重。

2. 中学后教育

在结束了五年的初高中教育后，学生可进入中学后教育阶段，该阶段教育并非学生自动升入的学习阶段，而须根据初高中毕业的"马来西亚教育文凭"（SPM）的考试成绩来决定。这一阶段的两种方式的教育是为学生进入大学以及其他高等教育机构作准备。该阶段的教育分两种类型：（1）中六（中学延修班课程），1~2 年。（2）大学先修课程，1~2 年。

在完成中六课程后，学生可凭"马来西亚高等教育文凭"（STPM）成绩申请国内外大学。另一个升学途径则是由马来西亚教育部开办的马来西亚大学先修课程。虽然此课程被认为相较于 STPM 更为轻松，但存在机会分配不公的问题，公立大学偏向选择以土著学生为主的大学先修课程毕业生，比如医学系、法律系会保留部分学位给土著学生。另外，STPM 是以马来语实施的，因此对华文独立中学的毕业生来说较为不利。在中学后教育阶段，对于非马来族学生来说，进入公立大学的门槛要高许多。

---

① http://zh.wikipedia.org/wiki/马来西亚教育#. E9. A9. AC. E6. 9D. A5. E8. A5. BF. E4. BA. 9A. E5. 90. 84. E6. BA. 90. E6. B5. 81. E5. AD. A6. E6. A0. A1，最后访问日期：2021 年 3 月 14 日。

（四）高等教育

学生在完成中学延修班课程或大学先修班课程之后，即进入高等教育阶段。所有的高等教育，不论私立还是公立，都由马来西亚教育部管理。在马来西亚的教育制度下，公立高等教育体制涵盖了学院教育、职业技术教育、大学教育和其他形式的高等教育；私立高等教育涵盖了私立学院、私立大学和私立大学学院、外国大学分校等高等教育形式。高等教育肩负着培养学生在知识、技能、处世、性格等方面综合工作能力和竞争能力的重任。当前马来西亚高等教育界正不断努力扩大与加强在基础科学、信息技术、电子技术、制造技术及通信技术等领域的基础课程和实用课程。高等教育机构也为各领域的科研开发及咨询顾问服务，提供硬件设施和高学术资历的科技人才。

1. 公立高等教育

截至 2019 年，马来西亚共有 20 所公立大学，其中有 5 所研究型大学，4 所综合性大学和 11 所专业大学，均设有学士学位课程及硕士、博士学位课程。持有"马来西亚高等教育文凭"、大学先修班文凭或同等学力资格者可申请就读大学。以下是马来西亚 20 所公立大学名单：

研究型大学：马来亚大学、马来西亚国民大学、马来西亚理工大学、马来西亚博特拉大学、马来西亚理科大学；

综合性大学：马来西亚玛拉工艺大学、马来西亚沙巴大学、马来西亚国际伊斯兰大学、马来西亚沙捞越大学；

专业大学：马来西亚北方大学、马来西亚苏丹依德利斯教育大学、马来西亚敦胡先翁大学、马来西亚回教科学大学、马来西亚丁加奴大学、马来西亚马六甲科技大学、马来西亚玻璃市大学、马来西亚彭亨大学、马来西亚达鲁依曼大学、马来西亚吉兰丹大学、马来西亚国防大学。①

---

① Kementerian Pengajian Tinggi, "Kategori Universiti Awam," https://www.mohe.gov.my/institu-si/universiti-awam/kategori-ua, accessed June 8, 2019.

另外，公立高等教育还有政府公立学院形式，包含了学院教育、教师培训学院，为高中毕业生提供学历证书课程和文凭课程教育。持有"马来西亚教育文凭"者可以申请就读 2 年全日制学历证书课程或 3 年全日制文凭课程。教师培训学院是以满足教育界对中小学教师的需求而开设的。这项培训是对上岗前教师和在职教师进行的一项培训课程。同时高中毕业生也可以选择进入职业技术学院接受职业培训教育，其也属于公立教育体制。

2. 私立高等教育

马来西亚私立高等教育在为本国各族学生及外国留学生提供高等教育方面发挥着非常重要的作用，其高等教育也基本沿袭英国的高等教育体系，采用英语为教学媒介语，以精英教育为主。私立高校从 20 世纪 90 年代开始，为了满足"2020 宏愿"国家发展战略对高层次人才的需求，力求把马来西亚发展成为世界一流的国际教育中心，马来西亚政府出台了多项政策法规来保障高等教育的发展。同时，增加财政投入，实行一系列的高等教育改革，这些举措极大地促进了马来西亚高等教育包括私立高等教育的发展。[①] 根据《1996年私立高等教育法》，私立高等教育机构所申请的等级，如大学或学院等，须经国家教育部的审核批准。

四 马来西亚教育发展面临的困难及挑战

（一）学前教育

马来西亚的学前教育所面临最大的挑战是幼儿教育师资缺乏，幼儿园的软件建设无法和硬件设施并进。学前教育是关键的启蒙教育阶段，该阶段的教育对孩子的一生起着非常重要的作用，对幼教所具备的能力和素质有着较高的要求，然而缺乏专业师资正是马来西亚幼儿园最常见的问题。目前马来西亚没有一个公共机构对幼教师资进行统一管制，幼教教师素质并没有明确的标准。

如图 4-5 所示，在马来西亚教育部研究与规划部门所发布的《2021 年

---

① 黄建如：《马来西亚高等教育面向 21 世纪的改革与发展研究》，《南洋问题研究》2009 年第 4 期。

马来西亚教育统计报告》中，相较于初等教育和高等教育的生师比，学前教育的师资短缺问题更加严重。

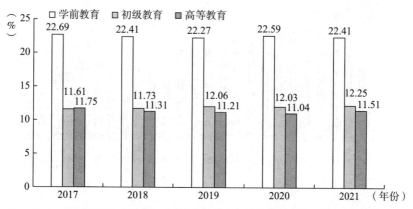

图 4 - 5　马来西亚学前教育、初等教育、高等教育师生比（2017~2021 年）

资料来源：Dr. Hajah Roziah Binti Abdullah：《2021 年马来西亚教育统计报告》，马来西亚教育部研究与规划部门，2021，第 33 页。

一位学前教育的教师平均服务约 22 名学生，教师所面临的巨大压力造成了学前教师资源短缺的困境，面对工资低且工作压力大的现状，学前教育年轻师资难求。学前教育不只是幼儿的教育，同时教师还要承担保育的责任，包括对学生的健康、营养、卫生、安全等社会心理的支持，是一项责任重大、投入时间较长的工作，愿意加入此领域的年轻人越来越少。

（二）初等教育

初等教育所面临的最重要问题是投入的有效性。政府的教育投入要注重两方面的效率：一方面是投入要高效，另一方面是教育管理体系要高效。马来西亚的教育经费占国内生产总值的 5.12%，但是初等教育支出仅占国内生产总值的 1.46%（见图 4 - 6）。教育资源配置的不合理导致资金无法得到正当公平的使用。一般来说，政府投入越多，教育输出的效果应该越好，但也存在政府部门监管不足导致资金未能落实在师资培训和购买教学设施上的问题。

（三）中等教育

马来西亚中等教育的问题，基本反映在教学水平、学校治理、师资素

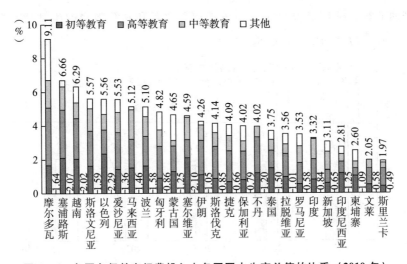

图 4 - 6　各国各级教育经费投入占各国国内生产总值的比重（2010 年）

资料来源：UNESCO，"Government Expenditure on Education as % of GDP," http：//da-
ta. un. org/Data. aspx？ d = UNESCO&f = series% 3aXGDP_FSGOV，accessed June 8，2019。

质三个方面。还有更深层的困境，如官僚集权、转型迟缓以及公立中学的低效能与空洞化。

课程教育重心放在知识教育，对学生的能力教育不够重视；现有课程以灌输刻板知识和运算能力为主，但对未来社会需要的软硬实力，没有强化培养，造成中学生缺乏知识的应用力、创造力、沟通协作力和问题解决能力。基础教育与社会经济增长相互影响。尽管教育本身不足以引发经济转型，但它是经济转型必不可少的因素之一。学校治理和课堂教学是影响办学质量的关键。

马来西亚初中教育的高入学率无法转化为高水平的人力资本，导致高中入学率低于世界平均水平。毛入学率是一个可以体现中等教育的相对规模和入学机会的数据，图 4 - 7 数据显示，2013 年马来西亚初中毛入学率约为 91%，而高中毛入学率仅剩约 55%。2013 年初中毛入学率的世界均值为 85%，高中毛入学率的世界均值为 66%。从中可以分析出，马来西亚的初中教育规模是在世界平均水平之上，但尚未将高入学率转化为高水平的人力资本。而高中教育的毛入学率远低于世界均值，未升入高中中四阶段的学生虽然有部分可能是转向其他体制的学校，而有的则是中途辍学，这部分学生是一个庞大的失学群体。

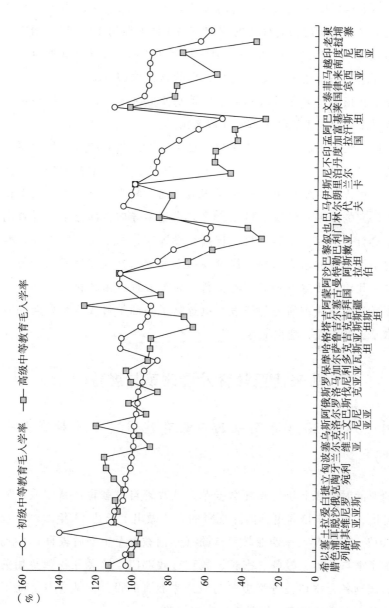

（%）

—〇— 初级中等教育毛入学率　—□— 高级中等教育毛入学率

图 4 - 7　各国中等教育毛入学率（2013年）

资料来源：UNESCO，"Lower Secondary Education Gross Enrolment Ratio," http://data.un.org/Data.aspx?q=gross+enrollment&d=UNESCO&f=series%3aGER_2，accessed June 8，2019。

（四）高等教育

在马来西亚这样的多民族国家，高等教育中各种族学生的占比不平衡是马来西亚高等教育所面临的最大的问题。马来西亚政府1971年开始推行的"新经济政策"，想要通过高等教育消除马来西亚不同族群之间的经济差异，强调优先培养马来族及土著的后代，目的是让他们有能力参与国家经济建设。除了在招生政策和录取标准上优待马来族和土著以外，还在某些特定学科为马来族以及土著学生单独保留名额。

同时，国立大学面临中央行政集权、自主性不足的问题，且管理层流动性大，决策受高教部主导。课程设置上，受限于国家学术鉴定局的严格审批流程，课程改革一定程度上受到了限制。而对私立大学而言，则忽视师资和学术研究的发展，设置的科系大多以市场为导向，部分学科设置高度重叠，如会计、经济、市场营销、传播、设计等。私立大学作为马来西亚高等教育中很重要的组成部分，很少有私立大学开办人文社科相关的学科，如中文、政治与社会等人文基础学科。高等教育以市场化为导向，往往只偏重于教学而不注重研究与研发，也忽略了基础学科或研究取向的专业，如纯数学、纯物理、纯化学等。

五　马来西亚教育发展改革与展望

（一）2013~2025年马来西亚教育蓝图（学前教育至中学后教育）

马来西亚面对经济全球化和社会变革，从改善自身教育体系出发，以国际化的角度，为未来培养更具国际视野的人才做出了长达13年的改革规划，即《2013~2025年马来西亚教育蓝图（学前教育至中学后教育）》。规划充分考虑了来自学生、教师、家长、教育行政部门、社会等各利益相关方的声音，调动各利益相关方积极参与对未来教育的设计，结合自上而下和自下而上的双向方式探索本国教育的发展之路。

在规划的第一阶段（2013~2015年），政府向教师提供了更多的支持和关注，改进了教育系统，进一步提高教师的教学质量。同时，还在校长的任命机制和培训机制上做出改善，以此提高学校的领导力。规划的第二阶段（2016～2020年）的主要目标是加速改革的进程。教育部在这一阶段重构联邦、各州和地区的教育行政系统。同时，引入标准化的中学课程，并修订小学课程，充分发展学生的知识、技能和价值观念。在第三阶段（2021～2025年），改进的终极目标是迈向卓越，在这一阶段，所有教育机构负责人、教师应该达到一个更加专业的境界，在能力方面取得更大的进展。

该教育蓝图明确了以下几个目标：关注教育教学方式、关注改革路径、提高质量标准、缩小教育水平差距、培养学生之间的团结精神、提高教育体系的效率。围绕改革需求，教育蓝图从五个方面设计和规划了马来西亚学前到中学后教育的未来发展：获得教育机会、质量、公平、团结、效率。在改革具体实施过程中，须保证这五个方面的行动齐头并进。获得教育机会是指每一名马来西亚的学生都应该拥有接受教育的机会；质量是指所有学生都应该有机会获得优质的教育；公平是指无论其性别、来源地、社会经济背景，教育机构应该为每一个孩子提供最优质的教育；团结是指通过与不同社会经济背景、宗教信仰同学之间的互动，学生应该学会如何理解、接受和包容彼此的差异，以促进国家认同感和相互团结；效率是指在教育体系所提供的资源配置效率改善的同时，学生的学习能力有所提高。

该教育蓝图还对学生的发展提出了期待。一共分为六个方面：知识、思维技能、领导技能、语言能力、道德和精神、国家认同。

知识方面，在最基本的层面上，每个学生都要接受识字和算术教育，这是基本生活的技能，在语言知识上学生应该掌握马来语、英语。为了更好地融入社会生活，学生需要学习数学、科学、历史等核心科目。为了身心全面发展，学生还需要拓展美术、音乐和体育方面的学习。

思维技能方面，每个学生都要掌握一定的创造性思维和创新能力、批判性思维和理解能力，以及学习的能力。

领导技能方面，教育系统要努力挖掘学生在领导力方面的潜能，让学生学会在团队中起到组织和领导的作用。在创业精神、应变能力、情感能力、沟通能力上得到充分的发展。

语言能力方面，在马来西亚这个拥有多元文化、多元语言的国家，马来语作为国语和官方语言，无论哪个民族的学生都要熟练使用马来语，此外还要掌握英语，才能在马来语和英语的社会环境下生活、学习、工作。

道德和精神方面，教育机构要教会学生运用公正的价值理念和原则进行判断，感悟正义的力量，这样才有助于整个社会更好地发展。

国家认同方面，让学生了解国家的历史背景，拥有明确的民族认同感，并且将这部分的教育与马来西亚的未来紧密联系。无论什么种族、宗教信仰或社会经济地位的学生，都应该拥有国家认同感和自豪感。

（二）对高等教育的展望

1. 应加强教育中的人文素养，培养对多元文化的包容心

马来西亚是族群、文化、宗教多元的社会，存在错综复杂的社会问题，高等教育应该重视人文与社会学科知识的培养，培养国民对多元文化的同理心，只有拥有关怀、包容多元社会的人文精神，社会才会稳定而和谐。

2. 发展有竞争力的研究型大学

马来西亚公立和私立大学大多都是传统意义的教学型大学，在高端人才、研究创新、经济升级和全球竞争力等方面，缺乏硬实力储备。缺乏高水平的研究型大学，一定意义上就无法提升高端的知识创造和科技研究。根据其他国家的经验，建设研究型大学可以遵循三种途径：一是选择现在具有潜力的大学，重点加以发展；二是鼓励现有的大学合并，资源整合达到更好的效果；三是以研究创新和全球竞争力为导向来发展新的大学。

六 马来西亚与中国的教育合作现状

为推动两国在高等教育领域的合作，促进两国学生的交流，中国政府与马来西亚政府于 2009 年 11 月签署《中华人民共和国政府和马来西亚政府高等教育合作谅解备忘录》。2011 年，两国在前期探讨的基础上，达成了《中华人民共和国政府和马来西亚政府关于相互承认高等教育学历和学位的协定》。[①]

---

① 中华人民共和国教育部：《中华人民共和国政府和马来西亚政府关于相互承认高等教育学历和学位的协定》，http://www.moe.gov.cn/s78/A20/gjs_left/moe_857/201301/t20130115_146812.html，最后访问日期：2019 年 5 月 8 日。

1. 中国和马来西亚高校互访与交流

"一带一路"倡议的贯彻实施为非通用语专业发展带来了新的机遇。马来西亚是共建"一带一路"的重要合作伙伴，中国对马来语人才的需求也随着"一带一路"建设推进而不断增长，促进了中马高校之间马来语教育合作发展。马来语专业在国内高等学校的发展起始于1961年，北京外国语大学开设马来语专业。1996年，北京外国语大学建立了"中国马来语研究中心"。截至2019年，已有10余所国内高校开设了马来语专业。为了加强马来语语言文化的教学与交流合作，国内开设马来语专业的高校均与马来西亚部分高校建立了合作关系，如北京外国语大学、中国传媒大学、广西民族大学、广东外语外贸大学、云南民族大学等。合作的马来西亚高校也从最初只有马来亚大学，发展到了马来西亚国民大学、马来西亚理科大学等。两国高校无论是在马来语教学合作方面，还是互派留学生的规模方面，都有很大的进展。

国内高校在其他学科上与马来西亚高校建立了合作关系。2016年11月中国海洋大学与马来西亚亚丁加奴大学签署合作备忘录，两校积极开展合作研究，联合申请项目；加强产业方面的合作，带动科学研究成果转化和地方产业经济的发展；选派青年教师互访，开展合作研究、学生互换交流和联合培养等多方面的合作，积极推动建立联合研究中心。

2. 中国和马来西亚合作办学

中马合作办学最主要体现在高校之间合作建设孔子学院。马来西亚共有孔子学院两所，分别是马来亚大学孔子学院（与北京外国语大学合作建设）、世纪大学孔子学院（与海南师范大学合作建设）。马来西亚孔子学院以马来族等非华裔族群为主要教学对象，同时还覆盖了华裔的中文教学需求，促进了中马两国间的教育与文化的交融。由马来亚大学和北京外国语大学合作建设的马来亚大学孔子学院还推出了"汉语＋警务""汉语＋法律"等特色课程，积极服务学校、企业、政府机关和普通民众。此外，孔子学院还希望推动马来亚大学和北京外国语大学合作，在马来亚大学开设中文国际教育硕士项目，培养更多本土中文教师。[①]

---

① 《马来西亚首家孔子学院庆祝成立10周年》，新华社，http://m.xinhuanet.com/2019 – 10/ 30/c_1125168664.htm，最后访问日期：2019年11月1日。

中马合作办学的另一种模式，是中马高校相互设立海外分校。马来西亚在引进国外优质教育资源的同时，也积极向外输出。马来西亚双威大学2008 年在中国上海设立分校，开设计算机、商业管理等应用类学科专业。[1]2016 年 2 月厦门大学马来西亚分校正式运行，这是第一所由中国名校全资设立且具有独立校园的海外分校。互设海外分校为两国学生提供了优质的高等教育资源，同时也丰富了双边教育合作的模式与路径，实现教育资源共享。

3. 中国和马来西亚开展教育合作论坛

马来西亚积极参与"中国—东盟教育交流周""教育成果展""大学校长论坛"等教育交流活动，推动中马双边教育交流与合作朝着全方位、多领域、高层次的趋势发展。第七届中国—东盟教育交流周期间，双方成立了中国（贵州）—马来西亚教育服务中心。第八届中国—东盟教育交流周期间，中马两国高校已经开展了很多实质性的合作项目，充分利用论坛平台提供的优势与契机，开展教育与文化交流，探寻双方教育合作的可能空间。

中国驻马来西亚使馆教育参赞赵长涛表示，两国即将启动签署新一轮"中马高等教育合作备忘录"，促进学生学者畅通流动，提高教育交流质量和合作办学水平。用好中国—东盟教育交流周，深化两国教育领域发展规划对接，构建更高质量的合作体系。[2]

马来西亚作为华人为主要族群之一的国家，华文教育发展相当成熟，且拥有完整的华文教育体系。但中马双方在华文教育的合作目前局限于孔子学院的开设，其他形式的华文教育合作较少。语言教育离不开"母语国"的语言文化背景，马来西亚可以在华文教育方面加强与中国的合作，特别是在华小和独立中学的课程设置、师资培养、语言文化等方面。在课程设置方面，双方可以在教材使用、课堂设计等方面进行研讨与合作；在师资培养方面，马来西亚华校教师总会可加强与中国海外交流协会、高等院校的合作，提高华文教育教师的教学能力及中华文化素养。

中国与马来西亚的高等教育交流合作已具备一定的规模，面临诸多机遇，但目前并未建立起完备的合作架构，缺乏全方位的教育交流合作平台，

---

① 姜丽娟：《亚太国家国际学生流动与跨国高等教育发展之探讨与启示》，《教育资料与研究》2010 年第 6 期。
② 赵长涛：《砥砺前行，开启中马教育交流合作新篇章》，《神州学人》2021 年第 12 期。

在两国高校开展的实质性合作与交流的项目上也缺乏双方政府的扶持机制，有待建立长效合作机制，进一步夯实两国高等教育交流平台，加强中马两国教育合作，促进互利共赢。①

① 马倩美：《"一带一路"背景下中马高等教育交流与合作》，《大学教育科学》2017 年第 4 期。

第五章　韩国教育发展报告[*]

从韩国光复清算日本帝国主义的殖民教育残余，到美军军政影响下初步建立独立国家的主权教育，再到民主教育的普及和因地制宜发展，最终确立自己独有的教育体系，韩国政府在教育发展方面做了大量的尝试与改革。

一　韩国教育发展史

(一) 民主教育方向的确立 (1945～1950 年)

"8·15"光复对韩国国民来说，具有十分重要的意义。从政治角度看，"8·15"光复使韩国从殖民地政治体制转换为民主政治体制。从社会角度看，使韩国由封闭型社会蜕变为开放型社会，重新为国民提供了主权教育的机会，恢复了被殖民地奴化教育体制取代的大众教育，实现了用韩语进行教育的梦想。

为奠定民主教育的基础，光复后实施的主要教育政策和措施包括：编纂和普及小学教科书；对教师进行民主教育理念教育；把双轨型学制 6 - 3 - 3 - 4 制改编为单轨型学制；进行成人扫盲教育；建立教育自治体；实施义务教育；制定中高等教育普及计划；创建师范大学；等等。

1948 年韩国《大韩民国宪法》明确规定了"保障教育机会均等和小学无偿教育"的目标，为当时的韩国教育体制指明了发展方向。根据这一目标，于 1949 年制定和颁布了作为国民教育制度基础的《教育法》。新制定的《教育法》规定了教育的理念、目的、行政体制、学校的种类和系统等涉及教育各领域的原则和标准。其中关于教育自治体和义务教育的规定尤其引人注目。教育自治体的构想保障了居民对教育政策决策过程的参与，

---

* 除特别注明外，本部分统计数据源自 Statistics Korea（韩国统计厅），www.kostat.go.kr。

把教育从政治和一般行政中分离出来,奠定了民主教育的基础。而无偿义务教育的规定则从法律上保障了国民接受教育的权利,为实现教育机会的平等奠定了基础。

(二)民主教育的普及(20世纪50年代)

1950年,朝鲜战争爆发,但教育并未丧失其职能,1951年颁布的《战时教育特别措施纲要》如实地反映了韩国国民在战争中也不愿中断教育的意志。

这一时期,韩国政府于1954~1959年实施了原定于1950年施行但因战争而延期的"义务教育六年计划"。通过义务教育六年计划的实施,到1959年,96%的适龄儿童都接受了小学教育,义务教育的普及获得了成功。

(三)教育在数量上的发展(20世纪60年代)

20世纪60年代,韩国教育最显著的特征就是教育规模的扩大。随着义务教育六年计划的完成,几乎所有的适龄儿童都接受了小学教育,初中生的人数也比20世纪50年代增加了3倍左右。

学生人数的急剧增加造成了班级过密、学校规模过大、教职工人数和教育设施不足的现象出现,教育条件恶化。不仅如此,学生人数的急剧增加还造成了中等教育和高等教育激烈的入学竞争。为实现各级学校教育的正常化,韩国政府制定了一系列入学考试改革措施。

为顺应政治和社会变化,这一时期韩国还进行了学院民主化、中央集权式教育行政体制的地方分权化和提高教育质量的改革。尤其是进入20世纪60年代后,在对教育理念进行重新检讨和确认的建议下,韩国于1968年12月制定并颁布了《国民教育宪章》,确定了韩国教育的发展目标。

这一时期韩国政府还对影响教育质量的优秀教师培养、选拔制度,有助于教师持续成长和发展的职前及现职教师教育制度进行了大幅度的改革。1962年中等师范学校升级为培养小学教师的二年制教育大学。同年,培养中学教师的二年制师范大学升级为四年制师范大学。为提供教育行政进修服务,1960年,汉城大学的师范学院设立了附属教育行政进修院,1963年设立了具有现职教师培训和培养职能的教育研究生院。为提高师资力量,强化教师的专业性,韩国还设置和运营了其他进修课程。

为缓和以升学考试为主的过度竞争的教育风气，使升学竞争过热的小学教育实现正常化，韩国于1968年开始实施初中免试入学制度。初中免试入学制度的目的在于实现小学教育的正常化。同时为实现高中教育的正常化，韩国1968年10月开始实施大学入学预备考试制度。

（四）教育改革的推进（20世纪70年代）

20世纪70年代，韩国政治、经济、社会等领域进入以新的改革和繁荣为目标的体制整顿期，教育领域也实施了各种以体制整顿为目的的改革。教育政策、决策和教育改革都把"培养具有主体性的韩国人"作为教育体制和教育内容的改革着眼点。

教育改革的主要目的是实现初中等教育的正常化。初中免试入学制度使初中教育得到了普及，但导致高中入学考试过热的现象。为了改变这种不正常的教育现象，从1974年起，韩国开始分阶段地推广"高中招生推荐入学考试制度"，改革了高中入学考试制度。

70年代以后，韩国改变了以往放任或只是监管的大学教育政策，积极推动发展和强化大学教育的高等教育改革项目。继汉城国立大学综合改革方案之后，试点大学教育改革还降低了毕业学分、引进了复专业制度、实施了按能力毕业和分系招生等。同时，为培养产业社会所需的高级科技人才，实施了大学特性化项目；为培养和供应中级技术人才，把短期高等教育机关改编为二至三年制专科大学；为适应社会的急速变化，满足各种继续教育和终身教育需求，引进了广播通信教育制度。这些都是这一时期引人注目的教育改革项目。韩国于1972年设立了广播通信大学，于1974年设立了广播通信高中。

为了能在制定国家政策前进行充分的基础研究，韩国不仅在各部委设立了研发中心，而且还于1972年8月成立了综合性的韩国教育研发机构——韩国教育开发院。

（五）提高教育质量（20世纪80年代）

进入80年代后，70年代的教育体制整顿和教育改革被实现教育正常化和提高教育质量的目标所取代。韩国政府从国民教育是国家发展原动力的角度出发，开始实施各项教育政策。首先在宪法中对终身教育做了明文规定，把教育改革定为四大国政目标之一，同时还实施了改变教育风气和提高教育质量的各种政策。

　　韩国政府以素质教育和国民精神教育两大理念及科学教育和终身教育两大原理为依据，实施了教育改革这一国政目标。从理念角度看，教育改革强调了以自我实现和完善人格为目的的素质教育以及培养国民意识形态批判能力和国家共同体意识的精神教育。从实践角度看，改革的重点放在了顺应急速变化的科技时代、发展科学教育和终身教育上。

　　根据以上原则，韩国于 1980 年 7 月 30 日颁布了《教育正常化和过度课外辅导解决方案》。当时韩国社会的课外辅导热被视为教育的弊端，遭到了来自社会和经济等领域的非议。以实现教育正常化、解决课外辅导过热现象为目标的教育改革包括以下主要内容：废除各大学自行实施的入学考试，招生时参考高中成绩，缩短教育课程，运营全日制授课大学，扩大大学招生人数，扩充广播通信大学，开通教育广播，延长大学教育学制，征收教育税，确保教育财政等。此外还实施了扩充教育财政补助和大学设施，改善教师待遇和政府、企业雇佣政策等中长期教育政策。为了解决课外辅导这一社会弊端，韩国还开展了"消除过度课外辅导"的泛国民运动。

　　韩国政府于 1985 年 3 月至 1987 年 12 月 31 日设立和运营了临时性教育改革审议会，负责制定促进教育发展的教育政策和教育制度综合改革方案，为总统提供相关咨询。为继续推进教育改革审议会的各项事业，继承教育改革审议会的职能，于 1988 年 5 月设立了教育部部长的咨询机构——中央教育审议会。此外，为了制定 21 世纪韩国未来教育的基本政策，又于 1989 年 2 月至 1992 年设立和运营了总统的教育政策咨询机构——教育政策咨询会议。①

（六）面向未来社会的人性化教育（20 世纪 90 年代）

　　20 世纪 90 年代的韩国教育建立在 80 年代教育的基础上，注重于面向未来的人性教育。1990 年 12 月 27 日将教育主管部门的名称从"文教部"变更为"教育部"，重新树立了教育主管部门的形象，明确了部门的性质和职能。1991 年 3 月制定了《地方教育自治法》，同年 9 月成立了教育委员

---

　　① 付艳：《"21 世纪智慧韩国工程"研究》，硕士学位论文，西南大学，2009。

会，为教育的民主化和地区化提供了新的契机。

1992 年制定并颁布了第六次教育课程规范，从 1995 学年起开始按学校级别分阶段地实施，在教育的内容和方法上做好了适应 21 世纪的准备。从 1990 年开始，韩国引进了自学考试学历认证制度。经过四年多的研究，于 1991 年 4 月正式确定了以实现高中教育正常化和大学自主发展为目标的大学入学考试制度。该制度于 1994 年正式开始实施。

1993 年金泳三就任韩国总统后，社会各领域都掀起了改革的热潮。为顺应国民对教育改革的期望，推动以建设新韩国为目标的教育改革，政府设立和运营了教育改革委员会这一总统咨询机构。教育改革委员会于 1994 年 9 月 5 日就《扩充教育财政》《强化大学教育的国际竞争力》《强化私立学校的自主性和职责》等 11 个教育改革课题向总统提交了相关报告。其后举行了国民听证会和专家讨论会，征求各界各层的意见，并最终于 1995 年 3 月 31 日制定了《新教育体制改革方案》，奠定了新教育体制的基础。

为保持教育政策的连贯性，1998 年政权交替后，新政府继续推行上届政府的教育政策，同时制定并实施了顺应新时代和社会变化的教育方案。根据国民政府提出的基本方案，1998 年 7 月 24 日成立了新的总统教育咨询机构——新教育共同体委员会。

新教育共同体委员会继承了上届政府的教育改革基调，重点实施了教育改革实施状况检讨评价、教育改革宣传和进修、教育改革市民运动等项目。新教育共同体委员会是一个由教师、家长、市民团体和地域社会各阶层人士参与的教育共同体，它推动了以实施为中心的自下而上的教育改革，促进了学校和地域社会的变化。这期间教育改革的具体活动主要由四个小委员会分别负责。第一小委员会负责初中等教育改革目标等教育改革状况的检查、评价、宣传和相关的进修活动；第二小委员会负责制定终身职业教育改革方案；第三小委员会负责为教育共同体举办的市民运动提供支援；第四小委员会大学委员会负责制定适应知识化社会的大学教育体制改革方案。

（七）国家人力资源开发体制的确立（21 世纪之后）

2000 年后，韩国社会进入以人、知识为发展和繁荣的核心手段的知识社会时期。受儿童教育的影响，人力资源开发的概念在时期和范围上都有所扩大。为适应这种变化，韩国于 2001 年将教育部改编为副总理下属机构——教育人力资源部，从以往注重人力资源培养的初等、中等、高等和终身教育政策过渡到注重集人力资源供应、需求和管理于一体的综合性政策。

2003 年韩国政府在"实现教育改革和知识文化强国"的目标下沿袭了教育改革委员会之前的政策，以便在国民参与和协商的基础上，增进国民与政府对教育人力资源开发的相互信赖，形成国民的共感带，保持教育改革方向的一致性。

2008 年 2 月教育人力资源部更名为教育科学技术部。2013 年 3 月根据《政府组织法》又改编为教育部。

二　韩国教育政策法律

（一）韩国教育法制的主要沿革

韩国的教育法制经历了很多变化，每当新的总统上台，其都会对教育政策和教育法制进行修改，在特定时期，教育法的制定还出现过停滞不前的情况，所以我们有必要了解其教育法制演变情况和现在的教育法规制定过程。

1. 教育发展的停滞不前及基础构建期（1948 年韩国成立至 1961 年）

1948 年 7 月 11 日《大韩民国宪法》颁布，8 月 15 日大韩民国政府成立，当时最迫切的课题就是清算日本帝国主义的殖民残余，并制定自主独立国家的新教育理念、目标和制度。1949 年 12 月 31 日，韩国政府颁布了《教育法》（法律第 86 号），1949 年《教育法》由 11 章组成，总章为教育理念和教育目标，第 2 章为教育自治制度的事项，第 3 章为教育财源相关事项，第 4 章和第 5 章是关于运营校园和学校设施相关的事项，第 6 章和第 7 章、第 8 章为授课及学科和课程、教学用图书等事项，第 9 章为奖学金事项，第 10 章和第 11 章是罚则和附则。

这时期的学制是美军军政时期的学制和韩国现实的政治妥协的结果，学制为 6 年（小学），4 年（初中），2、4 年（高中）的特殊形态。1950 年 3 月 10 日和 1951 年 3 月 20 日对教育法进行了修改，将高中和中学的授课年限统一为 3 年，到现在仍然沿用。另外，教育法从 1950 年 6 月 1 日开始规定并实施为期6年的义务教育。同时，教育法规定，国家财政应全额补助教育经费不足的地区、市或特别市，但当时的韩国财政状况并不具备相关条件。在新的教育法案还未落实的情况下，1950年爆发朝鲜战争，1960年爆发"4·19"革命，《宪法》和《教育法》中规定的义务教育实施和教育机会均等条款未能实施。

2. 教育法制的改革期（1961~1979年）

1961年5月16日发生军事政变后，军人政府长期对教育采取集权控制。1962年2月1日，政府颁布了有关教育的《临时特例法》，宣布废除教育自治制度，限制了教育法律效力。1963年6月26日教育部颁布《私立学校法》，着力控制和缩减私立高等教育规模，要求高等教育的规模必须与国家需要、办学者经费负担能力相匹配，并提出这是为了恢复社会及教育界的秩序，并不是要萎缩学院。① 但该法律的基本宗旨是限制运营私立学校的学校法人，加强管制和监督。1968年确立了《中学免试制度》，1969年通过《大学定员令》《教授资格认证令》等，加强了对大学的控制。1971年制定了《地方教育财政拨款法》，1973年制定了《私立学校教员退休金法》，1974年引进了《高中平准化政策》，1979年制定了《学术振兴法》。在军人政府时期，自1968年开始至1980年，国家强化大学入学考试制度，同时设立了韩国教员大学，中学义务教育也在各地区依次实施，1982年又制定颁布了《社会教育法》和《幼儿教育振兴法》。

军人政府时期最具革新意义的政策有：第一，1972年3月9日广播通讯大学的设立及运营标志着将终身教育概念第一次导入韩国教育政策。第二，从1969年开始实行初中免考升学制度，这一制度是为了从根本上消除"入学考试地域现象"，从而废除初中入学考试，并设置学校群，制定通过抽签方式进入学校的制度。初中免考升学制度，减少了以追求考试成绩为主的教育现象，减轻了应试教育家庭的经济负担，促进了儿童正常发展，消除了学校之间的等级差异。

3. 教育法制的质量成长期（1979~1993年）

1981年2月13日，新修订教育法第14条，新设了确保教育财政的规

---

① 曹淑江、李倩：《三个发展中国家教育发展优先次序的比较研究》，《中国人民大学教育学刊》2018年第4期。

定，对国家及地方自治团体设置了适当的财政政策支援义务。1981 年 12 月
31 日，在新修订的教育法中，为给结业者或中途辍学者继续接受教育的机
会，引进了开放大学制度，并为接受过现有的广播通讯大学和开放大学一
定教育课程并通过考试的人授予学士学位。1984 年 8 月 2 日，新修订教育
法中包含了总 9 年（小学 6 年，初中 3 年）的义务教育制度的规定，1985
学年度岛屿偏僻地区开始实施初中义务教育。1988 年 4 月 6 日，新修订的
教育法大幅修改了有关教育自治的内容，为了保证教育的自主性、专业性
和政治中立性，并为实现符合地区发展需要的教育，全国所有市及基础自
治团体设立了作为决议机关的教育委员会及教育监，并修改了教育委员会
委员选拔资格和教育委员会条款等。1987 年制定了《青少年育成法》，1990
年制定了《地方教育让与金法》，1991 年正式实行教育自治制度，1991 年
制定了《青少年基本法》。

4. 教育法制度划时代的整顿和教育改革的前期

自 1993 年军人政权下台、民选总统上台至今，开放且以需求者为中心
的进步教育改革方案渐渐被采纳，国家对教育的管制有所缓和，教育的自
主性和专业性得到了提高。根据 1993 年 8 月 10 日颁布的《教育改革委员会
运营规定》，于 1994 年 2 月 5 日成立教育改革委员会。委员会成立后，开展
了基础研究、专家协议会、调查活动等，到 1997 年末，颁布了很多教育改
革方案和相关的法令。从 1994 年到 1997 年，教育改革委员会共分 4 次提出
了教育改革课题，对韩国的教育相关法令的基本结构进行了划时代的分离
和变更。1997 年 12 月制定了《教育基本法》，同时制定了《初、中等教育
法》和《高等教育法》，韩国教育法体制形成新的框架。此外，1995 年修改
了《地方教育自治相关法律》，1996 年制定了《大学设立运营规定》，1997
年制定了有关学分认证的法律和执行令，1997 年对韩国教育课程评价和职
业技术教育领域进行改革，同年制定了《资格基本法》和《职业教育训练
促进法》。

教育改革委员会对新教育的展望为："开创任何人能够随时随地接受教
育、终身接受教育的社会。"在此过程中，需要促进的目标包括：第一，以
学习为中心的教育；第二，追求开发学生的潜能和创意力的多样化教育；
第三，以自律和责任感为基础的各级学校教育模式；第四，所有人都能最
大限度地开发自己能力的教育；第五，构建信息化和尖端化的开放式教育；

第六，通过严格、客观的评价和支持，追求高质量教育。

1998 年，在亚洲金融危机背景下，韩国政府也大力推进教育改革，为培养适应 21 世纪知识信息化社会的人才，将改革重点放在人力资源政策上。1998 年 6 月，设立了家长、教员、市民团体及地区社会等各阶层人士共同参与的"新教育共同体委员会"，重视"优秀性并以竞争和效率为中心的教育"，同时推进以现场为中心的教育改革。2001 年教育部更名为教育人力资源部，扩大改编组织，发展国家人力资源，对相关部门的人力资源政策起到了总体调整的作用。2002 年 8 月制定了《人力资源开发基本法和执行令》。但对人力资源政策的总体调整未能顺利进行，限制了国家人力资源开发政策的落实。另外，在亚洲金融危机之后，贫富差距和教育差距越来越严重，虽然制定了缓解贫富差距和教育差距的有关政策，但成果有限。2003 年成立的新政府于 7 月组织成立了"教育革新委员会"，在保留上届政府需求者中心相关政策的同时，以消除教育差距、扩大教育福利、培养地方教育、加强大学竞争力为中心，推进一系列教育改革。

另外，为了提高学校的教育能力，恢复国民对公共教育的信心，政府推进了完善平准化政策，同时推进完善教育的方案，并推进完善课外教育费减轻对策、改善高考制度，积极支援放学后课外辅导学校和农渔村学校。为了强化高等教育的竞争力，政府推进了大学的特性化和结构调整、提高大学教育的现场融合性和提高地方大学的竞争力，并积极推进从国家层面进行人力资源开发的制度，并扩大投资等。

近年制定的教育相关立法条例有：《关于学校用地负担金退还的特别法》（2008 年 3 月）、《国立大学设立会计及有关财政运营法》（2015 年 3 月）、《职业生涯教育法》（2015 年 6 月）、《教育环境保护法》（2016 年 2 月）、《幼儿教育支援特别会计法》（2016 年 12 月）等。

韩国教育人力资源部根据 2008 年 2 月修订的《政府组织法》，将科学技术部的部分业务并入教育科学技术部。此后，随着 2013 年将教育人力资源部重新改编为教育部，教育部长官晋升为副总理级别，沿袭至今。

（二）韩国《教育法》的法源及《教育法》的构造

1.《教育法》的法源

《教育法》即有关教育的一切法律法规。从广义上讲，《教育法》是指规定一个国家教育理念、目的、制度等基本事项的教育法规。《教育法》的存在形式以成文法为原则，但如果成文法不完善，也可以采用非成文法。成文法的形式有宪法、法律、令、条例和规则等自治法规、国际条约及国际法等。而非成文法有惯例或判例等。而狭义上的《教育法》是指 1949 年 12 月 31 日作为韩国法律第 86 号制定并公布的韩国最早的教育基本法规。但在 1997 年 12 月 13 日制定和公布《教育基本法》后，该《教育法》便被废除。

韩国最初的宪法《大韩民国宪法》在第 16 条中阐明"所有国民都有接受平等教育的权利，至少小学教育是义务的，是无偿的"。按照这个宪法精神推进了《教育法》的制定。当时文教部（现教育部）独自起草了《教育基本法》《学校教育法》《社会教育法》，国会则制定了《教育法案》。之后国会经过对多种法案的审议和调整，于 1949 年 11 月 30 日通过了最终法案，并于 12 月 31 日作为韩国第 86 号法律对外公布。

进入到 20 世纪 90 年代后，已历经 38 次修订的《教育法》在体系和内容上早已失去了一贯性，且难以适应急剧变化的世界秩序及新的教育环境。因此民众对《教育法》的不满与批评也日益增加。最终，为使法制能够支撑面向 21 世纪的教育改革，于 1997 年 12 月 13 日公布了《教育基本法》。此法将原有的《教育法》改编为《教育基本法》《初、中等教育法》《高等教育法》等。

新制定的《教育基本法》与之前实行的《私立学校法》（1963 年 6 月颁布）、《终身教育法》（1982 年 12 月颁布施行中的《社会教育法》于 2000 年 3 月变更名称）以及之后追加制定的《幼儿教育法》（2004 年 1 月颁布）等一起成为韩国教育法体系的基础。

2. 《教育法》的构造

1949 年 12 月 31 日，第 86 号法律公布的《教育法》共由 11 章构成。该法规定了新出台的韩国教育的理念、目的、行政体制、教育机关的种类和系统、各级学校的教育目的等重要事项。该法将弘益人间精神确立为韩国的教育理念，立足民主主义精神，规定了六年的义务教育，并设定了教育自治制等，为韩国教育的近代发展理念和制度基础做出了贡献。

1949 年教育法的依据是《大韩民国宪法》。《大韩民国宪法》第 31 条规定了与教育相关的六项基本事项。①所有国民都拥有根据能力平等接受教育的权利。②全体国民有义务让子女接受小学教育和法律规定的教育。③义务教育是无偿的。④教育的自主性、专业性、政治中立性及大学的自律性，根据法律规定应得到保障。⑤国家要振兴终身教育。⑥ 依法规定学校教育及终身教育等教育制度及其运营、教育财政及教师地位等相关基本事项。

韩国教育法包括根据《大韩民国宪法》条款制定的《教育基本法》，根据《教育基本法》制定的《幼儿教育法》《初、中等教育法》《高等教育法》等下位法；以及为实施这些法律而制定的总统令等各种令；以及为处理地方自治团体委任的教育相关事项而制定的条例和规则等。除此之外，韩国与外国签订的教育相关国际条约，以及世界通用的教育相关国际法规等，都属于广义的教育法。

三　韩国教育体制

（一）学制系统

韩国教育采用单线型学制，任何国民都能根据自己的能力接受初等、中等和高等教育。目前采用 6 - 3 - 3 - 4 制，即小学六年、初中三年、高中三年、大学四年的分级式学制。① 高等教育机关包括研究生院、四年制大学和二至三年制专科大学。

从韩国学制的变迁过程看，1949 年《教育法》规定的学制为小学六年、初中四年、高中二年或四年。之后，在第一次修订（1950 年）中，将高中学制统一为三年，师范大学的学制延长至三年。在第二次修订中，将初中学制缩短为三年，确定了 6 - 3 - 3 - 4 制的单线型学制。1981 年第五共和国成立后，将大学教育的学制从二年制升级为四年制，1982 年还新设了开放型大学。

《教育法》制定后，韩国的基本学制单线型学制没有发生太大变化，仅对部分内容做了修改和补充。随着初、中等教育的普及和高等教育的大众化，学前教育和终身教育出现了不断增长的趋势，政府计划把目前的学制改为更灵活的未来型学制。

---

① 孟凡壮、刘玥：《韩国课外辅导机构法律规制探析》，《全球教育展望》2019 年第 2 期。

（二）教育行政体制

韩国的教育行政机关由中央教育行政机关——教育部和地方自治团体的教育行政机关——市、道教育厅等构成。

1. 教育部

韩国教育部在弘益人间的教育理念下，通过教育完善国民的人格、培养国民的独立生活能力和民主市民素质，使他们过上美好生活，为民主国家的发展和人类的共同繁荣做出贡献。教育部负责教育政策的企划和调整，初中等和高等教育政策的制定，各年级教科书的编纂和检查认证，各级学校的行政、财政补助，地方教育行政机关的支援，教师培养制度运营，终身教育和人力资源政策开发等业务。

教育部由副总理、副部长（次官）及其下属组织——1名副部长助理、1名社会政策协助官、3个室、4个局、10名审议官（团）、49个科（组）构成。下设国史编纂委员会、大韩民国学术院、教师申辩委员会、中央教育研修院、国立特殊教育院和国立国际教育院等6个直属机关。

2. 市、道教育厅和市、郡、区教育厅

1991年地方自治制度的实施和《地方教育自治法》的制定，韩国地方教育自治制度的运营方式出现了新的变化。原韩国教育部代替地方议会执行的预算和主要人事、行政事务等移交给了地方自治团体。同时，地方教育和学术文体事务均移交给了地方自治团体，并设置了两个相互独立的事务主管机构：审议决策机关——教育委员会，独任制执行机关——教育监。地方教育自治制度虽然被纳入地方自治制度这一大框架之内，但考虑到教育的特殊性和专业性，政府把其职能从一般行政中分离出来，在市、道教育厅设立了教育委员会和教育监，在市、郡、区设立了下级行政机关——教育厅。

教育委员由小学、初中、高中和特殊学校的学校运营委员会全体委员组成的选举团选出。为确保教育的独立性和教育行政的专业性，教育委员属带薪职位，定员的1/2以上由从事十年以上的教育或教育行政工作者构成。教育委员会的定员根据各市、道规模的不同而不同，最多15人、最少7人。

教育监是地方教育行政的执行机关。为确保职位的专业性，教育监必须具备3年以上的教育经历或教育行政经历。与教育委员的选举一样，教育监也由学校运营委员会全体委员组成的教育监选举团选出。教育监任期4

年，可连任 3 届。

四　韩国教育发展现状

（一）学前教育（幼儿教育）

韩国的幼儿教育始于 1913 年设立的"京城幼儿园"。"京城幼儿园"采用宗教和社会团体主导的民营运营方式。1949 年政府在《教育法》中规定了幼儿园教育的法律依据，2004 年制定了独立的《幼儿教育法》。

幼儿教育以 3 周岁至小学学龄前幼儿为对象，教育机构分为国立、公立、私立三种。为创造适合幼儿发育的教育环境，通过符合幼儿兴趣和要求的各种教育活动促进幼儿身心的协调发育，幼儿园根据国家颁布的幼儿园教育课程为幼儿提供各种素质教育。

幼儿园的国家级幼儿教育课程由五个生活领域（健康、社会、表现、语言、探索）构成，教育目标如下：

> 健康：提供有助于身心健康成长的经验；
> 社会：培养基本生活习惯和与他人和谐相处的能力；
> 表现：提供创造性想法的表达和情感；
> 语言：提供正确使用语言的经验；
> 探索：培养独立思考日常生活问题的态度。

为扩大幼儿的受教育机会，为经济困难的低收入家庭幼儿提供教育机会，减轻家长的负担，确保教育机会的平等，韩国于 1999 年 9 月开始实施低收入家庭子女幼儿园学费支援项目。2004 年开始按等级为 3～4 周岁的幼儿提供教育支援，2005 年开始扩大实施多子女家庭教育费支援项目。

为提高幼儿教育质量，政府每年都会开发 3～4 种幼儿教育资料（幼儿用、教师用、家长用等），免费提供给全国的幼儿园。政府还为私立幼儿园提供教材和教具费支援，用于改善私立幼儿园的教育环境和教育课程。从 2006 年起，政府开始实施津贴支援项目，目的在于改善农、渔村私立幼儿园教师的待遇，提高幼儿教师的自豪感。

为提高师生比，提供个性化的人格教育和生活习惯教育，政府每年都会对 15000 余名志愿者进行班级辅导员培训，以便帮助幼儿教育机构提高幼儿教育的质量。同时为保障双职工家长安心工作，减轻他们的育儿负担，政府还运营了全日制幼儿园。

（二）英才教育

为顺应 21 世纪信息化、国际化和多样化的需求，实现《大韩民国宪法》和《教育基本法》中"国民根据个人能力享有均等教育权"的规定，韩国于 1999 年 12 月通过了《英才教育振兴法》，于 2000 年 1 月 28 日以法律第 6215 号的形式颁布了该法，确定了韩国的英才教育制度和运营方案。该法颁布后，韩国政府从 2002 年 3 月起开始在全国开展以实现自我和国家社会利益为目的的英才教育。

韩国的英才教育机构可分为英才学校、英才班级和英才教育院。英才教育支援体系包括《英才教育振兴法》、英才教育振兴委员会和英才教育研究院。小学、初中设置和运营了英才班级。国、公立研究所，政府出资机构，公益法人，市、道和地方教育厅、大学等教育部门则以附属机构的形式设立和运营英才教育院。目前主要的市、道教育厅和地方教育厅都在下属学校内设立和运营了英才教育机构。科学技术部下属的英才教育机构大都为大学附属机构。

除了上述机构以外，英才教育机构还包括《初中等教育法》规定的特殊目的高中和《英才教育振兴法》指定的英才学校。2018 年大约有 7 万余名学生在接受英才教育。2005 年政府在经济困难地区实施了英才发掘教育项目，约有 1800 余名学生参与了该项目。与英才教育院和英才班级的学生选拔不同，该项目在选拔英才时不进行教科知识考查，而以思考能力考查为主。同时该项目还为英才们制定了单独的教育内容。

韩国的英才教育主要偏重于数学和科学领域，把科学英才的教育作为运营重点。韩国政府计划把英才教育的领域逐渐扩大到信息、艺术、体育、创作和人文社会科学领域。

负责英才教育的教师，为取得教育资格，必须参加基础进修（60 个小时）、深化进修（120 个小时）和海外进修（60 个小时）的学习。韩国教育开发院是英才教育的研究机构，负责英才教育检查、英才教育资料开发和英才教育基础研究等。

（三）小学、初中、高中教育

1. 小学教育

韩国的小学教育以提供国民生活所需的基础教育为目的。小学学制为 6 年，从小学到初中这 9 年属于义务教育阶段。韩国的小学从 1945 年光复时的 2807 所和 157 万名学生发展到 2006 年的 5733 所小学和 392 万名学生，入学率也从 64% 增长到 99%。

美军政时期，美国对韩国提供了大量的教育援助，包括但不限于经济援助、技术援助、法律援助。具体体现在建立教育机构、制定《教育援助请求案》等方面，对战后韩国教育产生了深远影响，但也因其形式过于美国化而遭到批评。在人口迅猛增加的情况下，教育需求也在不断扩大。在 70 年代和 80 年代，教育人口因经济增长出现了向城市集中的现象，造成农村和渔村地区班级过少，大城市学校和班级学生人数过多、过密的现象，阻碍了教育质量的提高。为此，政府从 1982 年开始新设了教育税，用于充当改善教育环境和教师待遇所需的财源。为解决班级人数过密、学校过大和分班授课等问题，政府还把小学班级的定员从 65 名（1965 年）减少至 31 名（2006 年），在改善教育环境，实现教育正常化方面不断努力。

政府修改了过去不满 6 周岁儿童不能上小学的规定。5 周岁儿童在得到父母同意且经面试评定为有学习能力时，可在不超过学校定员的情况下入学。

小学一年级至二年级的"智慧生活课"对科学内容做了综合介绍。小学三年级到高中一年级开设"科学课"，这门课程的目的在于培养学生的基本科学素养，帮助他们用科学的态度探索自然，了解科学的基本概念，培养科学兴趣。课程内容由能量、物质、生命、地理等领域的知识和研究活动构成。低年级课程的重点在于通过观察和体验来熟悉自然，高年级课程的重点则在于理解科学概念。课程以环境和现实生活问题为学习素材，希望通过研究活动培养学生主动发现和解决问题的能力。

为培养外语能力，韩国政府规定从 1997 学年起小学三年级和三年级以上的年级每周可安排 1~2 小时的英语课，同时还采取措施，确保英语授课教师数量和质量。原则上每个班的授课教师都是专职教师，但学校可根据实际情况进行交换授课和小组授课。政府从美国、澳大利亚、加拿大、英国、新西兰、南非等英语国家聘请大量外籍教师做英语辅导教师，把他们安排在小学、初中和高中教授英语。2017年邀请的外籍英语辅导教师人数达4858名。

2. 中学教育

中学教育的目的是在小学教育的基础上提供中等普通教育。从1969年起开始韩国实施了初中免试入学制度，所有初中入学申请者都可在居住地就近上学。从1985年起岛屿和偏远地区开始分阶段地实施初中义务教育，2004年开始在全国范围实施初中义务教育。为扩大学生对学校的选择权，从1996起开始对就近入学的人文高中实施先报名、后抽签的制度。必要时，可经教育委员会同意，由市、道教育监调整学校。

高中二至三年级开设提高科学素养的"生活和科学课"以及"物理Ⅰ·Ⅱ""化学Ⅰ·Ⅱ""生物Ⅰ·Ⅱ""地理Ⅰ·Ⅱ"等课程。这些课程目的在于帮助学生就业，开发他们的个性和素质。

为普及英语教育，政府从1995年起开始为各级学校配置外籍英语教师，同时逐年增加外籍教师的人数，为国际化做好准备。

（四）职业高中教育

韩国共有713所职业高中，在校生达503000名（截至2005年4月）。职业高中学制三年，班级的平均学生数在30~35名。

在产业近代化的过程中，韩国职业高中培养了大批优秀技术、技能人才，为国家发展做出了巨大贡献。随着大学入学率的增加，职业高中越来越不受人们的欢迎。为此，韩国政府制定了《职业教育体制改革方案》（2005年5月12日），构筑新的高中职业教育框架。

为培养符合产业需求的人才，各职业高中（各班级）都实施了顺应社会变化的特性化改革——构筑企业委托教育人才培养体制。通过改革，以往局限于农业、工业、商业、水产、海运、家政和工商专业的职业教育扩大到了IT、自动机械、影像、卡通、烹饪、美容、观光等领域。

职业高中的招生早于普通高中，报考资格为中学毕业或具有同等学力。招生方法由市、道教育厅制定，主要根据成绩进行招生。过去大部分职业高中学生都希望毕业后参加工作，而现在则更希望进入专科大学等上级学校深造。截至 2020 年 2 月，韩国共有 516 所职业高中，在校生达 212778 名，41.7% 的毕业生都进入大学继续深造，就业的学生占 28.5%。

（五）高等教育

韩国高等教育机构主要有大学和研究生院、工业大学、专科大学、广播通信大学、技术大学等。大学的设立标准、学科设置、学生定员、教授聘用、教育课程、学分和学位授予等遵守相关教育法的规定，其他事项则由学校自行决定。

1. 大学和研究生院

为顺应 21 世纪初技术集约型的高度产业化社会发展，强化国际竞争力，韩国培养了大批富有创意的高级科技人才，这类人才主要由大学和研究生院负责培养。政府在该领域采取了多种措施。

（1）大学

为保障大学的顺利运营，设立了由各大学校长和院长组成的"韩国大学教育协议会"。该机构通过独立协商的方式为大学的行政和财政业务提供支援。在以知识的创造、使用、扩散为竞争核心的知识化社会，大学教育的竞争力就意味着国家的竞争力。政府为此实施了各种教育质量改革和发展规划，使高等教育取得了划时代的发展。

为培养有创意的优秀科技人才，确保理工科学生的人数，政府在奖学金和海外留学领域为理工科学生提供了优先权。同时逐渐扩大理工科定员人数，引导学生报考理工科。引进有才干的海外科学家，提升教学质量。

为通过国际学术交流活动促进研究的发展，政府在参加海外进修和国际学术会议方面，为理工科教授提供了大力支持。此外，还积极扩充了研究设施，构筑了大学、企业研究所和政府出资研究所之间的共同研究体制。

（2）研究生院

研究生院的职责可分为深层学术研究、专业领域人才培养、科研技术的推广和研发、成人继续教育等。截至 2021 年，全国共设立和运营了 186 个大学研究生院、183 个专门研究生院和 793 个特殊研究生院。

研究生院的课程有硕士学位课程、博士学位课程和硕博连读课程。一般来说，学习两年以上，取得学校规定的学分，并通过外语考试和综合考试的人才有资格提交学位论文。

政府将研究生院的基本教育目标定位于培养推动未来产业和专门领域服务业发展的高级专业人才上。政府实施的第二阶段 BK 奖学金项目，每年都向 2 万名以上科学技术和人文社会领域的优秀硕士生、博士生提供奖学金支持。同时为培养领导未来朝阳产业的专业人才，政府努力引进和推广法学、医学、牙医学、经营学领域的专门研究生院体制，制定了为基础科学专业的博士学位课程提供奖学金、聘请优秀的研究生院毕业生当专门研究员、免除兵役等各种优惠政策。

2. 工业大学

工业大学是为错过接受高等教育的产业劳动者提供接受高等教育的机会而开设的。1982 年在汉城成立了以培养产业人才为目的的"京畿工业开放大学"（后更名为"首尔工业大学"）。目前韩国全国共设立和运营了 14 个工业大学，在校生人数达 12 万名左右。

工业大学的入学资格与普通大学的入学资格相同，但企业委托的受教育者、工作经历在 1 年 6 个月以上的人，国家技术资格持有者、职业高中毕业生、普通高中职业课程结业者等则可根据校规优先被选拔。这为企业劳动者提供了提高职务能力和继续教育的机会。

工业大学的学费比普通大学便宜。个人可根据需要提出听课申请，工业大学不分年级以学分制的方式运营。为保障专科大学毕业生的入学机会，还另行规定了入学定员人数。

为增强对产业现场的适应性，工业大学采用了以实验和实习为主的实务教育课程，聘用具备教师资格的企业职工担任兼职教授。同时为扩大企业劳动者的受教育机会，普及产学合作教育，还引进了企业委托教育制度。

3. 专科大学

为顺应产业结构的升级，政府在 1979 年将原有的二年至三年制专科大学合并为现在的专科大学。截至 2007 年，全国共有 148 个专科大学，担负着短期高等教育机关的职业教育职能。根据韩国《高等教育法》第 47 条，专科大学的教育目的是教授和研究社会各领域的专业知识和理论，培养国家和社会发展所需的专业人才。

专科大学分为人文系统、社会系统、教育系统、自然系统、工学系统、文体系统和保健系统等领域，学制为二年至三年。

专科大学的入学资格为高中毕业或同等以上学力。高中成绩、大学入学考试成绩、面试成绩和体检都必须符合专科大学校长规定的招生要求。在职工作者、海外国民、特殊教育对象、职业高中毕业生、大学或专科大学毕业生则按入学定员的一定比率，以定员外招生的形式进行招生。

为提高韩国职业教育的效率，政府开发和运营了比较实用的产学合作教育课程，鼓励学生根据职业教育计划和实验实习指南进行以现场为中心的实习教育。政府提倡发展有助于学生取得国家技术资格的深层专业教育，并注重培养学生健全的职业伦理观。

专科大学的课程都采用学分制。每个学分的授课时间、毕业所需的最低学分、每学期的基本学分和最高学分等具体规定由各专科大学自行决定。教养课程为必修课程，学分比重也由学校自行决定。各系和各专业的现场实习也采用学分制，学分由学校自行规定。与教养课程相比，各大学正在逐渐提高专业课程的比重。

为保障专科大学为产业发展做出实际贡献，大学和企业间以学生现场实习，专科大学教授现场进修，企业劳动者接受专科大学教育，专科大学和企业共同研究，技术和产业信息互换，设立、运营专科大学和企业产学合作委员会，开办企业委托教育课程等方式进行产学合作。

专科大学是培养专业技术人才的短期高等职业教育机构，对就业的重视要高于升学。希望继续接受教育的学生可进入四年制大学、工业大学或广播通信大学深造。这种模式为毕业生和产业工人提供了接受继续教育的机会。

伴随着产业的发展，对中坚职业人才的需求逐渐增加。加上专科大学教育质量的提高，专科大学毕业生的就业率逐年提高，平均就业率在80%以上，高于四年制大学。随着产业技术的升级、职业分工和雇佣单位的高学历化，专科大学未来将发挥更大作用。由于产业人力需求的增加，政府将着重发展以新知识为基础的尖端技术教育，同时向专科大学提供财政补助，推动专科大学的结构改革，实现多样化和特色化。政府在强化专科大学产学合作教育上积极投入，普及了以现场实习为中心的实习生制度，开发了提高教育内容实用性的模拟教育课程，鼓励产业界人士积极参与专科大学的教育工作。

4. 广播通信大学

广播通信大学成立于1972年，最早是二年制初级大学（5个学期）。它以终身教育理念为出发点，具有提供高等教育机会、提高国民知识水平的终身教育职能，能促进国民学习适应时代发展的新学问和新知识。1982 年广播通信大学扩大改编为 1 个专科学士课程专业和 8 个学士课程专业。目前有 23 个学士课程专业、2 个研究生院，在读人数达到 164325 名（2019 年）。以高中毕业生为招生对象，采用免试调档的方法，学制四年，在读年限没有任何限制。授课方式主要有广播大学 TV 和 EBS 广播授课、网络授课（由指导教师进行双向学习指导）、磁带听课、课程出席、提交作业和数字图书馆系统网络数字广播授课等。

广播通信大学 1999 年 3 月在原有有线电视广播教育的基础上开通了卫星广播教育，使全国各地都能收看到广播课程。此外还构筑了与全国 14 个出席授课的地方大学互联的双向远程影像授课系统，使教育服务的供给不再受时间和场所的限制。

5. 技术大学

技术大学是一种新型大学。目的在于提高企业人才的技术力量，强化企业的竞争力，在产业现场为具有高中学历或专科学历的企业劳动者提供继续教育的机会。在提高劳动生产力的同时，培养兼具专门知识、技术理论和实务能力的专业人才，提高终身雇佣的可能性。技术大学是根据《高等教育法》和《技术大学设立和运营规定》设立的高等教育机构，学校法人必须由企业单独设立或由企业和大学共同设立，教育对象为企业在职劳动者。作为《高等教育法》规定的正式教育机关，技术大学开设了专门学士学位课程和学士学位课程。

学校运营事项如下：

大学课程：专门学士学位课程（二年），学士学位课程（二年）；
学校运营经费：无须学生负担，由企业或技术大学法人负担。

6. 远程大学

远程大学利用尖端信息通信技术创造的网络空间为学习者提供无时空制约的教育服务，[1] 属于高等教育和终身教育机构。学习者修完一定学分

---

[1] 张晗：《韩国跨境教育现状及问题评析》，硕士学位论文，东北师范大学，2009。

时，能获得与专科大学或大学毕业生同等的学历和学位。

远程大学以尖端的信息通信技术为基础，使错过大学入学机会的上班族能边上班、边通过网络自学取得学位。在知识爆炸和知识循环周期极短的知识社会，它为上班族提供了网络再学习的机会，有助于人们迅速适应环境的变化。目前得到政府认可的远程大学共有 19 所（见表 5 - 1）。预计今后远程教育大学的数量将会越来越多。

表 5 - 1   远程大学网址

远程大学	对应网址
建阳网络大学	http：//www. kycu. ac. kr
崇实网络大学	http：//www. ssu. ac. kr
庆熙网络大学	http：//www. khcu. ac. kr
大邱网络大学	http：//www. dcu. ac. kr
网络外国语大学	http：//www. cufs. ac. kr
国际数字大学	http：//dcu. ewcu. ac. kr
首尔网络大学	http：//www. iscu. ac. kr
世宗网络大学	http：//www. cybersejong. ac. kr
开放网络大学	http：//www. ocu. ac. kr
韩国网络大学	http：//www. kcu. or. kr
汉阳网络大学	http：//www. hanyangcyber. ac. kr
高丽网络大学	http：//www. cuk. edu
釜山数字大学	http：//www. gdu. ac. kr
首尔数字大学	http：//www. sdu. ac. kr
岭南数字大学	http：//www. yncu. ac. kr
圆光数字大学	http：//www. cybergame. ac. kr
韩国数字大学	http：//www. koreadu. ac. kr
世界网络大学	http：//www. world. ac. kr
永进网络大学	http：//www. ycc. ac. kr

各远程大学的成绩管理都不尽相同，通常可分为网络出席成绩、出席时的问答成绩、小论文成绩、网上交流和讨论成绩、期中和期末成绩等。

（六）特殊教育

韩国的特殊教育是指以视觉障碍、听觉障碍、精神障碍、肢体障碍、情绪障碍（自闭症）、语言障碍、学习障碍、健康障碍（心脏病、肾脏病、肝脏病等）儿童和其他教育人力资源部所规定的残疾儿童为对象，通过与残疾儿童特点相符的教育课程、教育方法和教育媒体提供的教科教育、治疗教育和职业教育。[①] 截至 2021 年，韩国有 27027 名特殊教育对象学生在 187 个特殊学校，54266 名学生在普通学校设立的 8729 个特殊班级接受了特别教育和融合教育。

特殊教育教师由大学的特殊教育专业、教育研究生院（特殊教育专业）、教育部部长指定的研究生院（特殊教育专业）培养。截至 2006 年，韩国共有 42 所特殊教师大学、3 所特殊教育研究生院和 36 个教育研究生院。

特殊教育的法律依据包括《教育基本法》、《初、中等教育法》和《特殊教育振兴法》。韩国于 1977 年制定了《特殊教育振兴法》，于 1994 年全面修订了特殊教育招生、入学和融合教育的相关规定。为满足受教育者的需求，适应社会的变化，2006 年就幼儿园和高中课程义务教育、残疾幼儿无偿教育、各年龄终身教育、融合教育和相关服务等内容，对《特殊教育振兴法》做了全面修订。

为进行特殊教育试验和研究，开发和普及学习资料，为特殊教育教师提供进修机会，共享特殊教育信息并最终提高特殊教育的质量，韩国于 1994 年设立了国立特殊教育院。

为制定《特殊教育发展综合计划（2003～2007 年）》，在普通教育和特殊教育责任共享的前提下，最大限度地扩大特殊教育成果，韩国政府推进了由四个部门负责的 15 个重点课题。这些课题包括保障各地区和各级学校平等的特殊教育机会、改善普通学校融合教育的社会和物质环境，构筑和推广以地域社会为中心的特殊教育支援体系等。政府为此设立了特殊学校和特殊班级，配置了特殊教育辅导教师，设置了普通学校残疾人便利设施和特殊教育支援中心，为健康有问题的学生设立和运营了医院学校，实施

---

① 吴春玉：《韩国特殊教育法的演变及特殊教育发展历程》，《中国特殊教育》2014 年第 12 期，第 5 页。

了有助于改善融合教育环境的残疾理解教育、普通教师特殊教育进修、扩大治疗教育和残疾大学生福利现状调查、残疾大学生支援等政策。

五　韩国教育发展改革与创新

韩国教育改革中最具代表性的是高等教育，特别是大学的改革。本章在韩国教育基本情况介绍的前提下，仅聚焦韩国大学的改革。

大学是创造 21 世纪新知识的场所。韩国历届政府都认同大学教育的重要性，从国家发展的角度出发，推动了强化大学竞争力的大学教育改革。韩国政府的大学竞争力强化措施包括大学组织改革、国立大学特殊法人化、"21 世纪韩国脑计划（BK21）"项目、专门研究生院制度、高等教育评价体制改革等。

第一，进行了以实现大学特色化为目标的组织改革。改革的目的在于把大学建设成社会人才的培养组织，构筑高效的大学运营体系，提高大学的竞争力。2004 年 12 月 28 日公布了《大学组织改革方案》，主要内容包括：裁减学生定员人数，提高专职教师比率，改善教育条件；促进国立大学之间或私立大学之间的合并；制定组织改革的法律和制度依据；提供财政支援等。

第二，有选择地推动了国立大学的特殊法人化。现有的国立大学属于政府组织，在组织、人事、预算等方面非常僵化，这阻碍了大学的战略性发展。作为强化大学独立性和职责的大学运营体系改革方案之一，政府着力于推进国立大学的特殊法人化，主要内容包括组织结构、校长选举、成员身份、财政和组织等领域的改革。

第三，质与量相结合。特别是 1999 年，教育部开始启动一项高等教育改革的重大项目，称为"21 世纪韩国脑计划（BK21）"，用 7 年的时间投入 12 亿美元发展世界一流的研究生院和一流的本国大学，强化研究生院的研究能力，建造学术研究的基础设施。政府还于 1999 年启动了另外一个项目，用 7 年时间投入 2.85 亿美元培育地区性大学以满足当地产业发展的需要。① 这

---

① 武鹏：《韩国高等教育发展的现状与问题》，《北京青年政治学院学报》2010 年第 2 期，第 52 页。

两大项目，极大地提高了韩国高等教育质的水平，质与量相结合的趋势开始形成。近几年来，韩国高等教育十分重视质与量相结合发展。韩国高校在数量上，从 2005 年的 419 所到 2008 年的 405 所（不包括研究生院），缩减 14 所；在研究生院的数量上，从 2005 年的 1017 所到 2008 年的 1018 所，三年只增加 1 所。同时，高校学生人数从 2005 年的 3270104 人减少到 2008 年的 3267441 人，减少了 0.08%；研究生的数量却从 2005 年的 278624 人到 2008 年的 295403 人，增幅为 6.02%。这说明韩国高等教育向高学历发展趋势明显，在逐步控制高等教育机构数量和学生人数的同时，特别加大了对研究生教育等高学历教育的发展力度。[①]

继 1999 年至 2005 年的第一阶段 BK21 后，韩国政府又推动了第二阶段的 BK21 项目，从 2006 年开始至 2012 年结束，历时七年，投入二兆三百亿韩元。第三阶段 BK21 项目从 2013 年开始到 2020 年结束，历时七年，仅 2019 年就投入了 2698 亿韩元。

此外，韩国政府还努力推广法学、医学、经营领域的专门研究生院；为改善高等教育评价体制，构筑国际水平的管理系统，设立了高等教育评价院。

（一）大学政策的基本方向

1. 通过大学教育的多样化和特性化，简化高等教育

为培养大学顺应知识社会的竞争力，韩国政府认为首先要实现大学教育的多样化和特色化，简化韩国的高等教育。为此韩国政府摒弃了百货商店式或陈列式的教育环境，构筑了顺应知识社会的各种高等教育特色体制，促进了各大学在专门领域的发展，弱化了大学的排名，推动了各领域优秀大学的建设。

2. 大学教育独立性和职责的强化

在僵化的体制下，所有组织都可能会因难以适应环境变化而遭到淘汰。为了使大学能自主判断，主动而灵活地顺应社会变化，韩国政府果断地废除了对高等教育机构采取的各种限制，鼓励大学独立发展、确保大学自由

---

① 武鹏：《韩国高等教育发展的现状与问题》，《北京青年政治学院学报》2010 年第 2 期，第 52 页。

发展，并负担起相关职责。

在不损害公共性的前提下，韩国政府还果断地废除了限制私立学校自由发展的法律条款，最大限度地保障私立学校的独立运营权，并在此基础上构筑了保障学校运营公正性和透明性的相关制度。

3. 大学的经营改革和重组

知识社会越来越重视知识的易化，把提高学习者知识水平作为首要目标。大学教育的易化关系着国家的发展，出于这种目的，大学改革的核心也放在了大学教育的易化上。这里的易化意味着教科课程运营、教授业绩、学生成绩、体制效率等领域的改革。为积极推动这些改革，韩国实施了以国立大学改革和发展为主要内容的国立大学发展计划。为重新确立国立大学的高等教育和研究机构形象，确保其不同于私立大学的公共教育职责，政府不仅积极促进大学之间专业的互换，而且还鼓励各大学进行内部运营系统改革。

一直以来，韩国国立大学的发展计划采用政府制定项目并对项目参与学校提供支援的方式，现在则变为由大学自己制订发展计划，并向政府提出支援申请的方式，这有助于促进大学的创造性发展。

4. 树立大学的研究和学习风气

为改善大学的教育条件，政府不断扩大对高等教育的投入，减少教授人均学生数，构筑各种研究基础设施。为聘用优秀教授，明确以能力和业绩为标准的教授聘用和续聘基准与程序。为在教育课程中灵活运用兼任教授和招聘教授，韩国政府修改了相关法律，强化教授资源的共享。

在确保吸引优秀研究教授的同时，树立学生的勤学态度也是一项十分重要的工作，政府为此实施了各种校务管理合理化政策。

5. 扩大顺应知识社会需求的大学教育领域

由于社会的急速变化，知识的有效周期越来越短，终身教育的必要性增强。韩国政府为希望接受高等教育的产业劳动者和职工提供了时间注册制、学分库制和网络大学等多种教学体制。

为了把韩国的大学建设成促进地区发展的知识中心，韩国政府强化了大学和产业的合作，帮助大学引进和使用新知识，为产业界和地区发展提供符合发展需求的教育。

6. 大学教育的全球化

21 世纪教育国际化的特点日益明显，为使教育主动顺应世界秩序和全球化趋势，韩国政府正在努力促进国内外大学的人力和物力交流，越来越多的大学将信息化能力和外语能力视为毕业的必要条件，并在课程设计中有所体现。

（二）大学竞争力的强化

1. 大学机构改革

为了使大学顺应 21 世纪知识社会的需求，应对低生育率造成的学龄人口减少现象，韩国从 2004 年起开始对大学机构进行改革。

大学机构改革的主要内容包括：裁减学生定员，提高专职教师比例，改善教育条件；促进国立大学之间或私立大学之间的合并；制定机构改革的法律和制度依据；提供财政支援；等等。

大学机构改革的主要目标是把大学建设成社会人才的培养组织。对社会人力需求逐渐减少的领域，采取裁减定员或院系（专业）合并的办法。在反映产业需求的前提下，推进教育课程改革和与此相应的机构改革。大学机构改革的目的并不是单纯地缩小规模，而是按地区的社会条件和需要进行特性化运营改革，提高高等教育的质量。机构改革政策的主要内容如下。

首先，改善教育条件、提高高等教育的质量。为此，韩国政府制定了2009 年将国立大学专职教师人均学生数从 2004 年的 29 名降低至 21 名的目标。为改善私立大学的教育条件，提出按各大学设立目的，逐年、分级确定专职教师人数的方案。

其次，韩国政府推动了国立大学的合并，缩减学生的人数。政府对相似和重复的专业和专科大学进行了整理整顿，制定了适应地区特点的大学校园特性化运营方案，2004 年和 2005 年两年时间把 10 所国立大学合并成 5 所大学。2005 年政府投入 500 亿韩元的预算，用于推动国立大学的合并。同时，政府还积极推动没有政府财政支援的私立大学的合并。仅 2005 年，就有 8 所私立大学合并为 4 所大学。

为持续而稳定地推动大学的机构改革，韩国政府还制定了相关的法律和制度，引进了《大学信息公告制度》。在缺少大学相关信息的情况下，学生、家长、企业、政府等用户很难对学校进行选择和评价。《大学信息公告制度》要求各大学主动公开新生入学率、教授人均学生数、毕业生就业率、预决算明细等大学教育条件和学校运营指标。韩国政府于 2005 年 10 月 25 日修订和颁布了以强化私立大学设立条件为内容的《大学设立和运营规定修正案》，积极推动了大学的机构改革。

大学合并和缩减定员的目的不是减少数量，而是为了在大学特性化过程中重新进行资源分配。在这一过程中，韩国政府的职责是对大学机构改革情况进行监督，开发和普及大学特性化指标，逐年实施阶段评价。为向已合并的国立大学提供特性化支援，韩国政府还特地设立了大学特性化咨询组。

2006 年 3 月成立了"大学特性化支援委员会"，该委员会是人力资源开发会议下属的跨部门专门委员会。科学技术部、产业资源部、信息通信部等各部委可通过该委员会对大学财政支援的业务目标、评价指标、支援领域等进行事先协调，增强政府财政运营的效率，使财政支援集中于相应的特性化领域。

为开发适应社会需求的教育课程，改善教育条件，促进各大学优势领域的特性化，政府还把大学组织改革与 BK21、首都圈特性化项目等结合起来。

2. 国立大学的特别法人化

韩国国立大学在组织、人事、预算等方面非常僵化，这给大学的特性化发展带来了许多困难，迫切要求国立大学进行运营体制改革，把国立大学转变为特别法人。韩国政府从 1987 年起就开展了相关研究。

国立大学的特别法人化遵循以下几个基本原则。第一，在大学主导和自由选择的前提下推动特别法人化。第二，在广泛征求意见，构筑社会共感带的基础上，制定实施政策。第三，国立大学特别法人化的目的在于实现国立大学运营体制的自主化和多样化。

大部分韩国国民赞成把国立大学转变为特别法人，但部分教职工团体和学生因担心学校转变为特别法人后会带来身份不明、基础学问萎缩和学费上涨等问题，反对把国立大学转变为特别法人。为消除这种顾虑，韩国政府广泛征求意见，制定相应的对策。韩国政府明确表示不强迫所有大学都转变为特别法人，只对新设的国立大学、转变试点国立大学和具备转变能力并希望转变的大学实施转变能力评价。

（三）地方大学改革能力强化项目

1. 背景和目的

目前，韩国政治、经济、社会、文化等各领域向首都圈集中的现象非常严重。与首都圈大学相比，地方大学的人力资源开发能力相对较弱。以四年制大学学生人数为例，地方大学的比重虽然占 60%，但优秀学生却大都集中在首都圈。韩国政府在认识到问题的严重性后，于 2004 年开始实施强化地方大学核心能力的 NURI（New University for Regional Innovation Project）项目。NURI 项目的目的在于强化地方大学的改革能力，培养促进地区良性发展的优秀人才，政府将在 5 年期间向优秀的地方大学集中提供高达一兆二千四百亿韩元的预算支援。NURI 项目的具体目标如下。

第一，强化地方大学的特性化和竞争力。向与地区发展相关的特性化领域集中提供支援，强化地方大学的竞争力，同时通过这种方式提高特性化领域的学生入学率和教师维持率，强化地区的人才培养基础。

第二，强化地方大学的人才培养职能，促进地方的发展，主要内容包括强化地方的大学教育，培养地域社会所需的优秀人才，开展各种提高毕业生就业率的人才培训项目。

第三，构建地区改革体制的基础，主要内容包括构筑大学与自治体、产业界、研究所、非政府机构相互合作的地区改革体制。

NURI 项目改变了原先没有明确标准的地方大学财政分配惯例，为符合地方发展目标的大学集中提供财政补助，促进了地方人力资源的开发和国家的平衡发展。

2. NURI 项目的性质和实施战略

一直以来，政府的财政支援都集中于研究开发领域。NURI 项目与以往的支援项目不同，是一项培养地区人才的教育能力强化项目。该项目的目的在于强化地区的教育能力，为与地区产业相关的特性化领域优秀人才培养项目集中提供支援，最终提高地方大学的教育质量和毕业生就业率，为地区改革奠定基础。从本质上看，NURI 项目是一项培养中坚专业人才的 bottom-up（从上而下，从点到面）的项目。项目重点是培养兼具基础理论、现场实务能力和有创意的高级专业人才与现场技术人才，制定反映"地区协议体"意见的地区发展战略计划。高等教育促进地区革新的职能得到了经济合作与发展组织、世界银行和联合国教科文组织的重视。无论从促进地区平衡发展的内在需求看，还是从国际动向看，韩国地方大学的改革项目都是一项极具意义的项目。为有效推动项目发展，韩国政府制定了以下四个合理化实施战略。

第一，在地区主导下，自下而上地推进该项目。确保地区大学、自治体、产业界、研究所等项目团体按地区和大学的发展战略，主动地选择项目领域、内容和规模。同时由地区协议体代表地区对各项目团体的项目计划进行讨论和评价。

第二，提供以地区平衡发展和"选择与集中"为原则的支援。项目预算先按地区进行分配，各地区再按"选择与集中"的原则，对优秀的项目团体提供集中支援。进行财政分配时，优先考虑发展程度相对落后的地区。

第三，改善财政支援方式，增强业务的效率性。按照项目计划，对项目所需费用（劳务费、运营费、研究费、设施维持和保修费等）提供全额和长期支援（5年），确保支援的稳定性。

第四，构筑以成果为主的项目管理体制。各项目团体根据项目计划自行制定成果指标，通过年度评价和阶段评价淘汰项目成果不佳的项目团体。

3. 项目内容和项目团体的选择

NURI项目按大型、中型和小型的级别分级提供财政支援。在项目实施的第一年即2004年，有475个团体提出了申请，其中112个项目团体入选。政府为这些团体提供了总额达2200亿韩元的支援。从2004年实施之初各团体获得的平均支援金额看，大型的支援金额为412800.12万韩元，中型为241400.28万韩元，小型为80400.84万韩元。参与的大学达113所，合作机构达1000多个。

2005年105个新增的团体提出了参与申请，其中7个团体入选。第一年年度评价后新入选的团体以各地方中心大学为主，其中有7所国立大学，4所私立大学。从项目类别看，有3个BT21领域项目（2个大型项目，1个中型项目），2个文化、观光领域项目，1个社会福利领域项目和1个其他领域项目。从领域类型看，涉及能源（共有2个项目，1个大型、1个中型）、机械、环境、经营等领域。

2006 年有 53 个新增团体提出了参与申请，其中有 8 个团体入选。从入选状况看，地方中心大学中有 4 所国立大学和 4 所私立大学入选。从地区看，在 11 个地区中有 7 个地区的团体入选。入选团体包括机电、生物、文化、设计、新型电子领域的大型地区战略产业团体和造船、海洋、生命、农业、农渔村福利、医疗器械领域的中小型人才培养团体。

截至 2007 年，100 所地方大学的 36 个大型团体、31 个中型团体和 63 个小型团体参与了 NURI 项目，参与团体数达 130 个，每年的支援金额达 2500 亿韩元。

4. NURI 项目的成果和发展目标

政府在 NURI 项目上倾注了极大的热情，为此提供了庞大的财政预算。项目的成败不仅关系到地方大学的发展，而且还会对地区改革和人才培养产生极大的影响，因此必须客观、合理而有效地对成果进行评价。为成功地推进 NURI 项目，政府每年实施一次年度评价，每三年实施一次阶段评价，在项目完成时实施综合评价。

现阶段虽然很难对 NURI 项目的成果进行评价，但团体短期运营结果研究显示，参与 NURI 项目的大学和团体在学生和教授保持率上均较高。

为了取得更大的成果，政府还改革教育课程；开发和普及产学合作标准方案常设咨询团，强化咨询工作；举办 NURI 项目表彰会和各种研讨会，增进人们对 NURI 项目的理解。

（四）大学入学制度的改革

为解决现有大学入学制度的运营问题，政府制定了新的大学入学制度改革方案，于 2004 年 10 月 28 日颁布了《学校教育正常化：2008 年以后高校招生考试制度改革方案》。

该改革方案的目的在于发掘和培养符合未来社会需求的 21 世纪优秀人才，将高校教育的中心从校外转移到校内。改革的基本内容为：第一，大学招生时强调学校的教育课程和教育成果。第二，采用与大学自主化和特性化相结合的多种招生方式。第三，将大学间的招生竞争转换为入学后的教育竞争。

2008 年改革方案的核心课题可简单概括为以下四个。第一，提高学生成绩卡的可信度，扩大其在大学招生时的作用。第二，减少高考在招生时的比重，改革评分体制。第三，改变招生时以成绩为主的选拔方式，引进特殊入学制度，在招生时对学生成绩卡等招生资料进行参考和分析，促进招生方式的多样化、特性化和专门化。第四，强化弱势阶层的特别招生，普及有助于社会团结的招生方式。

第六章 意大利高等教育发展报告

一 意大利高等教育发展史

意大利是西方大学的发源地，拥有欧洲的第一所大学——博洛尼亚大学（Università degli Studi di Bologna）。意大利的高等教育发展经历了四个时期。早期就开设了覆盖法学、医学、神学、文学四大学科门类的课程。19世纪，意大利教育的主旋律是国家主导，自上而下的统一管理。20世纪，意大利受到社会主义思想影响，创办了许多"人民大学"。二战后，意大利通过了《意大利共和国宪法》，保障教学和科研的自由。21世纪，意大利的高等教育建立了政府主导的大学和科研部，确立了"3＋2"的高等教育学制。

（一）早期意大利高等教育（11世纪至18世纪）

意大利是西方大学教育的发源地，1050年，在意大利海滨城市萨勒诺就诞生了西方大学的雏形——萨勒诺医学院，1088年在意大利博洛尼亚建立的博洛尼亚大学则被认为是欧洲第一所大学。

博洛尼亚大学的创立可以追溯到11世纪，当时意大利北部出现了商品经济的萌芽，成为欧洲率先走出中世纪经济停滞状态的地区。商品经济的发展带来了对于法律规则的需求，当时的学者们将目光投向了古罗马时期适应商品经济社会的古罗马法法典，成立了一个名为学院（studium）的松散学术组织，专门研究罗马法，这就是博洛尼亚大学的雏形。1158年，神圣罗马帝国皇帝腓特烈·巴巴罗萨颁布命令，宣布大学是独立的学习和研究场所，不受任何外部力量管辖。博洛尼亚大学和法国巴黎大学分别代表欧洲早期大学的两种组织形式，其中博洛尼亚大学代表的模式是"校长由学生选举产生，学生有选择教师和决定专业设置的自由"，也就是日后的

"学生型大学"模式。① 博洛尼亚大学的模式影响深远，不仅是后续意大利国内各个大学创建的蓝本，而且还被很多欧洲其他国家大学所沿袭。

此后，有赖于意大利12～15世纪间持续的经济繁荣，以及人文主义思想的萌芽和蓬勃发展，亚平宁半岛上又陆续诞生了其他的早期高等教育机构，例如成立于1222年的帕多瓦大学，由两西西里王国国王费德里科二世在1224年创建的那不勒斯大学等。13～14世纪，意大利境内又创办了15所大学，意大利大学总数占据了当时欧洲大学总数的1/4，成为欧洲高等教育的中心（见表6-1）。

表6-1　创建于14世纪前的欧洲大学（部分）

大学	国别	成立年份
博洛尼亚大学	意大利	1088
牛津大学	英国	1096
摩德纳和雷焦艾米利亚大学	意大利	1188
剑桥大学	英国	1208
萨拉曼卡大学	西班牙	1218
帕多瓦大学	意大利	1222
那不勒斯费德里科二世大学	意大利	1224
锡耶纳大学	意大利	1240
巴拉多利德大学	西班牙	1241
马切拉塔大学	意大利	1290

早期意大利大学不仅在数量上占据优势，而且学科门类齐全，涵盖了欧洲中世纪大学法学、医学、神学、文学等四大高级学科，并且在当时的欧洲成为这些学科研究的领导者。

意大利大学当时的医学研究中心是创建于1050年的萨勒诺医学院。萨勒诺是一座位于那不勒斯以南的海滨小城，这里温泉资源丰富，大希腊时代以来就是亚平宁半岛上的疗养胜地，而且凭借和希腊的密切联系，这里还成了古希腊医学重要的传承地，汇聚了众多的行医者。宜人的气候和丰富的医生资源吸引了大批欧洲富裕阶层的病患前来疗养就医，能够接触大

---

① 韩菲尹：《走向巅峰的高等教育大国——12～15世纪意大利高等教育发展研究》，硕士学位论文，浙江师范大学，2015，第43页。

批的病例的优势让萨勒诺医学院逐渐和只重视内科诊疗而不重视外科手术实践的巴黎大学医学专业走上了不同的发展道路，其出版的很多教科书也都成了欧洲通用的医科教科书，例如康斯坦丁的《医学艺术》。

博洛尼亚大学是当时当之无愧的法学研究中心。从 12 世纪开始，博洛尼亚所在的意大利中北部地区出现了商品经济萌芽，交易行为的不断增加客观上带来了对完善交易规则的需求。早在古罗马时代，古罗马人就制定了一套涵盖家庭法和商法的民法体系，只不过在漫长的中世纪时期，由于古代典籍的遗失和商品经济的式微，罗马法的研究陷入了停滞。随着商品经济的复苏，最早在博洛尼亚地区汇聚了一批当时被称为注释者的语法学、修辞学和逻辑学的学者，共同评注古老的罗马法法典，形成了博洛尼亚大学的前身。博洛尼亚大学的法学研究并不仅仅是沿袭古罗马的法学遗产，还将当时随着北方日耳曼人入侵带来的、在当时的意大利中北部颇为盛行的习惯法和罗马法结合起来，顺应了当时的社会经济发展现状。博洛尼亚大学法学研究硕果累累，其编撰的《公证学概论》、《教会法丛书》和《民法大全》等都成为欧洲通用的法学教科书。

另外值得一提的是，意大利南部的西西里成为翻译古典典籍的中心。西西里岛在古罗马时代之前就是大希腊地区的一部分，古希腊语长期以来都是这里的通用语言，汇聚了大量精通希腊语的学者。中世纪，西西里先后被阿拉伯人和诺曼人占领，在他们的统治之下，西西里成为各种文化碰撞交融的中心。与此同时，由于亚平宁半岛在罗马帝国中后期遭受了蛮族入侵，各种拉丁语版本的古希腊罗马典籍湮灭或遗失，古希腊语原本以及阿拉伯人从古希腊语转译的阿拉伯语版本成为恢复古代典籍的唯一途径，而西西里凭借着得天独厚的优势成为这些古代典籍的翻译中心。

15 世纪以后，随着新航路的开辟，欧洲经济中心逐渐从以意大利为中心的地中海沿岸转移到大西洋沿岸，而且由于意大利当时处于分裂的城邦国状态，无力抵抗不断增加的外国入侵，意大利的商品经济发展受到了严重限制。经济的衰退同时影响到了大学的发展，意大利各个大学的领先地位开始被不断兴起的英国、法国大学所取代。

（二）19 世纪的意大利高等教育

在经过了数个世纪的外族统治后，在意大利半岛上民族主义思想开始萌发，要求摆脱外国统治，取得民族自决，并且建立独立的意大利民族国家。位于意大利西北部的撒丁王国是当时意大利各城邦国中为数不多的不受外国势力控制且实力较强的国家之一，其以实现统一意大利为目的，开始了各个方面自上而下的改革，其中就包括对大学的改革。

撒丁王国对于高等教育改革的总体思路是加强国家对大学自上而下的统筹管理。1848 年 10 月 4 日，撒丁王国通过第 848 号国王令，其中规定，全国上下各级公立及私立教育机构均由公共教育高级委员会进行管理，该机构还负责对所有学制、教学计划、教学大纲和采用的教科书进行管理。1859~1860 年，随着意大利统一进程的推进，越来越多的意大利城邦并入了撒丁王国，撒丁王国需要管理的大学数量也随之增加。1859 年颁布了《卡萨帝法案》，规定高等教育由国家垄断，不承认私立高等教育的存在，并且由国家部委直接管辖。不过，虽然在行政层面高度统一，意大利大学还是享有教学活动的学术自由、教职人员之间的自由竞争，而且虽然有官方的学习计划，学生们还是享有自主调整学习项目和考试时间的权利。

1861 年，意大利王国正式成立之后，关于国家对高等教育管理深入程度问题的讨论一直没有结束。1862 年，意大利通过法案，将全国大学分为两个级别，第一级别的大学包括博洛尼亚、帕维亚、比萨、那不勒斯、巴勒莫和都灵等大学（后来又加入了帕多瓦和罗马），这些大学规模较大，享受更多的财政拨款，而被划入第二级别的其他大学获得的财政拨款相对较少。1862 年，意大利教育部部长卡洛·马特乌齐还推进了另一项更激进的改革，他认为应当减少大学的数量，并且反对由地方以及私人协会成立"自由大学"，理由是只有在国家干预的情况下，才能克服财政上的困难，由现代、高效和统一的精英领导层完成教育的总体目标。1892 年，教育部部长费迪南多·马蒂尼试图关闭马切拉塔、墨西拿、摩德纳、帕尔马等大学，但是遭遇了极大的反对声浪，最终没有实施。

在意大利统一初期，意大利政府对于高等教育的管理理念是国家垄断大学，并且对大学进行自上而下的统一管理，这一理念的根源是，撒丁王国不仅是意大利统一的主导者，而且其经济社会发展水平在刚刚统一之后的意大利处于领先地位，所以此时的撒丁王国精英阶层想要通过复制撒丁王国模式来实现国家的快速现代化。

（三）20 世纪上半叶的意大利高等教育

20 世纪初，意大利高等教育出现了两个新现象。首先，随着社会主义思想的传播，意大利境内出现了一系列的"人民大学"，这些左翼团体组织的教育团体的目的是在大众层面推广文化和教育，以促进广大群众更好地参与国家政治和社会生活。其次，意大利于 1902 年通过法律，承认了私立的博可尼商科学校授予大学文凭的权力，1922 年，还承认了另一所非公立大学——米兰圣心天主教大学的法律地位。

1922 年，墨索里尼及其领导的意大利国家法西斯党发动暴乱夺取了政权，墨索里尼被国王任命为内阁总理。1923 年，意大利针对教育界进行了"詹蒂莱改革"，改革再次将意大利大学分为 A、B 两类，其中 A 类大学为全学科大学，可以从国家获得用来支付教职工工资以及科研费用的全部资金，而 B 类大学只能获得部分资金。改革还规定只有文科高中毕业生可以在大学专业选择中不受限制。同年，意大利还成立了国家科研委员会（CNR），该机构与大学平行设置，负责在全国范围内协调和推广科研活动。1931 年，在教育部部长巴尔比诺·朱利亚诺的推动下，意大利通过《第 1227 号法令》，强制所有大学教师向法西斯效忠，全国 1251 名大学教师中有 15 名教师由于拒绝向法西斯效忠，而被剥夺了教职。1938 年，意大利通过了排犹法令，大批犹太裔教授选择离开意大利流亡海外。

（四）二战后的意大利高等教育

二战结束后，意大利通过全民公投成立共和国。1947 年，意大利议会通过新的《意大利共和国宪法》，宪法第 33 条保障了教学和科研的自由。

进入 20 世纪 60 年代，随着意大利经济的高速发展，学生开始要求得到更多的教育权利。1967 年夏，米兰圣心天主教大学宣布将上涨新学期学费，愤怒的学生占领了学校。当年，意大利各中学、大学学生开始冲击意大利各教育机构，要求改革大学陈旧的管理制度、享受平等的入学机会以及降低学费。1969 年，在学生运动的压力之下，意大利政府通过了《第 910 号法令》，废除了意大利大学的入学限制，规定学生只要持有高中毕业文凭，均可进入全国任何大学的任何专业学习。

80 年代，意大利大学引入了几项改革。首先，在之前已经存在的系

（Facoltà）之上创建了新的部（Dipartimento）一级教学单位。1989 年意大利通过《第 9 号法案》，即《大学自治和科研自主法案》，规定了各院校的组织、教学、财政自主权。该法案规定了大学的独立法人地位，大学享有行政管理、教学科研和财政上的自主权。可以在国家法律允许范围内，制定自己的规章制度和发展计划。大学作为科研工作的基础部门，可以根据自己的条件和目标选择科研项目，筹集科研经费，有偿转让科研成果，教师和科研人员享有科研自由，他们可以根据自己的科研目标，接受指定的科研经费，参加国家科研计划，也可自由接受国营、私营企业和国际机构提供的科研资助和基金。① 这一改革减轻了国家的财政压力，激活了大学的科研潜力，为产学研相结合开拓了新空间。1990 年，意大利引入欧洲的"中间教育体系"，出台了《中间教育改革法》，鼓励高等院校根据社会的实际需求开设专业教育和培训，让高等教育更加层次化、立体化。

90 年代，新成立的欧盟在社会的各个方面推进欧洲一体化进程，意大利的高等教育领域开始和欧洲接轨。1999 年，欧洲 29 个国家的教育部部长齐聚意大利博洛尼亚，商讨欧洲高等教育一体化问题，会后各方共同签署了《欧洲教育部部长关于高等教育领域的联合宣言》，即《博洛尼亚宣言》，规定了各国需要在高等教育的各个方面推进欧洲一体化。从此，意大利开始引入一系列学制、学分和考试制度的改革。首先，意大利引入了"3 + 2"的学制，即三年的本科阶段以及两年的硕士阶段；其次，为了促进欧洲各国高校之间人员的交流以及学历的认证，意大利引入了大学学分制度（crediti facoltativi universitari，CFU），规定 1 个学分相当于 25 个小时的学习时间，本科阶段学生一般需要取得 180 个学分才能取得学位，硕士阶段学生则需要取得 120 个学分；再次，各个院校的各个专业可以根据自身的情况来设立某种形式的入学考试来对学生进行选拔。这些改革拉近了意大利高等教育与欧洲其他国家乃至全世界高等教育的距离，为日后在欧盟内部参与更多的教育事务铺平了道路，加速了欧洲高等教育一体化的进程。

另外，1999 年 11 月 3 日通过的《意大利大学科研和科技部第 509 号法案》规定，在能够完成教学任务和教学目标的前提下，各个院校可以根据当地的实际需求设立专业，全国共设有 42 个本科专业，104 个硕士专业，

---

① 韩永进、王霆钧：《意大利高等教育与科研》，《清华大学教育研究》1997 年第 4 期。

每个专业都有统一的教学目标，每个院校相同专业的毕业生的毕业文凭具有相同的法律效力，其中一些医学专业的毕业生还需要通过统一的国家考试。

进入 21 世纪以来，尤其是在 2008 年金融危机之后，意大利经济陷入了停滞，财政的困难也影响了意大利对高等教育的投入。2010 年，意大利对大学及科研的投入较上一年减少了 2.7%。意大利的两任教育部部长莫拉蒂和杰尔米尼主导了一系列的改革，《2008 年 8 月 6 日第 133 号法案》规定，大学可以变更为私立基金会所有的非营利组织，基金会可接管大学所有的动产和不动产，使得大学私有化成为可能。另外大学也获得了更多制定学费标准的自主权，无论公立大学还是私立大学在法案颁布后都不同程度地上涨了学费。①

二　意大利高等教育概况

（一）意大利大学概况

意大利大学体系内，只有经过意大利教育、大学和科研部（Ministero dell'istruzione, dell'università e della ricerca，MIUR）认可的大学才能发放具有法律效力的大学文凭。按照大学所有权情况划分，意大利的高等教育机构分为公立和私立，截止到 2019 年，共有 67 所公立大学、29 所私立大学以及 11 所私立电大。另外，意大利还有其他一些高等教育机构，如有 4 所艺术工业高等教育机构、3 所高等学校和 3 所博士高等教育机构。

按照大学在校学生人数划分，意大利的大学分为超大型大学（在校学生超过 4 万人）、大型大学（在校学生 2 万至 4 万人）、中型大学（在校学生 1 万至 2 万人）和小型大学（在校学生少于 1 万人）（见表 6 – 2）。

表 6 – 2　2017/2018 学年在校学生人数前 20 名的意大利大学

排名	大学	所在城市	所在大区	在校学生人数（人）
1	罗马智慧大学	罗马	拉齐奥	100632

① Parlamento Italiano, *Legge 6 agosto 2008*, *n. 133*（意大利议会《2008 年 8 月 6 日第 133 号法令》）。

排名	大学	所在城市	所在大区	在校学生人数（人）
2	博洛尼亚大学	博洛尼亚	艾米莉亚—罗马涅	81183
3	那不勒斯费德里科二世大学	那不勒斯	坎帕尼亚	76384
4	都灵大学	都灵	皮埃蒙特	72468
5	米兰大学	米兰	伦巴第	61627
6	帕多瓦大学	帕多瓦	威尼托	59337
7	佛罗伦萨大学	佛罗伦萨	托斯卡纳	52569
8	米兰理工大学	米兰	伦巴第	45544
9	比萨大学	比萨	托斯卡纳	45434
10	巴里大学	巴里	普利亚	43465
11	卡塔尼亚大学	卡塔尼亚	西西里	41989
12	巴勒莫大学	巴勒莫	西西里	40073
13	圣心天主教大学	米兰	伦巴第	39510
14	萨勒诺大学	萨勒诺	坎帕尼亚	35790
15	米兰比可卡大学	米兰	伦巴第	33752
16	都灵理工大学	都灵	皮埃蒙特	33115
17	罗马第三大学	罗马	拉齐奥	32499
18	热那亚大学	热那亚	利古里亚	32382
19	"天马"电报大学	那不勒斯	坎帕尼亚	29962
20	罗马第二大学	罗马	拉齐奥	29485

资料来源：Agenzia nazionale di valutazione del sistema universitario e della ricerca, *Rapporto Biennale ANVUR 2018*（意大利全国大学与科研系统评估委员会：《2018 年全国大学和科研系统评估委员会双年报告》）。

按照英国 Quacquarelli Symonds 发布的 2017 年全球大学排名（QS World University Rankings），意大利共有 8 所大学进入全球前 400 名，另有 12 所大学进入全球 401 名至 750 名（见表 6-3）。

表 6-3 2017 年 QS 全球大学排名前 400 名中的意大利大学

全球排名	大学
170	米兰理工大学
188	博洛尼亚大学
192	比萨高级师范学院

续表

全球排名	大学
192	圣安娜高级学院
215	罗马智慧大学
296	帕多瓦大学
307	都灵理工大学
325	米兰大学

资料来源：Qs，"QS World Unisversity Rankings，" https://www.qs.com/faq-items/qs-world-university-rankings-2018/，最后访问日期：2020年1月13日。

按照同济大学2017年发布的世界大学学术排名（Academic Ranking of World Universities），共有10所意大利大学进入了全球前400名（见表6-4）。

表6-4 2017年世界大学学术排名前400名中的意大利大学

全球排名	大学
151-200	罗马智慧大学
151-200	帕多瓦大学
201-300	米兰理工大学
201-300	博洛尼亚大学
201-300	米兰大学
201-300	比萨大学
201-300	都灵大学
301-400	佛罗伦萨大学
301-400	米兰比可卡大学
301-400	那不勒斯费德里科二世大学

资料来源：Shanghairanking，2018，http://www.shanghairanking.com/arwu2017.html，最后访问日期：2020年1月13日。

（二）意大利高等教育体系的管理部门和其他机构

1. 意大利高等教育体系的管理部门

①意大利教育、大学和科研部

意大利负责管理高等教育的管理部门是意大利教育、大学和科研部，其前身是意大利公共教育部与意大利大学和科研部，2001年，贝卢斯科尼政府期间，两个部门合并为今天的教育、大学和科研部，部门负责全国学校的教育活动，对根据《意大利共和国宪法》第33条拥有极大自主权的意大利大学进行监管，并统筹国家通过这些大学进行的研究活动；负责制定教育政策，并引导各地方教育部门以及各教育机构落实政策。

意大利教育、大学和科研部有三个下属部门，分别是：

1）教育和培训体系处，下设三个办公室，分别负责全国学校学制、全国教育系统的评估，教职工人员的管理和学生、外国学生融入和国际参与；

2）高等教育和科研处，下设三个办公室，分别负责高等教育的规划、协调和财政，科研的协调、促进和价值转化，高等教育的学生、发展和国际化；

3）人力资源、财政和设施规划和管理处，下设三个办公室，分别负责人力资源和财政管理，合同、采购、信息系统和统计，学校建筑、教育结构经费管理和数字化创新。

②其他管理部门

除了意大利教育、大学和科研部之外，意大利还有一些负责大学系统发展、比较、评估和组织的部门，其中比较重要的是全国大学和科研系统评估委员会（Agenzia nazionale di valutazione del sistema universitario e della ricerca，ANVUR）、全国大学理事会（Consiglio Universitario Nazionale，CUN）、意大利大学校长委员会（Conferenza dei Rettori delle Università italiane，CRUI）、全国大学生理事会（Consiglio nazionale degli studenti universitari，CNSU）、大学行政负责人会议（Convegno dei Direttore generali delle amministrazioni universitarie，CODAU）。[①]

全国大学和科研系统评估委员会根据教育、大学和科研部给出的方针对全国大学和科研体系进行评估。全国大学和科研系统评估委员会负责制定具体的评估标准和评估参数，并对每个学校及其下属专业进行打分评估，

---

① MIUR，Organi del sistema universitario，https://www.miur.gov.it/web/guest/organi-del-sistema，accessed January 13，2020.

在评估中秉持独立、公平、专业和透明的原则，并接受教育、大学和科研部的监督。全国大学和科研系统评估委员会设有主席一职，选举主席人选的管理委员会由教育、大学和科研部提名，由意大利共和国总统在听取相关议会委员会意见之后任命。全国大学和科研系统评估委员会每两年发布一次评估报告，截至 2021 年，最近一次发布的是《2018 年全国大学和科研系统评估委员会双年报告》。

全国大学理事会是教育、大学和科研部的提案和建议部门，由选举产生的 14 个学科的 42 名教师、大学行政和技术部门的 3 名代表以及 13 名代表大学其他各功能部门的代表组成。该理事会的代表分别负责对教育、大学和科研部有关大学体系以及资源分配的政策给出相关的意见和建议。另外，该理事会还针对任何与大学体系相关的话题提出建议、采纳动议、开展研究和调查活动。

意大利大学校长委员会是全国公立和非公立大学校长的协会机构。该机构在发展过程中愈加成为重要的大学体系代表机构。除了在各大学间协调并推广各种有效措施之外，该委员会还对教育、大学和科研部有关大学体系以及资源分配的政策表达相关看法。

全国大学生理事会是教育、大学和科研部有关学生议题的建议部门，同时也是全国大学注册本科生、硕士研究生、博士研究生的代表机构。该机构的 28 名成员由学生在全国注册本科生、硕士研究生、博士研究生中选出，该机构每两年发布一次学生状况报告，对教育、大学和科研部有关大学体系以及资源分配的政策表达相关看法。

大学行政负责人会议是全国大学行政部门负责人的机构，负责协调大学行政工作、分享有效措施，并在大学行政部门的支持下执行现行法律规定。大学行政负责人会议已经愈加成为其他大学管理机构在大学行政工作上的参照系和联系机构。

2. 其他机构

除了上述机构之外，还有一些意大利教育、大学和科研部认可的机构，它们负责文凭发放、大学教学和科研服务工作的合作和支持。它们要么是法律规定已经成立的机构，要么是在教育、大学和科研部认可的各个机构的协同和合作过程中成立的机构，其中最主要的是大学间联合体（Consorzio Interuniversitario）和大学联盟（AlmaLaurea）。

大学间联合体成立于 1969 年，是教育、大学和科研部最重要的联合体参考机构，由教育、大学和科研部亲自参加，成员还包括 70 所公立大学和 8 个公共研究机构。该机构在教育、大学和科研部提供服务的组织方面发挥着重要作用，并对教育部、大学和科研部有关大学和科研的数据库进行管理，为国家评估程序提供参考。

大学联盟成立于 1994 年，其负责对每年全国的大学毕业生情况以及就业情况进行普查，该机构成员包括了 74 所大学，其调查对象涵盖了意大利每年 90% 以上的大学毕业生。

（三）意大利大学的学制

1. "3 +2" 大学学制

在经过了 21 世纪初的改革之后，意大利形成了所谓的 "3 +2" 大学学制，即三年大学第一阶段（Laurea Triennale），相当于我国的本科阶段，以及二年的第二阶段（Laurea Specialistica），相当于我国的硕士研究生。2008 年，意大利进行了进一步改革，将原有的第二阶段改名为 Laurea Magistrale。

在经过了 1969 年改革之后，意大利大学采取了自由注册的入学方式，只要持有高中毕业证书（Diploma di Maturità），就可以注册进入任何一所大学的任意一个非规定人数第一阶段专业（Corso di laurea a numero non pro-grammato）学习，只要持有大学第一阶段的毕业证书，就可以进入任何一所大学的与第一阶段专业相关的非规定人数第二阶段专业（Corso di laurea magistrale a numero non programmato）学习。另外，意大利 1999 年 8 月 2 日第 264 号法令规定了 "规划入学制度"（Accesso programmato），对于教育、大学和科研部需要在全国统筹入学人数的个别专业以及各地方需要统筹入学人数的个别专业，各个学校可以设置注册人数限制，并且举行相应的入学考试来选拔合格的学生。实行规划入学制度的专业主要包括：医学、兽医学、建筑学。另外，一些非公立大学，比如博可尼商科大学也会设置相应的入学考试，这些大学入学竞争的激烈程度不亚于实行规划入学制度的专业。

意大利大学的第一阶段学制为三年，这一阶段主要让学生在相关学科领域做好基础的理论准备。学生需要修满 180 个学分（Crediti Formativi Uni-versitari, CFU）方可毕业，其中大约 15 个学分为毕业考试，一般学校规定毕业考试的形式为毕业论文。修完第一阶段后，学生可以掌握相应的学科内容和方法。

意大利大学的第二阶段学制为两年，学生在这一阶段就相关学科进行更深层次的学习，并提高自身相关领域的职业技能。在这一阶段学生需要修满 120 个学分，其中大约 30 个学分为毕业考试，一般形式是毕业论文。

意大利大学的第一、二两阶段内，学生可以在学校规定的选课目录中自由选择所修课程，并自由选择每门课程的修读年份和考试时间。学生在入学后需要立即选择大学期间修读的所有课程，每年有一次修改个人课表的机会。意大利大学每个学年一般有 3 ~ 4 次考试期，一般在 1 ~ 2 月、6 ~ 7 月和 9 ~ 10 月，每一次考试期内该学期内授课的每门课程都会提供至少两次考试机会，学生可以自行选择注册参加哪一次考试。意大利大学没有重修的设置，学生如果没有通过考试的话，可以在之后的考试期和考试机会中继续选择考试。在经过改革之后，意大利考试与欧洲进行了接轨，满分为 30 分，18 分及格，对于极为优秀的学生，老师还可以给出 30 + 表扬（lode）的分数。意大利毕业成绩满分为 110，对于课程成绩以及毕业论文都十分优秀的学生，毕业委员会也可以给出 110 + 表扬的分数。

2. 博士学制（Dottorato di Ricerca）

意大利的博士学制诞生于 1980 年，如今构成了意大利大学教育的第三阶段，也是最高阶段。每一个博士课程都有一个导师团和一位协调员，意大利的博士课程一般设在专门的"博士学院"下面。

意大利的博士课程面向全世界招生，由每个大学发布招生简章，至少一半的博士课程名额享受大学内部或外部的奖学金或补贴，申请标准也由每个大学根据课程的具体情况进行规定。意大利的博士学制一般为三年，博士的学习活动分为课程和论文写作两个部分，博士研究生首先根据自身拟定的研究计划参加相关领域课程的学习，每个学年结束前还需要向导师团汇报个人研究的进展情况，获得导师团认可之后才能继续下一学年的学习。博士研究生需要提交一份原创研究的博士论文，并在一个博士论文答辩委员会内进行答辩。

3. 深造课程（Master）

除了三阶段的学位教育之外，意大利还引入了两阶段的深造课程（Master di I e II livello），分别设置在大学第一阶段和大学第二阶段之后。和学位教育相比，深造课程学习的内容更加专业化，更加贴近职业需求。第一阶段的深造课程相当于欧盟资格体系的第七级，与硕士研究生同级，但是和硕士研究生不同的是，第一阶段深造课程的毕业生没有被博士课程录取的资格。第二阶段的深造课程相当于欧盟资格体系的第八级，与博士课程同级。

4. 艺术、音乐和舞蹈高等教育（Alta formazione artistica, musicale e coreutica, AFAM）

意大利的艺术类院校并没有和普通大学列入同一序列，而是在 1999 年由教育、大学和科研部单独划为一个院校门类，也就是艺术、音乐和舞蹈高等教育。这个门类之下的院校包括：各美术学院（le accademie di belle arti）、国家舞蹈学院（Accademia nazionale di danza）、国家戏剧艺术学院（Accademia nazionale d'arte drammatica）、国际戏剧学院（Accademia internazionale di teatro）、艺术工业高等机构（istituti superiori per le industrie artistiche）、各音乐学院（conservatori di musica）、音乐研究高等机构（istituti superiori di studi musicali）。

作为世界上知名的艺术之国，意大利的艺术类教育在国际上处于领先水平，佛罗伦萨美术学院（Accademia di belle arti di Firenze）、米兰布雷拉美术学院（Accademia di belle arti di Brera）、威尔第音乐学院（Istituto superiore di studi musicali Giuseppe Verdi）都是国际知名的艺术类院校。意大利的艺术类高等教育同样吸引了大批中国学生的关注，意大利教育中心的数据显示，2017 年意大利美术学院中中国留学生占到了外国留学生人数的3/4，音乐学院中的中国留学生也占到了留学生总人数的一半。[①]

（四）意大利大学的组织机构

意大利大学的组织机构中主要行政职务和部门包括了校长、学术委员会、行政委员会、学院主席、审计委员会、评估委员会和总监。[②]

1. 校长

校长由大学的全体全职教授（包括目前在意大利其他大学任教的教授）

---

① 《中国赴意大利留学人数持续增长》，人民网，http://world. people. com. cn/n1/2018/0717/c1002 - 30150886. html，最后访问日期：2020 年 1 月 13 日。

② Agenzia nazionale di valutazione del sistema universitario e della ricerca, *Rapporto Biennale* 2018.

通过不记名投票的方式选举产生。校长由意大利教育、大学和科研部发布命令进行任命，任期六年，不得连任。校长是大学的法人代表，负责召集学术委员会，负责学术委员会以及行政委员会相关决议的执行以及签署教学、科研和文化领域的合作协议和合同。

2. 学术委员会

学术委员会是一个对大学科研活动进行规划、领导和管理的机构。它负责大学的整体运营，承担大学相关的法律法规、学院规章规定的职责，并协调配合本规章规定的行政委员会、班级委员会以及其他机构的相关职责。学术委员会负责拟定大学的发展战略计划书，在教学和科研领域起到总体指导的作用。

3. 行政委员会

行政委员会是对大学的行政管理、财务、经济和财务问题进行规划、指导和管理的机构。行政委员会负责批准大学规划书，并负责审核教师的相关建议在财政上的可操作性；负责跟踪总体发展规划和实施计划的实施情况，并对取得的成果进行评估；在听取评估委员会、审计委员会以及其他管理机构的意见的基础上，对大学的财务状况进行跟踪管理；就大学管理和教学科研活动的经济和管理问题发表意见，并向学术委员会、专业委员会和系所就相关问题提出建议。

4. 学院主席

学院主席需要由校长提议、学术委员会来任命产生，担任学院主席的人选需要拥有在科学和文化领域较高的能力和资历，并且在意大利国内外的知名公立和私立机构中担任过高级职位。学院主席的职责包括：在和校长商定的指定日期召开并主持行政委员会会议；在校长的同意下，与地方的、全国的以及国际的各种机构以及政府部门开展合作，促进和支持学院的进一步发展；履行其他学术委员会和学院规章授予他的职责；担任行政委员会下属遴选委员会的主席职务。

5. 审计委员会

审计委员会负责定期对学院的管理和财务状况进行审计；委员会由三名正式成员和两名候补成员组成，他们均不得在学院内担任其他职务。主席一职由三人共同担任，其中一名正式成员必须是国家行政、审计和法律工作人员，另外两名正式成员必须是注册会计师。一名正式成员和一名候补成员由意大利财政部任命，一名正式成员和一名候补成员由意大利财政部在财政部领导和员工中间遴选产生。成员提名以校长令的形式发出。委员会任期一般为三年，并可以且只可以连任一次。

6. 评估委员会

评估委员会的职责是对教学科研活动的质量和效率进行分析和评估，对相关机构和人员进行评估，评估公共资源是否得到了合理利用，以及行政工作开展的效果及其公平性。另外评估委员会还跟意大利全国大学和科研系统评估委员会合作，负责评估学院内部各机构和人员，以促进和优化各机构和人员的表现。评估委员会的成员由校长在听取学术委员会和学院主席的意见之后，按照相关法律规定进行提名。委员会一般任期五年。

7. 总监

总监负责学院一般行政和技术工作的组织和运营。总监是总监办公室的领导，并负责其相关的活动。总监负责管理和组织学院的行政和技术服务以及行政技术工具设备和人员，在校长、学术委员会和行政委员会的领导下，负责引导、协调和领导学院的整体行政服务工作，协助校长实施各部门的决议。

此外，意大利大学内的其他行政管理机构还包括：①权益保障委员会，负责起草各种行动计划以促进男女员工以及男女学生的机会均等。它负责和所有正式员工、合同制员工以及学生组织共同解决各种层面的机会均等问题。它由教师和研究人员代表、行政和技术人员代表，以及学生代表共同组成。②师生沟通委员会，负责对教师及研究员为学生进行的教学计划、教学质量以及向学生提供的协助活动进行跟踪监督；他们就专业的设立和废除发表自己的意见。③学生大会，负责每年向总监和评估委员会提交一份有关学院组织和服务质量的报告。①

三 意大利高等教育改革

在历史上，意大利高等教育经历了数次改革。1923 年，在墨索里尼政府教育部部长詹蒂莱的主导下，意大利政府出台了一系列改革措施，规定

---

① Agenzia nazionale di valutazione del sistema universitario e della ricerca, *Rapporto Biennale 2016.*

只有文科高中（Liceo classico）的毕业生才能有资格接受高等教育。1969 年 12 月 11 日，意大利议会通过了《第 910 号法令》，废除了詹蒂莱改革中对于大学入学资格的规定，并且确认除了少数专业之外，学生享有自由入学就读意大利大学各个专业的权利。1989 年意大利通过的《第 9 号法案》，规定了各院校的组织、教学、财政自主权。1997 年 5 月 15 日通过的《第 127 号法令》，引入了"3 + 2"的学制，即三年的本科阶段以及二年的硕士阶段；该法令规定在能够完成教学任务和教学目标的前提下，各个院校可以根据当地的实际需求设立专业。针对意大利高等教育体系的最近一次重要改革发生在 2008 ~ 2010 年，这次改革是在时任教育部部长杰尔米尼的推动下进行的，所以又被称为"杰尔米尼改革"。

（一）杰尔米尼改革的背景和立法过程

2008 年 4 月 14 日，由自由人民党和北方联盟等政党组成的中右联盟以 47% 的得票率在大选中获胜，赢得了参众两院的控制权，自由人民党领导人贝卢斯科尼第四次出任意大利政府总理。

在贝卢斯科尼从 20 世纪 90 年代到 21 世纪的前三次任期内，由于需要履行竞选时不切实际的减税承诺，意大利政府赤字和国债大幅增加，让本来就陷于停滞的意大利经济雪上加霜。第四次任期伊始，贝卢斯科尼政府开始着手削减政府赤字，这一次削减开支的大棒瞄准的是教育领域，而教育从业人员正是贝卢斯科尼最大的政治对手中左翼的意大利民主党的大票仓。经过这次改革之后，意大利政府对于教育领域的投资减少，而且至今未能恢复。[①]

杰尔米尼改革持续了两年时间，其间通过了一系列针对中小学、高等教育、职业技术教育的法案和法令，其中主要包括：

《2008 年 8 月 6 日第 133 号法案》，主要针对公共财政，部分涉及中小学校和大学领域；

《2008 年 9 月 1 日第 137 号法案》和《2008 年 10 月 30 日第 169 号

---

① Lucia R. Capuana, "Trent'anni di riforme neoliberiste contro la scuola pubblica," MIUR, Capuana, 2020.

法案》，主要涉及中小学组织结构改革；

《2008 年 11 月 10 日第 180 号法案：针对学习权利、大学和科研质量评估体系的紧急规定》；

《2010 年 12 月 30 日第 240 号法案：关于大学及其人员组织和人员招聘的规定暨促进大学体系提质增效的政府委任书》；

《2010 年 9 月 22 日第七号部委法令》，规定了意大利大学开设新专业的要求。

（二）杰尔米尼改革的主要内容

杰尔米尼改革涉及高等院校改革的部分，主要涉及财务制度、行政体系、院校及学科整合、教职人员招聘、机构精简、人力资源管理与科研基金申请等方面。

1. 财务制度

1）改革法案确立了高校自主性要与高校财政、科研及教学责任挂钩的原则，高校在拥有自主性的同时也需要为其行为负责，高校管理水平的高低将与财政拨款挂钩，实行按质量拨款，结束大锅饭式的资金分配方式。

2）在高校财务制度方面，意大利教育、大学和科研部与意大利财政部共同出台了全国统一的财务制度，高校财务进一步透明化，财务报表中还将对高校资产、负债以及贷款有更明确的反映。为高校每年用于教职工固定年限合同的支出设立最高数额限制。

3）在财政拨款的发放上，改革后教育、大学和科研部根据高校的教学及科研情况进行分配，教育、大学和科研部还对高校开设专业及分校进行核查，避免非必要专业及校区设置带来的财政浪费。①

2. 行政体系

1）改革校长任期制度，改革前意大利高校有权自行决定该校校长的任期长短，改革后意大利每一任校长的最长任期为六年（包括改革前已履行

---

① Parlamento Italiano, *Legge 6 agosto 2008, n. 133*（意大利议会《2008 年 8 月 6 日第 133 号法令》）。

的任期年数），且不能连任。

2）改变改革前高校学术委员会和行政委员会责任不明和重叠的情况，改革后学术委员会将只负责学术及科研等方面，行政管理及招聘方面的工作完全交由行政委员会负责。

3）新设置高校主管（direttore generale）一职，取代此前的行政主管（direttore amministrativo），改革前的行政主管仅仅是一个行政层面的执行者，新的高校主管将负有更大的责任，需要对其行政决定负责。

4）改革前意大利高校内部的评估机构主要由高校内部人员组成，改革增加了评估机构中外校人员所占的比例。学生将对教师进行评估，且评估结果将影响到拨款。

3. 院校及学科整合

1）改变改革前意大利大学不能相互合并的情况，改革后，地理位置相近的大学，尤其是位于同一行政区划内的大学，如果其教学学科有重叠的部分，可以进行合并，达到降低成本以及提高教学质量的目的。

2）削减学科数量。在改革前意大利高校共有超过 370 个学科，很多高校教师被限制在自己所属的小型学科内部，造成学科间交流的缺乏以及学科内部权力的固化，不利于高校的长远发展。改革后意大利的学科数降至改革前的一半，每个学科的全国正教授总人数不得低于 50 名。

3）减少高校内部系部数量，每个高校最多能设置 12 个系部，减少不适应就业市场需求的系部专业。①

4. 教职人员招聘

1）根据择优录取和透明的原则进行高校工作人员的招聘，历史上第一次禁止和本校员工有第四代亲属关系的人员参与高校工作岗位的竞聘。另外，首次出台专门的道德规范，防止利用亲属关系在招聘过程中的舞弊行为。对于在雇佣人员和资源管理过程中出现不透明现象的高校，财政拨款将被削减。

2）在人员招聘方面，成立一个国家层面的预评估组织，只有通过预评估的人员才可以应聘高校教职，预评估委员会的组成人员不仅限于意大利

---

① Parlamento Italiano, *Legge 22 setembre 2010*, *n. 7*（意大利议会《2010 年 9 月 22 日第 7 号法令》）。

籍，对每年通过预评估的人员不设人数限制，评价标准在听取了全国大学和科研系统评估委员会和全国大学理事会的意见基础上由意大利教育、大学和科研部制定。预评估结果有效期为四年，适用范围为第一级和第二级教授。

3）严格区分招聘和内部晋升，杜绝专门为了晋升内部人员而进行的假招聘，通过了预评估的高校教职工可以在择优录取的原则下公开透明地得到晋升。

4）将每年的副教授（professore associato）和正教授（professore ordinario）职称晋升名额中的相当一大部分放入公开招聘计划，促进高校间的人才交流。简化外籍人员应聘意大利高校职位的程序。

5）引入长聘制度（tenure-track），将研究员合同分为两类：第一类合同为期三年，面向此前从未获得高校研究员合同及享受博士后奖学金的人员；第二类合同为期三年，适用对象为已经签署过第一类合同的人员，已经签署过研究员合同（assegnista）或享受过博士后奖学金或者在外国高校签署过合同或享受过奖学金的人员。第一种合同可以为全职或兼职，全职合同和兼职合同的年服务时长为350个小时，而第二类合同只能为全职。研究员合同到期后，在高校财政资源充足的情况下，被认定合格的研究员将获得副教授无固定期限合同，而未获得高校无固定期限合同的研究员将获得相关经历证明以便其到其他高校教职应聘。每份个人和高校签署的固定期限研究员合同的最高年数为十二年。这一举措主要为了杜绝终身研究员的出现，保护研究员工作权利，推广择优录取原则的执行。另外，新的聘任制还将获得高校教职的最低年龄从36岁降低到了30岁。

6）规定高校只有在拥有相应的财政资源时才能招聘合同研究员，且需要通过公共招聘的方式。只有持有相应研究领域学科文凭的人员才能获聘成为研究员。聘任单位可以自行为在国外或意大利毕业的博士研究生保留一定的份额。可以将拥有博士研究生学位作为应聘合同研究员职位的必要条件。研究员合同为期一至三年，可以续约，但奖学金资格不可重复获得。获得合同的研究员可以在获得聘任单位同意的前提下，自行选择开展科研活动的高校。不过，任何高校都不能与个人签署累计超过四年的研究员合同。

7）为了提高教学质量，高校有权与外部专家人员（包括税前年收入不低于 4 万欧元的退休人员及自由职业者）签署有偿或无偿合同。其中无偿合同签署人数不能在单一学年内超过在职教授及研究员总人数的 5%。另外，为了推进国际化进程，高校还可以与有国际声誉的外籍专家签署教学合同。

8）此前有过三年以上教学经验的研究员以及已毕业技术人员（tecnici laureati），可以在征得相关课程固定教授同意的前提下代其进行单独教学、联合教学及学生辅导工作，在其替代教授进行的上述工作的学期里，相关人员可以获得临时教授（professore aggregato）的头衔，但经济待遇仍按照其原身份执行。[①]

5. 人力资源管理与科研基金申请

1）在教授出勤方面，为了解决此前较为普遍的教授脱离一线教学的现象，这次改革第一次规定了教授每年教学、科研及管理活动的最低时长为 1500 个小时，其中教学及学生服务活动的时间至少为 350 个小时，固定期限合同教授则需要有至少 250 个小时用于教学及学生服务。

2）推动高校内部的人员流动，建设更加现代化且有活力的高校教师体系，高校教职工可以以停薪留职的形式在意大利国内外的其他高校及企事业单位工作长达五年时间。

3）正教授和副教授教职数量根据预算情况每三年确定一次。正副教授教职由各个高校通过公开招聘产生，经过预评估且与该高校教授、校长、行政委员会成员无四代以内亲属关系的人员可以参加应聘。

4）教授及研究员不得从事高校外的工商业活动，但可以创办高校创业企业。全职教职工不得从事自由职业性质的工作，非全职教职工则不受限制，前提是所从事工作不得与高校有利益冲突。全职教职工可以从事各种临时性的有偿和无偿课程、讲座、公关、编辑和咨询活动。在获得校长批准以及所从事工作和高校无利益冲突的前提下，全职教职工可以在外部公立或私立非营利组织任职。全职教职工可以在与本校有合作协议的高校内从事教学及科研活动。[②]

---

① Parlamento Italiano, *Legge 30 dicembre 2010*, *n. 240*（意大利议会《2010 年 12 月 30 日第 240 号法令》）。

② Parlamento Italiano, *Legge 30 dicembre 2010*, *n. 240*（意大利议会《2010 年 12 月 30 日第 240 号法令》）。

5）教授及研究员的提薪申请周期从两年变为三年，教授及研究员需要每三年提交一份带述职报告的提薪申请，如果高校未批准提薪申请，将保留提薪资格一年，第二年可以重新申请，如果提薪申请仍未通过，计划中用于提薪的资金将被注入基金池，用于奖励其他教职工。

6）成立新的全国科研评估委员会，负责出台科研成绩评估的通用标准，其代替了此前的科研资金申请评估委员会及国家重大科研项目筛选委员会。出台新的科研基金申请评估办法，试验期为期三年。评估委员会中需要有至少 1/3 在海外工作的专家；在评估 40 周岁以下申请人提出的申请时，评估委员会中 40 周岁以下的专家需要达到委员总人数的半数以上。[1]

四 意大利的产学研结合

作为国家科学创新的重要组成部分，意大利历来重视高校科研成果的转化以及校企之间的合作，在意大利全国大学和科研系统评估委员会的双年报告中，高校的产学研结合情况被纳入"第三任务"篇章中。第三任务指的是高校教学（知识传递）和科研（知识创造）之外的任务（知识转化），包括高校所有产生了社会效益的活动，如开办企业、服务社会经济、举办有社会传播影响力的活动等。据统计，意大利高校每年新开办企业数量在 2004 ~ 2014 年间一直呈上升趋势，其中在 2010 年至 2014 年间，意大利高校开办企业的年平均总产值达到了 7588 万欧元。[2]

意大利教育、大学和科研部《2011 年 8 月 10 日第 168 号法令》[3] 中首次规定，高校教授及研究员可以成立全新形式的下属公司（spin-off）或初创公司（start-up），用于高校科研成果的转化。此类下属公司或初创公司为私人产权性质，需在高校行政委员会授权以及学术委员会同意的情况下，由高校或高校教职工开办或者预留高校控股或高校教职工参股的渠道。除了直接投入资金参股之外，高校教职工还可以利用本身相关领域的专业知

---

[1] MIUR, *Legge 10 novembre 2008, n. 180*（意大利教育、大学和科研部《2008 年 11 月 10 日第 180 号法令》）。

[2] Agenzia nazionale di valutazione del sistema universitario e della ricerca, *Rapporto Biennale 2018.*

[3] MIUR, *Legge 10 agosto 2011, n. 168*（意大利教育、大学和科研部《2011 年 8 月 10 日第 168 号法令》）。

识和技能参股，高校本身则可以通过其设施设备的使用权入股。

意大利对于高校人员在下属公司或初创公司的活动做了严格的规定。首先，高校行政委员会成员、教授、研究员、学术委员会成员和系部领导不能在下属公司或初创公司担任领导或行政职务，只有非下属公司或初创公司股东和创始人的系部领导可以被高校委派担任公司董事会成员。其次，对于相关人员在高校内担任特殊职务，如果其在下属公司或初创公司担任职务会影响到其本职工作的独立性或产生利益冲突的情况，高校可做出补充规定，限制其参与下属公司或初创公司内的活动。最后，相关高校人员在下属公司或初创公司开展的活动不能与其所在高校的正常运营产生冲突，当有此类情况发生时，公司内的教授及研究员需立刻通知高校，同时停止在公司内的活动。

另外，意大利还在利益冲突方面做出了详细的规定。首先，严格禁止教授及研究员参与的下属公司或初创公司与所属高校产生竞争关系，当有此类情况已经发生或可能发生时，公司内的教授及研究员需立刻通知高校，同时停止在公司内的活动。其次，全职教授及研究员需要将其所有参与下属公司或初创公司的情况以及在公司内取得的报酬、分红、福利等情况报告给所属高校。最后，教授和研究员与高校的工作关系不能以任何直接或间接的形式使其在下属公司或初创公司获得额外优待，损害其他股东的利益。高校还会定期对以上各点的执行情况进行检查。

申请专利同样也是意大利高校产学研结合的一个重要途径，据统计，在 2010 年至 2014 年间，意大利高校申请专利主要集中在 IT（41%）领域，化工（18%）、医药（12%）和生物技术（12%）等领域紧随其后，在此期间，意大利高校通过专利取得的收入达到了 215 万欧元，平均每个专利的收入为 6700 欧元。

第七章　匈牙利教育发展报告

一　匈牙利教育发展简史

与其他土著民族一样，匈牙利教育的先驱者也是萨满教徒，教育模式很早就已经萌芽，具体表现为小范围内教授基本的医药知识、占卜、武器制作及语言课。虽然没有后来教育系统中的文凭证明，但人们从中所学的知识都由生活本身来检验了。

匈牙利人公元896年迁徙到喀尔巴阡山盆地，1000年圣伊什特万国王加冕。建国之后，教育也得到了一定的发展：国王将一些国外专业人才引进国内，参照西欧已有的教育制度完善本国制度。此时，教育受修道院的管辖，宗教与教育有着紧密的关系，受教育的程度直接决定了社会地位以及教会职位。在中世纪，主要由本笃会和多米尼克会神父教导贵族的后代。

拉约什一世国王（I. Lajos magyar király）于1367年在佩奇建立了第一所匈牙利大学，这标志着匈牙利高等教育的开端。14世纪中东欧地区各类教育机构的需求量都大大增加，各个地区相继成立大学。16~17世纪，匈牙利开始致力于将曾经的教会学校掌管权收归国有，建立新的小学及中学，基础教育规模逐渐扩大，以多层次教育的结构满足培养市民和新教贵族的需要。条件较好家庭的子女在小学毕业后会进入中学接受传统的带有宗教性质的教育。市民和贵族阶层都是社会的重要组成部分，当时他们都希望能够在毕业后得到教会法庭或皇家政治官员之类的符合他们身份的职业，因此单纯教授宗教相关知识的高校不再能够符合社会的要求，他们希望能创立新型的学习模式来弥补不足，例如在课程中增加一些专业性的学术知识，特别是高等教育中必要的学习内容，于是所谓的"文学院校"应运而生。

18 世纪哈布斯堡王朝时期，玛利亚·特雷齐奥（Mária Terézia）女王采取了一系列措施来巩固哈布斯堡帝国的统一，以提高集权的有效性。这些措施体现在政治、经济、工业、公共卫生和教育领域。女王十分重视教育的发展，一直秉持开明专制主义的政府原则，维也纳大学和索南费尔斯大学的教授都明确指出，规范公共教育，让公民变得"有用且服从"是一项政治任务，是统治者和国家的权利和义务。因此，在她的倡导下匈牙利的公共教育也受到统一管理，她提出，教育不是个别宗教问题，国家将继续通过教会管理教育，但前提是教会必须受到国家的集中管理和监督。从教会手中接管国家学校的第一步是从 1749 年起镇压耶稣会士，从此以后，皇家天主教学校对国家权力的依赖变得愈加明显。

1766 年初，玛利亚·特雷齐奥下令对匈牙利的学校进行全面普查。经过准备，改革从高等教育开始。1775 年，玛利亚·特雷齐奥任命匈牙利法院大臣约瑟夫·乌尔梅尼（Ürményi József）担任顾问和讲师，以发展匈牙利的独立学习系统。1777 年 6 月，乌尔梅尼提交了有关课程教案及教学法的著作，随后，它被以皇家法令的形式发布。同年 8 月 22 日，匈牙利制定了第一部全面而详细的国家公共教育法规，同时也是第一本大规模的教学出版物——《匈牙利及相关地区的教育教学秩序》（*Oktatás és oktatás rendje Magyarországon és az érintett régiókban*）。这是开明改革下统一的公共教育的起点，无疑给匈牙利的教育发展带来了巨大的转变。

新的教学体制在宗教领域体现了宽容的一面：即使遵循不同的宗教，学校组织也应平等地适用于所有公民，并在忽视宗派差异的情况下为共同的国家文化和利益服务。

在新的教育系统下，以母语匈牙利语教学的所谓"国家民族学校"的小学分布在农村、集镇、城市。中等教育主要在城市开展。五年制拉丁语教学的中学分为两个部分：三个低年级即所谓的语法学校，以及接着语法学习的两个高年级。高等教育也有两个层次：为期两年的皇家学院，其中哲学与法学相结合取代了神学课程，更高层次的则是大学（先是在布达，然后是在佩斯）。总的来说，小学（基础教育）四年，中学三年或五年，高等教育二年或五年，每学年从 11 月 1 日开始，到第二年 9 月 20 日结束，整个夏天都不停课，而秋天有六个星期的长假，除了周日和公共假期，周四也休息。课程从早上七点半持续到十点半，再从下午一点半持续到四点半，夏天则提早一个小时开始，推迟一个小时结束。拉丁语是公共生活、议会和法院、中高等教育机构的官方语言，一些大学（Sárospatak 和 Debrecen）甚至禁止在学校内使用匈牙利语。在开明专制主义的第二阶段，改革继续以更加坚定和更快的速度发展。1781 年 4 月，约瑟夫二世国王加强了《匈牙利及相关地区的教育教学秩序》法规的落实，同年 5 月，他颁布了《诺玛地区法》（皇家法令），将《匈牙利及相关地区的教育教学秩序》法规的效力扩展至特兰西瓦尼亚（现罗马尼亚西部地区）。1784 年 4 月 26日发布《语言法》，根据该法令，德语取代拉丁语成为匈牙利的官方语言。

由天主教和新教教会和世俗专家组成的文化委员会第四十三届会议对《匈牙利及相关地区的教育教学秩序》法规和对学校案例的建议进行了全面分析。在此基础上，他们制定了"国民教育一般原则体系"，其中一项重要原则是，应该为国内所有儿童免费提供统一的机构化教育，需要设立各种类型的学校，教学内容应该是能够为学生以后的职业打好基础的应用性强的知识。

19 世纪初由于经济和社会发展，资本化制造商需要越来越多的工人，父母都在工作的城市家庭数量有所增加，幼儿的照顾和抚养成为亟待解决的问题，于是幼儿园开始出现。当时的第一所幼儿园除了承担照顾孩子的工作，也负责教授孩子们各种有用的知识，包括教授读写能力以及宗教知识。起初，教学语言为德语。幼儿教育发展史上一个重要的转折点是 1836年建立的匈牙利幼儿研究所传播协会，这个全国性的社会组织旨在建设及发展国内幼儿园。1848 年匈牙利的幼儿园数量有 89 个。

二战结束后，教育民主化被提上了日程。此时，匈牙利教育发展的总体方针是：新的公共教育体系建立在平等原则的基础上，旨在消除社会阶层之间的差异；必须尊重个体自由，将国民素质的提高和公共意识的培养作为教育的主要任务；坚持接受高水平教育是每个公民都有的权利，也是每个公民应尽的义务。为响应此方针，以实现普通阶层儿童接受教育的愿望为宗旨的寄宿学校开始在全国范围内兴起。

除此之外，国家决定于 1945 年 8 月 18 日组建八年制小学，该新体系与当时现有的小学不同，前者保留了民间学校的特色，但不具备继续教育的资格，新体系在原有的四年制小学的基础上增加了四年，中学则减少为四年。同时，匈牙利政府决定为每个 6～14 岁的孩子提供符合国家标准的免费义务教育。1947 年，匈牙利已不再采用旧版的教学大纲与教科书。

1945 年 8 月 18 日，八年制小学成立，意味着教育民主化原则引领了学校高层。其实在匈牙利学校教育史上早已出现了这类小学的构想，1940 年的第 20 号法令下令建立八年制的民间学校，但战时的艰苦条件及经济危机对其实施造成了一定的障碍。战争结束后，1945 年夏天在伦敦成立了一个 24 个国家共同参与的新国际组织：联合国教科文组织。成员国承诺"为每个人提供充分和平等的教育机会，让每个人能够自由参与科研，交流思想和知识"。匈牙利自 1948 年以来一直是该组织的成员国。教科文组织的专家（包括后来的匈牙利专家）在第三世界为消除文盲和改善落后的前殖民地国家的学校教育做出了巨大努力。同时，战争结束后，匈牙利高等教育也进行了重组，重组后新成立的第一所大学是农业科学大学。1946 年 10 月 21 日颁布的第 22 号法案提到所有高等教育机构的大门向女性开放。

二　匈牙利教育政策法律

为发展匈牙利教育，政府还颁布了诸多其他法令。

1777 年颁布了匈牙利教育法，该教育法宣布，教育是国家的任务，一切教会学校都受到国家的监督。教育法还规定了四年小学、三年初中、五年高中、二年学院、四年大学的学制，并在农忙季节放暑假。在该法的监控下，由国家掌管的教会学校数量很快达到了 130 所之多。为培养更多政府工作人员，1776 年起先后成立了 5 所皇家高校。直至 1806 年，教徒为捍卫宗教在匈牙利教育中的地位以及在教学自治中的自主权，始终反对任何有损宗教利益的法令，然而在匈牙利开展的针对教会学校的第二次《匈牙利及相关地区的教育教学秩序》法规修订后，包括小学、中学、大学等各个教会学校都根据国家需要制定了统一规定。

19 世纪初，匈牙利的社会经济发展速度加快，资本化的建设需要更多的人力资源，因此学校的需求量越来越大。1848 年革命时期，在匈牙利第一个责任内阁中任教育部部长的厄特沃什·约瑟夫（Eötvös József）于 7 月 24 日向国会提交了一份关于人民教育的法案。该法案提出：必须保证每个行政区都有学校，加强国家对教会学校的监督。除此之外，厄特沃什还发表了《匈牙利大学章程》，在该章程中他把人文类大学分为两大类学科：一类是哲学、历史和语言学，另一类是数学和自然科学。同时，他还提出应设立一个教师培训的组织以提高教学水平。这些法令虽然在当时并没有被完全贯彻，但为后来提高教育水平奠定了基础。

1860 年颁布的名为《十月文凭》的皇家法令短期内放宽了匈牙利一些地方政府的权利，暂时宽松的政治氛围进一步推动了匈牙利高等教育的发展，佩斯大学重新获得了校长和院长的执行权利，高校的匈牙利特色得到加强。

1867 年奥匈帝国成立后，厄特沃什·约瑟夫担任教育部部长，他致力于从根本上改变匈牙利的公共基础教育，下令在没有教会学校的地方建立地区学校，加强了国家在市立学校和教派学校管理中的控制作用；他成立了国家教师培训机构，并鼓励编写学校教科书。1868 年，匈牙利的第一部真正意义上的《民族教育法》诞生了，在该法令的指导下建立了六年制小学，并规定了义务教育：儿童必须在 6~12 岁上小学，12~15 岁上特殊的复习制学校。1896 年儿童入学率只有 79%，1913 年已经上升为 93%，并且前前后后大约出版了两百多本高水平、高质量的学校教科书，其中不乏国际教材。二战结束后，教会与公共教育部将原有学制调整为现有的八年制小学和四年制中学，在一至四年级实行分班教学，五年级至八年级开展专业教育，义务教育持续 12 年。

二战结束后，匈牙利教育的重组也得以实施，1946 年 10 月 21 日颁布的《第 22 号法案》规定：每个公民都享有受教育的权利，所有高等教育机构的大门都向妇女开放。匈牙利全国教育和文化水平得到显著提高，到 20 世纪中叶已经基本没有文盲。

1993 年 7 月 12 日，匈牙利议会通过了《第 79 号公共教育法》，该法确保了平等的受教育权、宗教自由权、少数民族教育的母语教育权，并明确了父母、学生与公共教育工作者的权利和义务。1999 年《公共教育法修正案》规定，必须加强八年制小学建设，创立公共教育和质量保证的评估和监控制度。

三　匈牙利教育体制及教育发展现状

（一）学制系统

1. 义务教育

2011 年 12 月 20 日，议会通过了新的《公共教育法》[①]，根据该法，所有学校都归国有，并可以与市政当局签订合同。法律规定儿童从 3 岁起必须上幼儿园，如果在 8 月 31 日之前年满 3 岁的当地儿童都被接纳之后仍有空缺，则 6 个月内年满 3 岁的孩子也可以进入幼儿园。所有儿童从学年开始每天至少要上 4 个小时的幼儿园。应父母的请求并在校长和幼儿园监护人的同意下，考虑到孩子的合法权益，该情况将一直维持到孩子满 5 岁那年的 8 月 31 日为止。如果儿童的家庭或儿童能力的发展有合理的特殊情况，则可以申请免除该教育。在匈牙利，学前教育通常是全日制的，一般每周 50 个小时左右，这些时间用于与儿童日托相关的任务或整个幼儿园生活的各类活动，在此期间，负责人需要组织共 11 个小时左右的以提高儿童学习能力、克服困难能力与身体素质为目的的各项活动。

除此之外，义务教育年龄从 18 岁降至 16 岁，即 6～16 岁。从 2013 年起，所有在 8 月 31 日之前年满 6 岁的孩子都必须从 9 月 1 日起接受教育。新的《公共教育法》还规定，只有在被专业机构证明为合理的特殊情况下才能推迟义务教育，且最多推迟一年，在这一年中，父母可向豁免机构申请让孩子接受额外一年的学前教育。同时，该法律还规定视父母的要求和孩子的成长情况可允许孩子在 6 岁之前上学。义务教育不仅可以在小学、中学里完成，也可以在"公共教育和职业培训桥梁计划"的框架课程内以及"发展教育"中实现。从一年级到八年级（小学期间），以及在民族教育和残疾人特殊教育中，国家确保向学生免费提供教科书。

义务教育时间段内，学生有如下权利：

1. 接受适合其能力、兴趣和天赋的教育和培训，根据自身能力决

---

① https://eacea. ec. europa. eu/national-policies/eurydice/magyarország/organisation-education-system-and-its-structure_hu.

定是否继续其教育或基础艺术教育，以使其才能得到发展及承认；

2. 在安全和健康的环境下在教育机构中成长和接受教育，幼儿园和学校的日常课程及活动要根据学生的年龄和发育情况安排适当的休息与休闲时间、体育锻炼与运动、饮食；

3. 接受适合其国籍的教育和培训；

4. 教会公共教育机构或私人公共教育机构的建设要以公立幼儿园、学校及其宿舍为标准，并在各个州或地方政府经营的教育机构中设置宗教教育、信仰与道德教育相关的选修课程；

5. 人权得到应有的尊重，尤其是言论自由权、自决权、行动自由、家庭生活权和隐私权。当然，这项权利行使的同时要保证不会限制他人行使同样的权利，也不会危害自己及同学、教育机构工作人员的健康和人身安全，也不能与创造和维持行使文化权所必需的条件有所冲突；

6. 根据学生自身状况和个人能力的不同接受相应的待遇，并且不论年龄大小，都能够向专业教学服务机构或教育权利专员寻求特定帮助；

7. 在特殊立法规定的情况下，教育机构能够根据学生家庭的财务状况，应要求让学生获得免费或打折的餐食和学校用品，并部分或完全免除学生需支付的各项费用，或允许分期付款；

8. 享有宿舍服务、定期体检和医疗护理服务，知晓行使权利所必需的信息和程序；

9. 参与学生活动并自由创作，可以自行选择成为学校文化、艺术、教育、运动等各类社团的成员。

八年制小学毕业后，学生可以在中等教育机构继续学习，如中学、职业中学、中等专业学校或专科技术学校。中学入学流程根据录取中心制定的程序进行，未入读中等教育机构或出于各种原因无法小学毕业但未完成义务教育的学生，则需要参加"公共教育和职业培训桥梁计划"课程，为进一步的职业培训做准备，为期两个学年的课程旨在帮助学生获得进入中学教育、职业培训或就业以及独立生活所需的知识，课程完成后需要按规定参加期末考试或更复杂的专业资格测试。

"职业培训桥梁计划"向已完成义务教育且入学时年龄在 23 岁以下的人开放。而"公共教育桥梁计划"的目的是通过各类复杂的文化、社会、研究、能力培养相关的教学活动帮助学生发展自身潜力，进入中等教育机构学习，并获得独立生活所需的知识和能力。其持续时间通常为两个学年。

小学后中等教育的机构有三类：普通中学、中等职业学校（职业中学和中等专业学校）以及特殊性质的职业学校（专科技术学校）。其中，只有在普通中学取得了中学文凭或在职业中学成功完成了中职课程才能有进入高等教育机构的资格。而中等专业学校以取得《国家培训登记册》上获得国家认可的职业资格证书才算完成，但这并不是进入高等教育的通行证，如果想要继续学习，则需要参加两年的高等教育预备课程。

普通中学一般有 4 个、6 个或 8 个年级，加上语言预科则是 5 个、7 个或 9 个年级。普通中学的课程为通识教育奠定了基础，也为毕业考试和大学学习的开始做准备，同中国的高考相似，完成普通中学的课程后参加全国统一入学考试也是高等学校入学考试的一部分。

职业中学提供专业的中学文凭，并为获得相关的职业资格、在高等专业学校中学习以及从事专门领域的工作奠定基础。一般情况下，基础通识教育在前 4 个年级，《国家培训登记册》中则规定了不同种类的职业培训的年级数，在此期间，学生需要学习职业理论，并接受实践教育。职业中学毕业生可以根据《国家培训登记册》中指定的职业资格范围进行专业考试，并可以获得特定的职业资格证书。

中等专业学校为 5 个年级，其中 3 个年级包含一般职业知识和获得职业资格所需的专业理论和实践教育的职业训练课程，另外 2 个年级的设置是为入学考试做准备。在《国家培训登记册》规定的职业资格范围内，课程可以根据职业培训框架课程进行，获得国家认可的职业资格后，学生可以自行决定是否继续剩下两年的学习，并参加高等教育入学考试。

专科技术学校是指那些为有特殊教育需求而无法与其他学生一起学习的学生提供学习机会的机构，以便年满 14 岁的学生能够在这里取得有利于就业及独立生活的知识或技能。职业培训相关法律对专业技术考试的准备作了进一步规定，学校的年制数由《国家培训登记册》中特殊框架课程确定。

2. 高等教育及二次教育

《国际教育标准分类法》（ISCED）第四级的高等职业培训的一年或两年计划于1990年下半年开始实施，根据该计划，比起身体素质方面的培训课程，精神方面应该占据更大的比重。高等教育机构（大学、应用科学大学、学院）提供广泛的高等教育课程，这些可以是高等教育职业培训、本科培训、硕士培训、全日制培训、专门的进修培训和博士培训。在高等教育中，培训可以采取全日制、晚间课程、函授以及远程学习等多种形式，博士课程（PhD，DLA）在全日制和非全日制培训中都可进行，大多数专门进修培训是在职培训。在匈牙利，大学和学院的成立都需要经过国家认证，两者之间的区别主要在于：大学规模较大，教师、学生和非教学人员较多，而学院规模相对较小，大多数都是教会或私立机构。

高等教育学位或专业资格证书的持有人可以进入劳动力市场或通过学分转移继续其本科课程的学习。本科课程通常持续3~4年（学士学位），而硕士课程则持续1~2年（硕士学位），博士课程为期2＋2年。与重叠的周期性训练结构不同，在某些学科领域进行的则是长期的、联合的硕士课程，毕业后可取得硕士学位，比如医学培训（6年）、建筑师培训（5年）、法律培训（5年）、教师培训（分别为5年和6年）以及一些农业和艺术培训。2004年加入欧盟后，在匈牙利大学读书的学生毕业时均可获得欧盟颁发的毕业证书，匈牙利的学位在欧洲乃至世界上得到广泛认可。

匈牙利还为一些因没有学位或缺失专业资格而被迫放弃全日制教育的人提供了二次教育的机会——"青少年追赶计划"和"成人教育计划"。"青少年追赶计划"着重强调在新的《公共教育和职业培训法》之后引入的"桥梁计划"，为那些不曾在小学接受初等教育或因学习成绩不佳而无法进入普通中学或中等职业学校的学生提供了第二次接受中等教育的机会，这些计划课程具有很强的针对性，旨在使学生重返中等教育。"成人教育计划"的培训对已完成义务教育的人开放（年满16岁），为那些被迫辍学或想要接受高等教育而没办法参加全日制培训的成年人提供了可能性，因此这类培训通常是在工作以外的时间进行。

3. 特殊教育

根据特殊教育需求的性质，对有特殊教育需求的孩子的教育和培训在综合教育机构或特殊教育机构中进行。一般来说，为了让孩子更好地融入社会，即使有特殊教育需求也应优先选择群体教育，在包容性环境中并通过发展来提高融入社会能力所需的技能。为此，需要专门的专家服务来帮助儿童探索学习障碍的原因和性质，并帮助解决，在匈牙利，这样的专业服务之一就是"健康顾问网络"，该网络从孩子出生后就为母亲提供支持，并帮助确定在早期发生的严重健康问题。另外，类似的还有学习能力研究与康复服务机构，该类机构对有需要的儿童从小就进行检查，以确定该儿童是否有必要被安置在特殊机构中，延长学前教育或进行其他特殊教育。后一项任务由全国范围的专业服务网络执行，网络中较大的节点是州级专家服务，州的所有地区都有区级专家服务，他们为有特殊教育需求的儿童提供言语治疗服务、教育顾问、早期发展和护理服务、传导性教学护理、物理疗法服务、学校心理学和学前心理护理。对有特殊教育需求的接受综合教育的学生，由相关专业的教师去其所在学校照顾。专业服务网络的维护和运行由学区中心负责。

患有感觉障碍、严重智力障碍和某些类型的行动不便（如脊柱裂）的儿童需要长期的特殊发展支持，这是成功融入社会所必需的。为此，残疾人特殊教育机构可以提供帮助，这些机构提供符合当下条件的特殊发展课程，并结合一般学校的要求进行教学，如聋哑学校、盲人学校和传导性教学机构。这些机构也是特殊教育方法学中心，为特殊教育教师提供在职培训，并为接受综合教育的学生的特殊需要提供流动的特殊教育教师。若父母有需求，则在家中或机构中为严重残疾的儿童和年轻人培训发展性职业和独立生活所需的技能。

（二）教育发展现状

根据匈牙利教育网的数据，2020～2021 学年，共有 1816522 名学生在全日制和非全日制教育中学习，而 3～5 岁人口中的学前儿童比例为92.6%，3～22 岁人口中接受全日制教育的百分比为 81.3%，越来越多的人选择非全日制高等教育。

在 2020～2021 学年，匈牙利共有 4575 个幼儿园，共有 322713 名儿童接受学前教育，比上一学年减少约 7.8 万。幼儿园的全职教师人数多年来一直保持在 3 万名左右。

2020～2021 学年内，接受全日制教育的小学生人数接近 72.6 万人，比上一学年多出 5.4 万人左右。这些学生分别在匈牙利各个地区的 3611 所小学内学习。与 2019~2020 学年相比，教师的数量基本没有变化，有特殊教育需求的学生人数继续上升。

2020~2021 学年共有 398408 名的学生接受全日制中等教育，比上一学年多出 1.25 万名左右，71646 名学生则选择接受非全日制教育。高中学生人数持续增加，2020~2021 学年有 191526 名学生接受全日制高中教育，比上一学年增加 2.5 万名左右。超过 4.2 万人在中学教育中担任全职教师。

高等教育方面，2020~2021 学年有 287.5 万名学生在 62 所高等教育机构学习。其中，249.2 万人接受本科或硕士研究生水平的高等教育，11.8 万人接受职业高等教育，16.3 万人接受继续教育，10.2 万人攻读博士学位。另外，在 2020~2021 学年接受全日制高等教育的学生共有 20.5 万名，比前一学年多出 1.1 万人，其中 91.5% 的学生（18.7 万人）在高等教育阶段学习本科或研究生课程，攻读硕士学位的人数增加了 5%，而本科阶段的高等教育学生人数则下降了 0.9%。3.9% 的学生（8000 人）接受的是职业高等教育和培训，比上一学年增加了 3.0%。攻读博士学位的学生人数则增加了 9.3%，达到 9.0 万人，占所有学生数的 4.4%。另外，匈牙利的外国留学生的数量保持增长趋势，2021 年有超过 4 万名学生在匈牙利高等教育机构学习，占所有学生人数的约 14%。

四 匈牙利高等教育发展政策

教育政策是政府行为中一个重要的领域。教育在知识型经济中发挥重要作用，因此教育也成为经济发展中一个最为重要的前提。政府将教育政策视为发展经济以及加强社会凝聚力的一个不可或缺的工具。近年来，匈牙利政府的教育发展战略主要集中在两点：一是将教育质量的提升作为教育发展的基本支柱，二是在教育的框架中实现机会平等。

（一）匈牙利国内高等教育发展政策

提升公共教育的质量是世界上所有发达国家教育政策最重要的目标之一。为了实现教育质量的发展，匈牙利政府先后采用了多种举措。从宏观角度来看，教育计划起到了把控教育发展的作用。在 2011 年《公共教育法》的影响下，近几年匈牙利公共教育体系逐渐开始加强集中化的管理。为了保证教育的公平性，提升教育发展的水平，从2013年开始，匈牙利政府接管了公共教育机构，并且成立了克莱贝斯贝格（Klebelsberg）中心，简称KLIK。KLIK由政府人力资源部成立，属于匈牙利政府的中央官方机构，负责学校的运营以及监管工作，包括发放工资、提供教学工具、监管专业和进修培训，以及协调工作。KLIK还承担着和公共教育相关的前期准备、规划以及领导和监管运行的职责。KLIK主要负责3000人以下的地区，3000人以上的地区在经过KLIK允许后可以自行进行管理。

教育计划之外最重要的就是教材，因为对于老师和学生来说，教材是教学工具，也是获得知识的工具。因此保证教材的质量十分重要。为了保证教材质量，匈牙利于2001年出台关于教材的规定。法律规定，公众有权编撰教材，但如作为教材出版，其可教学度和可学习度需要通过部长审核。匈牙利政府希望让教师的教学具有延续性，即改变一位教师只在一个年级进行授课的方式，政府认为，如果一名教师能够从低年级一直教到高年级，那么学生的基本技能会更加扎实，能够得到充分发展。

教学的考核方式也一定程度上决定了教育的质量，而在考核方式中考试又是决定公共教育效率的决定性因素。考试不仅能够给学生一个学习的评价以及认同，更是每一个教学机构，甚至是整个教育体系表现的反馈。2005年匈牙利全新的双层次毕业考试正式施行，新的考核方式将重心放在了能力发展方面。同时在以学生为主的教育理念影响下，考核的方式也将学生的自主性纳入考虑之中。在新的考核方式下，毕业生可以决定参加什么主题以及什么层次的考试。为了保证质量的发展以及效率的提高，匈牙利政府还成立了一个国家能力测量局，专门为每一个挑选出来的年级的所有学生进行基本能力的测试，包括阅读理解能力、数学计算能力等。

教育质量的发展离不开高素质的教育者。为了加强教育者的能力，2013年9月1日匈牙利实施了"教育者成为生活模范"的教育管理方法，同期颁布的政府条令规定了从事教育者的条件、从业资格认证的方法、工资发放的规定以及工作的时间。2014年春天匈牙利政府还采用了教育者从业资格认证系统，以此来提高公共教育的质量发展水平。在资格认证中，教育监管机构起到了重要的作用，主要通过听课、简历以及自我评价答辩来对教育者进行资格的认证。同时，为了吸引更多的人才进入教育行业，也为了挽留高素质的教育者，匈牙利政府对教育者工资的发放机制进行了调整。为了进一步加强对教学质量的掌控，匈牙利政府将更多的目光放到了教学评估上，教学质量的高低对应了教育者的工资高低，通过这种方式，教学质量变得更加可控，并且可以被衡量。同时，这种以教学质量和绩效为导向的工资发放以及晋升制度，能够进一步加强教育行业对社会的吸引力，从而进一步提高教育水平。匈牙利政府在 2002 年将从事教育者的基本工资提高了 50%。经匈牙利高等教育圆桌会议讨论，2002 年起匈牙利政府计划划拨约 130 亿福林，用来提高教育工作者的工资水平。这大大增加了教育行业的吸引力，同时也进一步巩固和提高了教育行业的社会地位，进一步解决了教师们的后顾之忧，从而起到提高教学质量的作用。

匈牙利政府除了出台了一系列关于教师的政策之外，也针对学生群体进行了一系列的改革。为了提升学生水平、提高教学质量、进一步发展教育，匈牙利政府就学生入学以及毕业提出新的要求。新的要求首先体现在学生入学上。匈牙利政府会议决定，2020 年起，学生需要至少掌握一门中级以上水平的语言，才有资格申请进入高等教育机构。除了入学的难度增加以外，学生获得毕业证书的难度也有所增加。[1] 匈牙利政府高等教育圆桌会议针对博士教育进行了讨论，未来，匈牙利博士教育的时长根据具体情况可以适当延长一年的时间，学生完成博士教育的头两年之后需要接受相关机构的审查，通过审查后才有资格继续学习。[2] 在此之外，匈牙利政府加强了对学生思想道德的教育。2016 年 1 月 1 日起，匈牙利教育部门规定，学生毕业至少需要完成 50 个学时的公共服务，并且将道德教育由选修课程转变为必修课程。这也体现了匈牙利政府对学生能力发展的要求是全面的，不仅仅局限于知识范围，而是知识、能力、思想道德等各个方面的均衡发展。

（二）匈牙利国际高等教育发展策略

随着欧洲一体化进程的不断加快，欧洲各国也开始意识到彼此之间相差较大且结构复杂的高等教育体系严重阻碍了学生在欧洲整体劳动力市场

---

① http://eduline.hu/felsooktatas/felsooktatasi_strategia_GJ56LR.

② https://www.origo.hu/itthon/20150701 - doktorandusz-felsooktatasi-strategia-felsooktatasi-torveny-palkovics-laszlo-emberi-eroforrasok.html.

上的流动，各自独立的教育体系已经无法满足逐渐一体化的欧洲大市场的需要，尽快实现高等教育的互相认同成为欧洲各国的重要任务，因此，各国共同讨论通过了博洛尼亚进程（Bologna Process）。博洛尼亚进程提出时间为 1999 年，因在意大利博洛尼亚提出而得名，是欧洲各个国家共同提出的覆盖整个欧盟地区的高等教育改革计划。① 博洛尼亚进程旨在将欧盟区域内部的所有高等教育资源进行充分整合以及利用，去除国家之间存在的隐形教育资源流通壁垒。截至 2012 年，加入博洛尼亚进程的欧洲国家已经达到了 47 个。② 2005 年，匈牙利加入博洛尼亚进程，是匈牙利政府积极进行高等教育改革的一种体现，期望通过国际合作交流促进匈牙利高等教育的发展，提升高等教育水平。匈牙利人力资源部负责高等教育事务的国务秘书帕尔科维奇·拉斯洛（Palkovics László）曾强调博洛尼亚进程对匈牙利高等教育发展的重要性，他指出，匈牙利高等教育未来的发展将持续围绕博洛尼亚进程进行，学习欧洲先进国家的教育经验，进一步发展本国高等教育，早日达到欧洲发达国家的水平。

博洛尼亚进程的任务，首先便是成立一个学分转换体系，欧洲学分转换体系（European credit transfer system，ECTS）应运而生。ECTS 是后续各个高校相互认同学位的重要基础，也是促进欧洲地区高等教育一体化的重要举措。由于 ECTS 目前在欧洲地区受到普遍认同，这一学分转换体系可以帮助欧洲地区学生轻松申请出国留学，进一步推动人才在欧洲地区的流通。其次，博洛尼亚进程要求各个高校之间建立学位互认体系。参加博洛尼亚进程的成员国高等教育机构之间需要建立一个学位互认的体系，通过该体系，各国高等教育机构有一个固定的标准能够对学历以及学位进行判断和认定。

博洛尼亚进程的特质决定了学分制以及学分转换体系的重要性。学分指明了学生的学习时间，同时也指明了教育机构对学习者学习数量以及质量的期望。在匈牙利本科教育体系中，学生需要获得至少 180 个学分，在硕

---

① 曹德明：《博洛尼亚进程：欧洲国家重大的高等教育改革框架》，《德国研究》2008 年第 3 期，第 66 页，第 71~80 页。

② Kun András István, A BÁRÁNYBŐR – HATÁS ÉS A BOLOGNAI FOLYAMAT MAGYARORSZÁ GON, ÚJ KUTATÁSOK A NEVELÉSTUDOMÁNYOKBAN 2014, 2015, pp. 220–229.

士期间需要获得 60～120 个学分，在博士期间则需获得 240 个学分。[①] 由于学分制仅仅规定了所需获得的总学分，未规定每个学期的学分，这意味着学生在学分分派上有一定的自由以及灵活性。学生可以在既定的学分制规定下，自行安排自己的学习进度，在不同的学期安排不同数量的课程，这意味着学生如果某门课程不及格，可以在之后的学期通过补齐学分的方式完成学习。

（三）匈牙利高等教育改革

匈牙利的多层次教育体系也体现了其在高等教育上的改革。在 2005 年正式加入博洛尼亚进程之前，匈牙利的高等教育体系主要有学院和大学两种形式。大学的学制常为 4～6 年，以理论教学为主；学院的学制 3～4 年，多为实践类教学。在 2005 年之后，匈牙利的高等教育体系进行了变革，改为本科、硕士以及博士三个层次分明的教育体系。[②] 中学毕业之后，学生有三种模式可以选择，分别是普通本科教育、本硕连读教育以及职业培训。与旧的高等教育体系相比，新的高等教育体系层层递进，体系性更强，给予学生更多更灵活的选择，同时也更符合社会以及国家的需求，源源不断地提供多层次的人才。

匈牙利劳动力市场中存在供大于需的情况，为了更好地解决就业问题，匈牙利政府在制定高等教育发展策略时，提出高等教育要符合社会以及劳动力市场的需求。在此理念的指导下，匈牙利政府对部分高等教育的专业设置进行了调整。为了调整劳动力市场的供需关系，匈牙利政府对"红灯"专业进行审核，了解目前在读学生人数以及报名人数，通过科学计算确定该专业是否已经饱和，劳动力市场以及国家和社会是否对该专业人才仍然十分需要，未来是否仍然需要继续开设等关键性问题。因此，匈牙利高等院校的专业设置在未来也将会有一定的变动性，一些需求饱和的专业将来可能会被取消，为市场以及国家和社会真正需要的专业让出资源。匈牙利政府计划未来精简高等教育机构专业的设置，减少约 15% 的专业，剔除已经饱和的专业，保留符合劳动力市场以及社会需求的专业，进一步推进劳

---

① https://www.felvi.hu/felveteli/jelentkezes/a_magyar_felsooktatas/Kepzesi_szintek.

② https://www.felvi.hu/felveteli/jelentkezes/a_magyar_felsooktatas/Felsooktatasi_rendszer.

动力市场供需平衡。[①]

　　同时，为了更好地培养出劳动力市场和国家社会所需要的人才，匈牙利政府还推出了双重培训模式。双重培训模式指的是课堂与企业两边同时进行职业教育，课堂上以理论教育为主，企业则进行实践类培训。[②] 这种培训模式进一步拉近了学校和劳动力市场之间的关系，使学生的培养变得更加灵活、更加贴近市场的需求，为未来学生无脱节地融入工作环境和社会打下基础。双重培训模式给学生和企业双方均带来了巨大的优势。学生不仅可以在教育机构中获取到充足的理论知识，还可以在企业培训中获取实践经验，成为综合性人才。对于企业而言，在实践培训的过程中就已经对学生进行筛选及培训，这能够帮助企业选到或培养出更加适合自己公司的人才，使自身更具竞争性。但是可惜的是，目前只有 25% 的匈牙利企业与高等教育机构达成了双重培训的合作关系，根据帕尔科维奇的介绍，将这个数字大幅度提升是匈牙利政府未来工作的主要方向之一。

　　在提高教学质量方面，匈牙利一直致力于提升高等教育工作者的科研水平和创新水平。新的匈牙利高等教育规划强调了科学研究的重要性，呼吁高等教育工作者重视科学研究的发展，尽快将匈牙利的科研提升到国际先进水平。在国际高等教育机构排名中，匈牙利鲜有高等院校排在前五百名，排在 500~700 位的匈牙利高校也寥寥无几。德布勒森大学教育学院讲师、经济学家伊斯特万·波隆伊（istván polonyi）对此现象提出了自己的观点，认为世界大学学术的排名受科研结果的影响较大，其中诺贝尔奖获得者人数、论文发表数量等关系重大。而此种科研成果，在匈牙利却没有得到应有的重视，匈牙利的高等教育工作者往往忽略了科研和创新的重要性。匈牙利政府也意识到高等教育工作者对科研的忽视，新的高等教育规划提出在高等教育机构内部应形成一个促进科研的良性体系，即 K + F + I（kutatás-fejlesztés-innováció）体系，强调科研、个人发展以及创新三者之间相辅相成，提出个人发展是科研和创新的基础，同时科研和创新的发展也推动了个人的发展。

　　匈牙利科研水平落后的原因有很多，波隆伊在分析中指出，高等教育

---

① http://eduline.hu/felsooktatas/felsooktatasi_strategia_GJ56LR.

② https://www.origo.hu/itthon/20150211 – dualis-szakkepzes-munkahely-mar-egyetem-alatt.html, 2015.02.12.

工作者工资低，未对科研有充足的重视等均为原因之一。其中硬件设施的落后是匈牙利高等教育发展中一直未解决的一个老问题。波隆伊着重强调加大高等教育投资的必要性以及重要性，并且以美国为例，指出在世界大学学术排名靠前的美国一所高校的资金投入，基本就等于匈牙利政府整体的资金投入，两者之间存在巨大的差距。匈牙利政府对此也采取了措施，帕尔科维奇表示，匈牙利政府近几年逐步加大对教育领域的投资，目前教育领域的投资已经达到了国家预算的 1/5，高等教育领域的投资达到了匈牙利国内生产总值的 1%。据统计，2003 年，匈牙利在高等教育领域的投资达到了 234 亿福林，是 1994 年的四倍之多。2013 年匈牙利政府高等教育领域的预算为 1870 亿福林，2017 年已经达到了 2500 亿福林，可以看出，近几年匈牙利政府在高等教育领域的投资呈大幅上升趋势，增长趋势也越来越猛，未来在高等教育领域的投资也将继续上升。[①] 除去政府的投资，匈牙利政府为了使高等教育机构能够拥有更充足的资金，积极促进高等教育与企业之间的合作，鼓励企业注资高等教育机构，开展科研、创新等领域的合作，由企业提供资金支持高等教育工作者进行科研，高等教育工作者则创造出符合企业以及社会要求的实用科研成果，达到互惠互利的结果。

匈牙利教育水平区域差异较大，匈牙利政府未来进行教育改革的方向是减少地区性的不平等，促进教育水平均衡化发展。

---

① https://444.hu/2018/10/18/egyre-tobbet-kolt-az-allam-a-kulfoldi-hallgatok-tamogatasara.

第八章 葡萄牙教育发展报告

一 葡萄牙教育发展简史及教育体制演变

（一）葡萄牙教育发展简史

葡萄牙的教育发展历史悠久，底蕴深厚，但很长时期，高等教育只是一小部分人的权利，19 世纪末文盲率超过 80%。直到 20 世纪 80 年代，葡萄牙才真正进入民主化教育阶段。教育发展初期，基督教神职人员是教育事业的主要参与者，后来由国家逐步掌握教育事业。

1. 1750 年前的中世纪到启蒙时代

葡萄牙最早的教学活动出现在修道院，例如科英布拉圣克鲁士修道院（Santa Cruz de Coimbra）和阿尔克巴萨修道院（Alcobaça）。修士们教授阅读、写作和算数。1290 年，葡萄牙建立了第一所大学，即如今的科英布拉大学（Universidade de Coimbra），它是伊比利亚半岛历史最悠久的高等学府之一。[1]

16 世纪到 17 世纪，除科英布拉大学以外，葡萄牙所有的学院都由耶稣会建立，并由他们提供免费教育。

18 世纪时，国家开始在教育领域和教会进行权力竞争，前者开始逐步掌握正规教育，为对教育系统的指导、融资和控制奠定了基础。

2. 1750~1777 年庞巴尔改革

从 16 世纪开始，对公共教育的把控权就从科英布拉大学转移到了耶稣会，此后长达 2 个世纪，耶稣会将公共教育的权力牢牢掌握在手中，直到 18 世纪施行庞巴尔改革，对教育的控制权才回到葡萄牙王室的

---

① Rui Grácio, "Ensino Primário e Analfabetismo," in *Dicionário de História de Portugal* (dir. Joel Serrão), Lisboa: Editorial Figueirinhas, 1971, p. 51.

手中。[1] 在国王若泽一世 (Dom José I) 时期,受启蒙思想影响的部长庞巴尔侯爵 (Marquês de Pombal) 在 1750~1777 年,驱逐了葡萄牙管控教育的教会势力,推动了理性、科学的启蒙思想传播。

在庞巴尔的改革下,1759 年成立了学业研究总局 (A Directoria Geral dos Estudos),旨在对教育实施监管。此后皇家课程取代了耶稣会士创立的人文学课程,同时设立商学院和商学课程,商学院的学生学习会计、商业结构、现代语言、书法等课程,为后来葡萄牙的经济发展贡献了大量商业人才。[2]

3. 1820~1894 年自由革命时期

诞生于 1820 年自由革命时期的宪法明确提到教育问题,教育改革克服该时期的政治和社会的不稳定因素,取得了重大成果,如:1825 年颁布的题为《通用初等教育规定》(Regulamento Geral da Instrução Primária) 的法令。该法令是宪法制度在教育领域的第一次重大改革。高级公共教育委员会的成立解决了教学的监督问题。

小学、中学和高等教育改革于 1836 年 11 月至 12 月期间公布。[3] 小学引入体操教学以及开办"女子学校"。中等教育以建立高中为改革重点,各大区设立一所,里斯本大区开设两所。关于高等教育,葡萄牙准备在里斯本和波尔图建立高等教育学校,还建立了两所理工类专业院校:里斯本理工学院和波尔图理工学院。

1882 年左右,在纪念教育家福禄贝尔 100 周年诞辰活动的影响下,葡萄牙第一批幼儿园成立。[4]

第二次教育改革于 1884 年公布,将小学教育分为两个等级,并组织师范学校进行教师培训。此外,第一次设立了公共教育部、里斯本女子普通学院、波尔图女子普通学院、初等商业和工业学校以及初等工业设计学院。

1888 年,第一所女子高中成立;1894 年,从事儿童教育的学校成立,并开设了成年人和残疾人的课程。

---

[1] Maciel Lizete and Shizue Bomura, "A educação brasileira no período pombalino: uma análise histórica das reformas pombalinas do ensino," *Educação e Pesquisa*, 2006, v. 32, n. 3.

[2] M. L. S. Hisldorf, *História da educação brasileira: leituras*, São Paulo: Pioneira Thomson Learning, 2003.

[3] José Borges Palma et al., *Breve evolução histórica do sistema educativo*, pp. 19 – 24, https://www.oei.es/historico/quipu/portugal.

[4] 余强:《葡萄牙现行学前教育政策述评》,《外国教育研究》2010 年第 6 期。

4. 1910～1926 年共和国政府时期

1910 年 10 月 5 日，葡萄牙共和国宣布将教育列为改革的重点目标。改革开始前，新政权继续驱逐以耶稣会为主的传教团体。

这一时期，葡萄牙学校教育的质量普遍较低，其发展滞后于大多数欧洲国家，存在地方性的落后和高文盲率等问题，文盲率约占总人口的 70%。为解决葡萄牙的教育问题，葡萄牙共和国政府开始分阶段颁布针对各阶段教育的重大改革措施。

面向 4～7 岁儿童的官方学前教育制度于 1911 年正式创立，1919 年政府正式将学前教育纳入公立初等教育的范围。④

中学教育方面，将男女同校的原则付诸实践。

然而，在共和国政府时期，由于葡萄牙的政治和社会不稳定以及经济困难，许多已公布的立法无法实施。

5. 1928～1933 年军事独裁政府时期

1926 年 5 月 28 日的军事政变导致独裁统治的开始，1928 年葡萄牙军部发动国民革命推翻第一共和国，政府由军事独裁过渡政权临时托管，教育随之发生了重大的变化，尤其是意识形态的变化，出现所谓的"民族主义学派"，以灌输思想为基础。该时期，学校课程以上帝、祖国和权力为主旋律，任何新的课程建议都要经过仔细审查、批判，最终多被否决。①

专制政府不重视学前教育，并于 1937 年废止这一制度。②

1936 年，公共教育部（现国家教育部）进行了重要改革，主要对教育课程进行简化，分离精英阶层教育和技术领域教育，是葡萄牙在教育领域的一次重大变革。

（二）1950～2000 年间葡萄牙教育体制的演变

20 世纪后半叶，葡萄牙教育的发展历程可以分为三个阶段。第一阶段（1950～1960 年），教育系统适应战后社会经济现实。第二阶段（1960～1974 年），教育系统逐渐改革，有了更大的开放性。第三阶段（1974～1997 年），随着"四·二五革命"导致的政权更迭，葡萄牙教育体制的发展迎来

① 袁利平：《从艰难起步到历史跨越——葡萄牙基础教育课程演进中的公民教育变革》，《外国中小学教育》2013 年第 1 期。
② 余强：《葡萄牙现行学前教育政策述评》，《外国教育研究》2010 年第 6 期。

了规模更大、成就更高的新阶段。

1. 1950～1960 年国民教育的巩固

这一时期在葡萄牙教育发展史中占有重要地位。1950 年，葡萄牙的文盲率达到40%，因此，在 1952 年，国家启动了大众教育计划（Plano de Educação Popular）以扫除文盲，还发起了全国成人教育运动（Campanha Nacional de Educação de Adultos，1952～1954 年），以提高在校学生的数量，但成效不明显。1955 年，教育部制定了新的教育文化发展计划，培养合格和多样化的人才以满足第二次世界大战后对技术发展的要求，但由于国家状况，这个计划没有成功。不久之后，在经济合作与发展组织（OECD）的帮助下，一个新的教育计划——地中海区域项目（Projecto Regional do Mediterrâneo）诞生了，它建立了永久教育援助和合作的规则。

2. 1960～1974 年教育体制的演变

20 世纪 60 年代，葡萄牙的教育落后问题备受重视。为了国家长远发展不被低水平的教育所限制，葡萄牙政府进行教育改革，并签订了一些促进教育政策改革的国际协议。

1966 年，葡萄牙对少年教育制度（Mocidade Portuguesa）进行了改革，[1]规定义务教育增加至六年，并扩展为同时面向男性和女性。六年的义务教育后，希望继续学习者通过考试即可进入高中或者技校。1971 年，教育部部长若泽·维嘉·西蒙（José Veiga Simão）提出了学校体制项目（Projecto do Sistema Escolar）和高等教育改革纲要（Linhas Gerais da Reforma do Ensino Superior），并在 1973 年获得批准。这是首次在法律上允许教育系统的改革，并在民族主义和保守的政治体制框架内引入了民主化的概念。1973 年，学前教育被重新纳入国民教育体系，由教育部管理。[2]

3. 1974～2020 年的民主教育

由于 1974 年 4 月 25 日的军事政变，若泽·维嘉·西蒙的改革未得到充分实施。

1974～1975 年，葡萄牙的初等教育采用实验性制度，将原来于第一和第三学年进行的教学评估改为在每个教学阶段结束时进行。[1]

---

① Ângela Maria Martins，"Reformas recentes da educação em Portugal：uma discussão de contexto," *Entrevista com João Barroso* 25，2009，pp. 157 - 166.

1978 年，属于教育部的第一批官办幼儿园成立；1978～1979 年，国家开始在农村地区大力兴建公立幼儿园网。

中等教育也经历了巨大变革。1975 年，葡萄牙建立了一个学年的统一通识课程，使中学教学和技校教学的前两年课程拥有统一的课程计划和授课内容。

高等教育改革主要表现在入学资格和课程计划方面。1975 年，学生公民服务处（Serviço Cívico Estudantil）成立，这是社区服务活动进入高等教育的标志，旨在让学生更好地融入社会。从此，大学开始拥有教育、科学和财政自主权。

1976～1986 年，葡萄牙教育有三个特点：①革命结束后，技术性专业受到青睐；②人们认识到教育系统的扩展对教育质量等方面的负面影响；③葡萄牙经济的结构性封锁阻碍了教育体制的改革。

初等教育取消从第一到第二阶段的学习过渡期，并逐步取消所有的预科教育课程。为提高学生完成义务教育的比例，国家出台了一系列举措来保障义务教育，例如学校基础设施建设、膳食补助以及给予学生家庭适当的经济援助。中等教育在第八学年和第九学年进行统一的通识课程。

1977 年，初等教育预备年制度创立，葡萄牙语和外语是必修课。同年，葡萄牙政府还根据物权法原则制定了相关制度，由政府确定每年每个大学专业录取的学生人数。

1980 年，学校教育制度增添第十二学年，以取代预备年制度，学生在这一学年有两条路线可以选择：一是教学路线，更有利于学生获得高等教育的入学资格；另一条则是职业路线，更有利于学生获得技术教育的资格。

1983 年，出于国家对劳动力的需求，学校在九年义务教育后开设了技术和职业课程。这些为期三年的课程对应第十学年、第十一学年和第十二学年的学校教育，课程结束后学生得到继续接受高等教育所需的相应文凭，以及获得工作所需的技术和职业培训文凭。

高等教育领域，1977 年恢复了高等教育多样化的进程，创立了短期高等教育，旨在培养技术专家和高等教育及中级教育专业人员。

在此背景下，1983 年，在理工学院高等教育机构网络中建立了开展音乐、舞蹈、戏剧和电影方面研究教学的高等院校。同年，对幼儿教育和初级教育工作者的资格要求提高，教师教育学院取代原来的中等教育层次的师范学校，用来培养幼儿园、小学和初中的师资。[1]

现行教育制度（1986～1997 年）始于 1986 年出台的《教育系统基本法》（a Lei de Bases do Sistema Educativo）。它规定了所有儿童的受教育权和文化权，将义务教育延长至十二年，保障了所有年轻人的机会平等权以及受教育的权利，对已放弃学业的年轻人和成年人开展培训（经常性教育）以及改善整个国家公民的教育条件。根据该法案，葡萄牙建立了一个新的教育系统，由学前教育、学校教育和校外教育组成，校外教育又包括扫盲、基础教育和职业培训。

1999 年，葡萄牙签署推进欧盟高等教育一体化的"博洛尼亚进程"协议，于 2006 年开始具体落实，重构葡萄牙传统的学位体系，对现有的双轨制（普通大学与理工学院）等进行改革。[2]

2007 年葡萄牙建立了国家资格制度和国家资格框架，以提高和增强整个教育系统的透明度和可比性。2012 年的打击失学和辍学方案旨在帮助有辍学风险的学生，让其重新融入学校，并加强高中教育中的职业教育与培训。

葡萄牙于 2008 年启动重大改革，增加了学校校长的领导权（《第 137/2012 号法令》），并在 2014 年进行了其他重大改革，以加强教师职业在不同职业期的发展，改善教师群体素质和职业发展前景。

葡萄牙推动了地方和学校层面的权力下放政策。2008 年颁布法令将市政当局的资助责任从学前教育扩大到初中教育，用于基础设施、学校社会行动或雇用非教学人员等方面。2012 年的课程改革，使学校在课程方面获得了更大的自主权。[3]

二　葡萄牙教育体系管理和教育资源相关法律

葡萄牙的宪法规定，"人人都平等地享有接受教育和文化的权利"，在这一原则下，1986 年 10 月 14 日颁布《教育法》（即现行的《第 46 号基本法

---

① 袁利平：《从艰难起步到历史跨越——葡萄牙基础教育课程演进中的公民教育变革》，《外国中小学教育》2013 年第 1 期。

② D. Fátim and Rute Abreu, "The Bologna Process: Implementation and Developments in Portugal," *Social Responsibility Journal* 3 (2), 2007, pp. 59 - 67.

③ OECD, "Education Policy Outlook Highlights: Portugal," http://www.oecd.org/education/high-lightsportugal.htm, accessed March 28, 2021.

规》），并在 1997 年 9 月 19 日、2005 年 8 月 30 日、2009 年 8 月 27 日分别进行了修订。"《教育法》与教育体系的关系犹如《宪法》与葡萄牙共和国的关系",[1]《教育法》构建了国家教育体系的基本框架。

葡萄牙法律规定，其教育体系由不同的教育机构、公立学校、私立学校与合作学校组成。现行的教育体系适用于整个葡萄牙——葡萄牙大陆和自治地区，但教育体系并不是死板的，其呈现的方式可以是灵活多样的。

（一）教育体系管理相关法律

葡萄牙教育体系管理的原则是，在确保充分尊重民主和参与的基础上，保障教育目标的实现。其教育系统具有完备的行政机构，各独立区域相互联系，确保互相协调。对于中央政府和教育部门的赋权和不同层次的管理，实行权力下放，并通过协调机制，确保教育政策的有效施行。对教育教学机构行政管理的指导原则须遵从民主性，必须考虑到教学科学性和行政性的双重标准，并结合每个教育阶段的不同特点。

《教育法》要求中央政府承担起教育体系管理的责任，[2] 并赋予它以下职能：

（1）规范教育体系的概念、规划和定义，以确保其统一性并与国家的教育目标相适应。

（2）以职权下放的方式，全面协调和评估教育政策措施的执行情况。

（3）履行检查和监督的职能，以保证必要的教学质量。

（4）确保学校覆盖率，确定学校的类型和教学设备的标准，以及规范学校建筑。

（5）保证包括教科书在内的各种教具的质量。

中央政府将具体的管理职权下放给各区级相应的教育部门，除此之外，为了进一步完善教育体系的管理，葡萄牙专门成立了国家教育委员会，委员会负责制定教育中长期发展规划，制定教育、教学政策法规，对教育工

---

[1] J. A. Pacheco and J. R. F. Sousa, "Lei de Bases do Sistema Educativo: do passado a um futuro olhar curricular," Revista Elo 1, 2016, pp. 89–98.

[2] DRE, "Lei de Bases do Sistema Educativo," https://dre.pt/web/guest/legislacao-consolidada/-/lc/34444975/view? p_p_state = maximized, accessed March 28, 2021.

作进行宏观指导、组织和协调，督导各类学校教育工作，保障教育资源充分、合理地被利用。

对于教育和教学机构的行政管理，法律也有具体规定：

（1）在教育和教学机构的行政和管理中，教学和学术标准应优先于行政标准。

（2）所有高等教育机构的管理都遵循民主代表和共同参与原则。

（3）高等教育机构享有学术、教学和行政自主权。

（4）在不影响国家监督的前提下，大学享有财务自主权。

2008年波尔图大学和阿威罗大学采用全校投票的方式，设立学校私人基金会，这是对《教育法》"大学享有财务自主权"这一条例的实现和进一步发展。这意味着国家减少对大学的财政资助，大学将承担更大的财政压力，自负盈亏。在当时的葡萄牙，这一举措是重大革新，但好在取得了不错的成效，也使得波尔图大学和阿威罗大学焕发了新活力。

（二）教育资源相关法律

教育资源的充分利用，教育、教学工作的进行以及教育事业的持续发展，对葡萄牙政治、经济制度的巩固，生产力的发展，青少年儿童身心的发展有着重要作用。对此，葡萄牙《教育法》详尽地阐释了如何合理配置教育资源。

在人力资源方面，《教育法》通过通用原则培训教育工作者，注重教育者灵活性和流动性的培养，对不同的教育者分层次进行教学培训，特别是在职业培训时，尤其注重实践与理论的结合，并鼓励教育工作者进行教学、科研的创新和研究。教育工作者有接受继续教育的权利，应当让多元化的培训来确保补充、深化和更新教育工作者的知识和专业技能，以及其后期的职业生涯的发展。除了通用原则外，对于不同阶段的教育工作者，《教育法》中也有明确的规范：

（1）幼师和中小学教师应根据各自教学的需要，通过高等教育课程来获得专业资格。

（2）中学教师的培训应在高等教育机构进行。

（3）中小学专业、职业或艺术性质的学科教师的专业资格可以通过高等教育课程获得。

（4）中学教师的专业资格可以通过高等教育课程获得。

（5）具有高等学校教学资格的人员是指具有博士、硕士学位，经证明具有教学才能和科研能力的毕业生，以及其他被认定为有资格的、可以从事教学工作的人员。

（6）拥有本科学历或本科同等学力的个人也可以在高等教育中参与授课。

（7）具有正规教育、特殊教育或教学实践经验的幼师和中小学教师，在拥有本专业资源的高等院校顺利完成专门设计的课程后，将获得特殊教育的教学资格。

在物力资源方面，《教育法》明确以下职责：

（1）国家有责任建立一个覆盖全体人民需求的公共教育网络。

（2）教育网络的规划应有助于消除地方和区域的不平等和不对称，以确保所有儿童和青年享有平等的受教育机会。

（3）为了满足地区发展需求，同一所高等教育机构的不同部门或院系可以分布在不同的地区。

（4）教育资源是指为方便开展教育活动而使用的所有资料设备。

（5）国家进行财政预算编制时，应将教育视为优先事项之一。

在《教育法》的基础上，葡萄牙也颁布了其他法令对教育体系资源进行了更详尽的补充。对于学前教育，1997 年，政府颁布了《学前教育框架法》，不断增补新的条例以适应新时代的变化发展；[1] 对于高等教育，2006年 3 月 24 日，政府颁布了《高等教育学位规范法》；[2] 对于教师资源，葡萄牙自 1992 年颁布《教师职业法》以来，对教师评价体系不断改进，使之越

---

[1]　可参见余强《葡萄牙现行学前教育政策述评》，《外国教育研究》2010 年第 6 期。

[2]　DRE，"Regime jurídico dos graus e diplomas do ensino superior," https://data.dre.pt/eli/dec-lei/74/2006/p/cons/20180816/pt/html, accessed March 29, 2021.

来越规范化、科学化。① 可见，葡萄牙的教育体系资源的相关法律较为完善，这也能促进高质量教学水平的实现。

（三）不断完善的《教育法》

有学者曾发出疑问："为什么从 1976 至今 40 多年的时间，《教育法》只修改过三次？"② 尽管《教育法》进行了修订，但除了纳入博洛尼亚进程外，几乎都是表皮式的，《教育法》需要进行重大修改，因为 40 多年来教育界发生了相当深刻的变化，而这些变化在目前的《教育法》中丝毫没有被反映出来。③

葡萄牙只有一部《教育法》，但也有其他法令法规对整个教育体系进行补充规范。随着教育新趋势的发展，部分旧的法令法规暴露出落后性，葡萄牙政府也在积极进行调整，包括废除一些不合时宜的法律条例，如在 1991 年葡萄牙政府废除了 1977 年 5 月 2 日颁布的《第 174/77 号法令》和《第 84/78 号法令》，以加强特殊教育的规范性。

总体来说，葡萄牙《教育法》注重教育的平等和民主，进一步完善了葡萄牙教育体系和管理体制，强化了各教育管理部门的统筹规划，并通过立法保障教育资源的合理配置，建立了葡萄牙教育工作者的规章制度，确立了教育经费保障机制，保障了葡萄牙公民平等接受教育的权利。

三 葡萄牙教育制度

（一）葡萄牙教育体系

葡萄牙教育体系包含学前教育、基础教育、中等教育、高等教育四个大阶段。学前教育不属于义务教育阶段，基础教育与中等教育属于义务教育阶段（共十二年）。高等教育又分为大专教育、综合大学教育、理工学院教育。

---

① 覃丽君：《葡萄牙中小学教师评价体系改革研究》，《外国教育研究》2013 年第 7 期。
② J. A. Pacheco and J. R. F. Sousa, "Lei de Bases do Sistema Educativo: do passado a um futuro olhar curricular," Revista Elo 1, 2016, pp. 89 – 98.
③ J. A. Pacheco and J. R. F. Sousa, "Lei de Bases do Sistema Educativo: do passado a um futuro olhar curricular," Revista Elo 1, 2016, pp. 89 – 98.

1. 学前教育

学前教育是可以选择的、非强制的，适用于年龄在 3 岁到可进入义务教育年龄阶段的儿童。

葡萄牙当局对学前教育十分看重，政府坚信学前教育是重要基础。规定幼儿园的日常运营时间不少于 8 小时。幼儿园可以是以公立、私立或合作办学形式建立，公立学前教育机构享受国家全额补贴。[1]

2. 基础教育

基础教育学制为九年，分为三个阶段，第一阶段四年，第二阶段二年，第三阶段三年，适用于年龄段为 6～14 岁的青少年。基础教育属于义务教育阶段，具有强制性。法律规定每年 9 月 15 日凡年龄满 6 岁的儿童都必须入学读书。[2]

葡萄牙非常重视第一阶段的教育，在基础教育第一阶段的第三年，英语就已经是必修课程。

基础教育涵盖葡萄牙语言、阅读、数学、英语、音乐、体育与健康、信息通信技术等课程（见表 8-1），着重培养学生克服困难和自我调节的能力、提倡家校共育。除此之外，重视学生的均衡发展。比如建议学生选择艺术类、体育类、外语类等学科作为选修课程学习，开设的学科种类丰富，旨在促进学生的全面发展。

除了开设丰富的各类课程，葡萄牙政府极其重视提升全民阅读素质，尤其是基础教育阶段孩童的阅读水平和写作水平，并且实施了"国家阅读计划"（Plano Nacional de Leitura），从国家层面提供政策支持，并号召实施基础教育的机构必须保证学生每天的阅读时长，同时鼓励亲子共读。[3]

---

[1] Teresa Vasconcelos, "Educação de Infância em Portugal: Perspectivas de Desenvolvimento num quadro de Posmodernidade," https://rieoei. org/historico/documentos/rie22a05. htm, accessed A-April 2019.

[2] Ministério da Educação, "Educação e Formação em Portugal," https://www. dgeec. mec. pt/np4/97/%7B $ clientServletPath% 7D/? newsId = 147&fileName = educacao _ formacao _ portugal. pdf, accessed September, 2007.

[3] Plano Nacional de Leitura, "Ações e Projetos," https://www. pnl2027. gov. pt/np4/acoes? cat = Projetos, accessed March 28, 2021.

表 8 - 1　葡萄牙基础教育课程一览

第一阶段：一至四年级（6～9岁）	主要学习科目：葡萄牙语、英语、数学、美术、体育、音乐、环境、公民教育等
第二阶段：五至六年级（10～11岁）	主要学习科目：英语、葡萄牙语、数学、历史、地理、自然科学、手工、道德和宗教（选修）等
第三阶段：七至九年级（12～14岁）	主要学习科目：在第二阶段的课程基础上加入第二外语（法语、西班牙语或德语等）、物理、化学、技术实践、IT和戏剧等视觉艺术等

资料来源：Direção Geral da Educação，"Matriz curricular do 1° ciclo，" http://www.dge.mec.pt/matriz-curricular-do-1o-ciclo，accessed February 14，2019。

3. 中等教育

中等教育学制为3年，课程门类丰富，各学科相互交叉融合，旨在激发青少年的学习兴趣，以及对各行各业的了解。中等教育适用于年龄段为15～17岁的青少年，属于义务教育阶段，具有强制性。根据2017年9月葡萄牙教育总局发表的《国家公民教育战略》，在整个义务教育过程中，均应重视公民教育及可持续发展教育。[1] 义务教育是普惠的且免费的，公立学校的学费、注册登记费及税费都由国家支付。[2] 在葡萄牙持有长期居留签证人士的子女也可以享受免费的教育。

中等教育课程中，人文科学类方向，以持续追求更高水平教育为主要宗旨；专技方向，专为希望快速进入社会工作的学生设计；艺术类方向，培养学生在视觉艺术、影视视听、舞蹈或音乐等领域的才能；职业培训方向，为有计划快速进入社会工作的学生传授基础知识。

另外，学校提供专门的心理咨询机构，为学业繁重以及需要帮助的学生提供帮助。

4. 高等教育

（1）大专教育

大专教育主要开设技术专业课程，旨在帮助18岁以上的学生通过获取

---

[1] Ministério da Educação，"Estratégia Nacional de Educação para a cidadania，" http://dge.mec.pt/sites/default/files/Projetos_Curriculares/Aprendizagens_Essenciais/estrategia_cidadania_original.pdf，accessed July，2017.

[2] Catarina Reis，"Escolaridade obrigatória：tudo o que precisa de saber，" https://www.e-konomista.pt/escolaridade-obrigatoria，accessed February 14，2019.

职业培训专业资格证书取得就业资格。大专教育一方面是对中等教育职业类课程的延伸，另一方面致力于进一步提升学生的专业技能水平。大专学生在完成学业后，可以获得大专文凭和四级职业资格证书。

（2）综合大学教育和理工学院教育

高等大学教育包含综合大学教育和理工学院教育两种模式，由公立、私立或合作办学的机构管理和授课。综合大学教育和理工学院教育旨在提升人才质量、增强学生流动性、提升培养的国际化水平，服务于社会和经济发展。综合大学可授予学士学位、硕士学位以及博士学位，而理工学院可授予学士学位和硕士学位。葡萄牙大学的授课语言分为葡语和英语两种。葡语使用较为普遍，英语基本只在大学的一些专业课程上使用，但也有大学采用全英语授课。葡萄牙高等院校颁授的所有学位证书都经教育部批准，学历与欧盟国家互认。

（二）葡萄牙教育行政制度

1. 两大教育行政管理部门

葡萄牙教育由教育部和科学技术与高等教育部管理。学前教育、基础教育与中等教育由教育部负责，而高等教育由科学技术与高等教育部负责。

教育部作为葡萄牙的政府部门，负责规定、调整、执行并评估国家在教育方向上的政策以及相关职业资格的授予。教育部下设8个中心机构：总秘书处、教育和科学总督察、学校行政总司、教育总局、学校机构总司、教育和科学统计总局、教育评估研究所和知识产权教育财务管理研究所。此外，国家教育委员会与学校理事会为教育部的常设咨询机构。①

科学技术与高等教育部也是一个葡萄牙国家政府部门，主要负责管理科学、技术以及高等教育方面的相关事宜。

2. 学校相关行政规定

葡萄牙公立学校自主权较大。考虑到社会经济和地理环境的多样性，国家给予学校优先特别自治权，允许学校较大范围的自治，包括允许其开展教育项目等。学校拥有与多方合作的权利。学校可以与非政府组织、地方政

---

① "Ministério da Educação," https://pt. wikipedia. org/wiki/Minist% C3% A9rio_da_Educa% C3% A7% C3% A3o_（Portugal），accessed August 9, 2020.

府或高等教育机构之间合作。①

3. 学校内部行政管理制度

1998 年《第 24/99 号法律》修订案规定葡萄牙公立学校要设立 4 个行政管理机构：股东代表大会、执行委员会、教育委员会和行政委员会。

股东代表大会是学校组织结构的最高机构，负责制定学校各项活动的指导方案。每三个月举行一次会议，每次会议最多 20 名成员参加，教师数量不超过总数的 50%。股东代表大会主席由其成员选举产生。

执行委员会负责学校日常管理。绝大多数葡萄牙公立学校由执行委员会管理。根据法律规定，委员会应有一名主席，两名副主席，其他的教师为普通成员。执行委员会主席应是一名至少具有五年的教学经验、在学校管理方面接受过特定的培训或者有经验的教师，其主要职能包括代表学校，协调执行委员会的活动，参与对教学和非教学人员的评估。副主席应至少具有三年的教育经验，在学校管理方面接受过具体的培训。执行委员会的任期为三年。任期结束后，委员会成员应重新进行教学工作，除非再次申请加入执行委员会并被选入。2005 年法律确认了执行委员会的职能和权力。如，执行委员会制订的学校年度活动计划，需经股东代表大会批准。

教育委员会负责学校在教学方面的政策调整和指导。最多由 20 名成员组成，作为合议机构，由教师（大多数是执行委员会成员）、非教学人员、教育机构的委托人和学生父母的代表组成。每月举行一次会议。

行政委员会负责决定学校财务和行政事务。这是一个由各委员会主席组成的合议机构。行政委员会每月也召开会议，负责学校的年度预算、账目报告、费用授权和学校资产管理。

四　葡萄牙教育发展现状

葡萄牙每个教育阶段特点均不同，我们将对其不同阶段的教育发展状况进行分析总结。

---

① Ministério da Educação, "Referencial: educação para o desenvolvimento," http://www. dge. mec. pt/sites/default/files/ECidadania/educacao_desenvolvimento/Documentos/referencial_de_educacao_ para_o_desenvolvimento. pdf, accessed August 9, 2019.

（一）学前教育

葡萄牙的学前教育是非强制性的，但大多数的葡萄牙儿童都会接受学前教育。

1. 政府投入

2018 年，葡萄牙对学前教育继续加大投入力度，葡萄牙政府将 5.68 亿欧元预算投入学前教育，计划在 2017～2019 年开设超过 70 个幼儿园，并扩大学前教育的规模，希望让所有 3～5 岁的葡萄牙儿童能够进入幼儿园学习。同时，政府十分关注幼儿师资力量的提高，2018 年政府也加大对幼儿教师培训的投入。[①]

葡萄牙共有三种幼儿园：公立幼儿园、政府扶持的私立幼儿园以及私立幼儿园。在公立幼儿园就读不需要任何花费，在政府扶持的私立幼儿园就读，部分开销由政府承担，而私立幼儿园的开销则由幼儿家庭全部承担。自 90 年代末，葡萄牙政府开始对部分幼儿园进行扶持，以此促进学前教育的发展和扩张。政府每个月会以 110 欧/学生进行拨款，再以 63 欧/学生对社会教育进行资助。2016 年，葡萄牙政府向政府扶持的私立幼儿园拨款达 1.29 亿欧元。[②]

2. 学前教育规模

教育科学数据统计局（Direção-Geral de Estatísticas da Educação e Ciência）2018 年的统计数据显示，葡萄牙共有 16148 名在职幼儿教师，平均生师比为 15.7∶1，其中公立幼儿园教师 9107 名，私立幼儿园教师 7041 名。葡萄牙幼儿教师以女性居多，女性教师占总人数的 99.1%。[③]

葡萄牙共有 3054 所幼儿园。值得注意的是，私立幼儿园（包括政府扶持的私立幼儿园）在葡萄牙学前教育教学中也起着重要的作用。教育科学

---

① M. P. A. Casanova, "Formação Contínua de Professores: uma leitura do Decreto – Lei 22/2014," *A Formação Continua na Melhoria da Escola*, 2015, pp. 12 – 18.

② Isabel Leiria, "Por que é que o Estado precisa dos privados na Educação," https://expresso. pt/sociedade/2016 – 05 – 18 – Por-que-e-que-o-Estado-precisa-dos-privados-na-Educacao – #gs. 8fud4q, accessed May 5, 2019.

③ DGEEC, "Educação em número-Portugal 2018," https://www. dgeec. mec. pt/np4/%7B $ clientServletPath%7D/? newsId = 945&fileName = DGEEC_DSEE_DEEBS_2018_EducacaoEmNumeros21. pdf, accessed May 5, 2019.

数据统计局统计数据显示，2016～2017 学年，有约 253959 名儿童接受了学前教育，其中，有 133930 名儿童是进入公共教育机构所开设的幼儿园，占总人数的 52.7%；有 78009 名儿童进入政府扶持的私立幼儿园，占总人数的 30.7%；剩余 42020 人进入完全独立的私立幼儿园学习，占总人数的 16.5%。[①]（见图 8－1）

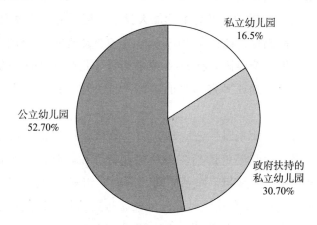

图 8－1　葡萄牙幼儿园就读占比

此外，葡萄牙教育科学数据统计局《2019～2020 年度学生情况报告》（*Perfil do Aluno 2019～2020*）[②] 显示，葡萄牙的学前教育普及率高达 92.6%。其中，5 岁儿童[③]的入学率最高。

（二）基础教育

1. 政府投入

由于小学教育与中等教育均属于基础教育阶段，所以就政府给出的官方数据，2018 年，葡萄牙政府对于葡萄牙中小学预算总投入为 61.731 亿欧元，[④]

---

① DGEEC, "Educação em número-Portugal 2018," https://www. dgeec. mec. pt/np4/%7B $ clientServletPath%7D/? newsId = 945&fileName = DGEEC_DSEE_DEEBS_2018_EducacaoEmNumeros21. pdf, accessed May 5, 2019.

② DGEEC, "Perfil do Aluno," https://www. dgeec. mec. pt/np4/97/%7b $clientServletPath%7d/? newsId = 147&fileName = DGEEC_DSEE_2021_PERFIL_DO_ALUNO_1920. pdf, accessed September 5, 2021.

③ 葡萄牙学前教育适龄儿童为 3～5 岁儿童。

④ Governo da República Portugesa, "Orçamento do Estado 2018," https://www. portugal. gov. pt/pt/gc21/comunicacao/tema? i = 98, acessed May 5, 2019.

2019 年中小学预算增长至 64.21 亿欧元，尤其是在教师的继续教育方面加大了投入。2018～2019 学年，3.5 万名教师参加了培训。①

2. 基础教育课程

在葡萄牙，一至九年级是基础教育阶段，除有残疾的学生外，基础教育阶段必学科目有：葡萄牙语、英语、数学、历史、音乐、地理、自然科学、物理、化学、体育、信息和通信技术（信息技术）、视觉教育（艺术课）、技术教育（手工课）。其中九年级的学生可以在视觉教育和技术教育中选择一个进行学习。在五至九年级，学校通常设有第二语言课程可以供学生选择，主要包括法语、西班牙语，有一些学校也开设德语课程。②

3. 基础教育规模

据教育科学数据统计局 2018 年数据显示，葡萄牙共有 4549 所小学，共有 1013397 名学生处于基础教育阶段，其中 879538 人就读于公立学校。此外，葡萄牙共有 29861 名基础教育的教师，生师比为 13.5∶1。基础教育阶段，有 26725 名公立学校教师，仅 3136 人为私立学校教师。葡萄牙基础教育教师也以女性居多，女性教师共 25945 人，占总人数的 86.9%。③

4. 基础教育通过率

葡萄牙的教育体制中，并非所有学生都能一次性顺利毕业，如果学生成绩不合格就要进行重修。

根据教育部 2020 年的数据，在第一阶段（一至四年级），所有学生成功从一年级升学到二年级，但从二年级升学到三年级，4.7% 的学生未通过；三、四年级的升学成功率超过 98.5%。

在第二阶段（五至六年级），5.8% 的学生第一年成绩不及格，重修一年之后再参加考试。

在第三个阶段（七至九年级），只有 91.5% 的学生通过考试，并且 2018

---

① DGEEC，"Educação em número – Portugal 2019，" https：//www. dgeec. mec. pt/np4/%7B$client-ServletPath%7D/？ newsId = 145&fileName = DGEEC_EN2019_201718. pdf, accessed 29 July，2019.

② DIREÇÃO-GERAL DO EDUCAÇÃO，"Documentos curriculares em vigor，" http：//www. dge. mec. pt/documentos-curriculares-em-vigor, accessed May 5，2019.

③ DGEEC，"Educação em número-Portugal 2018，" https：//www. dgeec. mec. pt/np4/%7B$client-ServletPath%7D/？ newsId = 945&fileName = DGEEC_DSEE_DEEBS_2018_EducacaoEmNumer-os21. pdf, accessed May 5，2019.

年的考试通过率已经是过去五年中最高的，在 2012/2013 学年，有 15.9% 的学生不及格。[①]

（三）中等教育

1. 中等教育规模

在中等教育阶段，葡萄牙共有 23973 名中学教师，399775 名学生，生师比为 16.7：1。根据不同分类，学生人数在不同方面有不同的表现，具体情况如下：按学校性质分类，76.4% 就读于公立学校，23.6% 就读于私立学校；按学生国籍分类，93.4% 是本国学生，6.4% 是外国的；按地区分类，39.9% 的学生在北部地区读书，22.8% 在中部，26.4% 在里斯本，6.8% 在阿连特茹，4.2% 在阿尔加维。[②]

2. 专业及课程分布

中等教育在专业和课程分布上，也与基础课程不同。作为大学的过渡阶段，在中等教育阶段，学生必须选择想要就读的方向，因此不同方向的学生在课程内容上有所不同。中等教育中最常见的是科学人文课程和职业型课程。

葡萄牙中等教育阶段学生有 399386 人，其中 115981 人攻读职业型课程，占总人数的 29%，207684 名学生攻读科学人文课程，占总人数的 52%，其余学生攻读技术课程与艺术课程。[③]

2019～2020 年，职业型课程专业学生的毕业率为 79.9%。官方给出的中等教育年龄段划分为 15～18 岁，但从表 8-2 中我们可以看出，学生主要年龄分布在 15～19 岁。2020 年，科学人文专业就读人数为 207684 人，而其中 105738 名学生就读科学与技术（Ciências e Tecnologias）专业，占科学

---

① DGEEC, "Educação em número-Portugal 2020," https://www.dgeec.mec.pt/np4/96/%7B$clientServletPath%7D/?newsId=145&fileName=EducacaoNumeros2020.pdf, accessed September 5, 2021.

② DGEEC, "Educação em número-Portugal 2018," https://www.dgeec.mec.pt/%7B$client-ServletPath%7D/?newsId=945&fileName=DGEEC_DSEE_DEEBS_2018_EducacaoEmNumer-os21.pdf, accessed May 5, 2019.

③ DGEEC, "Educação em número-Portugal 2020," https://www.dgeec.mec.pt/np4/96/%7B$clientServletPath%7D/?newsId=145&fileName=EducacaoNumeros2020.pdf, accessed September 5, 2021.

人文专业学生总数的 50.9%。①

表 8 - 2　2019/2020 学年葡萄牙职业课程学生年龄分布

单位：人

年龄	<15 岁	15 岁	16 岁	17 岁	18 岁	19 岁	20 岁	>20 岁
人数	90	13106	24162	32252	23403	12186	4036	1314

资料来源：Portal Infoescolas, "Estatísticas do Ensino Secundário-Cursos Profissionais & Cursos Científi-cos-Humanísticos-Base de dados por escola," http://infoescolas. mec. pt/docs/2021_SecundarioCP_Dados-PorEscola. xlsx, accessed March 5, 2021。

（四）高等教育

葡萄牙的高等教育主要分为大专教育、综合大学教育和理工学院教育，本部分仅讨论综合大学教育和理工学院教育。理工学院教育注重学术研究，旨在为学生将来的工作发展提供稳固的基础，推动学术研究和促进科技创新，提供发展学术活动所必要的学历教育；综合大学教育鼓励学生进行研究和批判性分析，可授予学士、硕士和博士三个层次的学位，同时也设有一些短期课程，可以颁发课程证书。理工学院教育主要是提供高等技术培训，着重应用研究和实践方面，目的在于培养实用技能，仅可授予学士和硕士学位。

1. 高等教育规模

根据葡萄牙统计局发布的数据，② 截至 2020 年，葡萄牙高等院校共计 284 所，其中公立高校 184 所，私立高校 100 所，公立高校占比超过六成。以地理位置划分，葡萄牙内陆高校数量达到了 268 所，其中公立 170 所，私立 98 所；亚速尔群岛 8 所高校均为公立高校，马德拉群岛共 8 所高校，其中两所为私立高校。

葡萄牙高校教师数量达到了 35549 人，其中公立高校教师数量为 28095

① DGEEC, "Perfil do Aluno Continente 2019/2020," https://www. dgeec. mec. pt/np4/97/%7B$ clientServletPa th%7D/? newsId = 147&fileName = DGEEC_DSEE_2021_PERFIL_DO_ALUNO_ 1920. pdf, accessed March 5, 2021.

② DGEEC, "Educação em número-Portugal 2018," https://www. dgeec. mec. pt/np4/%7B$client-ServletPath%7D/? newsId = 945&fileName = DGEEC_DSEE_DEEBS_2018_EducacaoEmNumer-os21. pdf, accessed May 5, 2019.

人，私立高校教师数量为 7454 人，教师中男性所占比例约为 54.2%，女性所占比例约为 45.8%。

葡萄牙高校在读学生数量达到了 396909 人，根据地理位置划分，葡萄牙内陆在校大学生达到 390930 人，亚速尔群岛 2626 人，马德拉群岛 3353 人。按照性别划分，男性所占比例约为 45.9%，女性所占比例约为 54.1%。

2. 入学率

葡萄牙高校的招生名额有限，必须经过教育部核定批准。本国考生必须是高中或同等学力获得者，必须参加教育部组织的高等学校统一招生考试。考生的最终成绩是高中 3 年各科成绩和高考成绩的加权平均分。

2018 年，葡萄牙全国高校入学率为 37.2%，其中葡萄牙内陆地区高校入学率为 38.8%，亚速尔群岛高校入学率为 9.5%，马德拉群岛高校入学率为 10.8%。相比于内陆地区，两群岛的高校入学率非常低，仅为内陆地区高校入学率的 1/4 左右。[1]

根据葡萄牙教育科学数据统计局发布的最新数据，截至 2020 年，全国高校共 151024 人入学，其中葡萄牙内陆地区高校共 148743 人入学，亚速尔群岛高校 1010 人入学，马德拉群岛高校 1271 人入学。[2]

五 "博洛尼亚进程" 引起的葡萄牙高等教育改革

葡萄牙于 2006 年正式实行 "博洛尼亚进程"，在高等教育领域实施了一系列改革措施，以提高高等教育效率和现代化水平。

（一） 学位制度改革

根据 "博洛尼亚进程" 的要求，参与各国需要建立起一个统一的、可以相互比较的学位体系，不同的国家所授予学位需要等同。葡萄牙的高等教育主要有两个系统：综合大学和理工学院，并由公立和私立大学以及非

---

① DGEEC, "Educação em número-Portugal 2018," https://www.dgeec.mec.pt/np4/%7B$client-ServletPath%7D/? newsId = 945&fileName = DGEEC_DSEE_DEEBS_2018_EducacaoEmNumeros21.pdf, accessed May 5, 2019.

② DGEEC, "Educação em número-Portugal 2020," https://www.dgeec.mec.pt/np4/96/%7B$clientServletPath%7D/? newsId = 145&fileName = EducacaoNumeros2020.pdf, accessed September 5, 2021.

大学高等教育机构提供。①

　　葡萄牙 2005 年 8 月 30 日出台的关于教育系统的《第 49/2005 号法令》规定，大学学士学位的大多数课程都会授予学分：学士学位在满 180～240 个学分之后获得，大约是六至八个学期的学习（即三至四年）；硕士学位在经过三至四个学期的学习后获得（即一年半至二年）；第三阶段的博士学位对持有硕士学位或者同等学力证书的学生开放，在成功完成一篇博士论文后就可以获得学位证书。而在此条法令颁布之前，葡萄牙大学的学士学位需要为期四年的课程（许多课程持续了五年甚至六年），硕士课程通常持续四个学期。②

　　《第 49/2005 号法令》公布之前，理工学院授予三年的专科学位或是四年的学士学位。在此之后，理工学院在本科阶段一般需要经过六个学期（某些要求教育和培训的特殊专业需要七至八个学期）的学习。硕士课程对具有国内外高等学历的学生开放，经过三至四个学期的学习后，学生可获得硕士学位证书。③

（二）课程设置改革

　　"博洛尼亚进程"要求进一步明确高校的角色，葡萄牙的综合大学和理工学院，需要进一步界定其在社会中的使命。

　　白露等的研究中提到，葡萄牙应用型院校的课程设置和相应的教学大纲都发生了很多改变。④ 安吉拉·玛利亚·马丁（Ângela Maria Martins）提出，葡萄牙高校整体的课程已不再是教师进行大班教学，教授理论课程。

---

① EuroEducation, "Portugal Higher Education System," https：//www. euroeducation. net/prof/por-co. htm, accessed May 5, 2019. https：//www. dgeec. mec. pt/np4/% 7B $ clientServletPath% 7D/? newsId ＝ 945&fileName ＝ DGEEC＿DSEE＿DEEBS＿2018＿EducacaoEmNumeros21. pdf, accessed May 5, 2019.

② DIÁRIO DA REPÚBLICA ELETRÓNICO, "Lei n.° 49/2005," https：//dre. pt/pesquisa/－/search/245336/details/maximized, accessed May 5, 2019. https：//www. dgeec. mec. pt/np4/% 7B $clientServletPath% 7D/? newsId ＝ 945&fileName ＝ DGEEC＿DSEE＿DEEBS＿2018＿EducacaoEm-Numeros21. pdf, accessed May 5, 2019.

③ EuroEducation, "Portugal Higher Education System," https：//www. euroeducation. net/prof/por-co. htm, accessed May 5, 2019.

④ 白露、李天波、吕庆涛：《葡萄牙应用型院校发展对我国新建本科院校转型的启示》，《辽宁行政学院学报》2015 年第 5 期。

博洛尼亚进程的主要观点之一就是课程的多元化，将以前的教学时间转化成学生的学习工作时间，在理论课、实践课、实验课、实地考察、研讨会、实习、辅导等课程中加以改变。[①]

综合大学和理工学院的课程设置也有明显区别，综合大学主要开设医学、法律、自然科学、兽医等有很强理论性的专业，而理工学院主要开设会计、医疗健康服务、幼儿教学和技术工程师等应用型专业。葡萄牙政府的这些改革措施不仅明确了这两类高等院校的角色分工，使得它们的教育方向更加明确，各自教育水平和质量得到有效提升；还提高了应用技术教育的地位，改变了葡萄牙人的受教育观念，提高了葡萄牙国人接受高等教育的程度，葡萄牙高校的入学人数由 1990 年的 157869 人提高到 2018 年的 372753 人，增加了 136.11%。[②]

（三）实行学分转换制度

建立统一的学分互认和转换系统有助于葡萄牙的毕业生在欧洲其他国家申请硕士课程或寻找就业机会。统一的学分制是欧盟高等教育走向统一和互认的基石。为了打通欧洲学分体制，促进学历相互承认，参与"博洛尼亚进程"的各个国家实行了适用于高等教育的学士和硕士阶段的欧洲学分互认体系（European Credit Transfer System，ECTS）。其主要内容包括：

全日制欧洲学生每学年应获得 60 个学分，等于 1500～1800 个学时，每个学分等于 25～30 个学时；

学生只有在成功完成学业并通过相应考试和评价及格后才能得到学分；

学分参数涉及学习的各方面活动——听课和讲座、参加研讨会、独立学习和自习、准备项目报告和完成作业、参加考试等均构成学生的学习负担和工作量；

---

① Ângela Maria Martins, "Reformas recentes da educação em Portugal: uma discussão de contexto. Entrevista com João Barroso," *Revista Brasileira de Política e Administração da Educação-Periódico científico editado pela Anpae*, 2009 (25), pp. 157 – 166.

② Ângela Maria Martins, "Reformas recentes da educação em Portugal: uma discussão de contexto. Entrevista com João Barroso," *Revista Brasileira de Política e Administração da Educação-Periódico científico editado pela Anpae*, 2009 (25), pp. 157 – 166.

学生通过上课、实习、论文等学习形式取得相应学分。学分值根据全年学习任务的目标和工作量而定。[①]

葡萄牙加强教学改革，在欧洲学分体系的基础上建立了自己的国家学分体系。获得葡萄牙大学学士学位所需要的 180～240 个学分，大约需要六至八个学期的学习；而理工学院需要 180 学分的本科学习，时长也是六个学期，这与欧洲学分互认体系中"全日制欧洲学生每学年应获得 60 个学分"的规定一致。[②] 事实上，葡萄牙也把这一规定写入了法律并严格执行。在执行学分和考试评估体系上参照欧盟的标准，消除了阻碍欧洲高等教育一体化的一大因素，不仅促进了欧洲各国高校之间的人才流动，而且丰富了葡萄牙的教育资源，为葡萄牙高等教育学生提供了更多的学习机会以及就业机遇。

六　葡萄牙教育发展展望

（一）逐步形成以高质量为目标的教育开支决策机制

葡萄牙的教育是政府和国民持续关注和不断发展的重要领域。多年来在保证充足的资金投入的情况下，政府在不断谋求教育开支的优化。

在预算决策过程中，除了引入学校参与，逐步形成学校参与式预算外，政府也引入学生参与，支持和保障学生的决策参与权利。例如葡萄牙在部分学生中开展"额外 1 欧元"项目，项目中的每名学生分配额外的 1 欧元，让学生决定如何改善他们的学校。[③] 这意味着学生和校方将获得直接参与教育资金分配的机会，实现开支和需求的直接对接，也意味着政府在持续大力投资教育的同时，能制定出更加科学民主的教育开支决策，不断提高教

---

① 《欧洲学分互认体系》，https://www. fmprc. gov. cn/ce/cebe/chn/sbgx/jy/xf/t331262. htm，最后访问日期：2019 年 5 月 5 日。

② DIÁRIO DA REPÚBLICA ELETRÓNICO，" Lei n.° 49/2005，" https://dre. pt/pesquisa/ - / search/245336/details/maximized, accessed May 5, 2019. https://www. dgeec. mec. pt/np4/% 7B $clientServletPath% 7D/? newsId = 945&fileName = DGEEC_DSEE_DEEBS_2018_EducacaoEm-Numeros21. pdf, accessed May 5, 2019.

③ OPEscolas, "Orçamento Participativo das Escolas," https://opescolas. pt/, accessed May 5, 2019.

育决策的服务水平。一个更加优化的教育开支决策机制在逐步形成。

(二) 不断完善以公平为目标的教育福利保障

如上文中所提到的，葡萄牙加强了学前教育的投入，扩大学前教育规模，从而保证所有适龄儿童能够入学，进一步实现教育公平。同时，葡萄牙也放宽了教育的年龄准入要求，为超龄学生和工作之后有意愿再读书的人群提供机会。此外，就学生享有的福利来看，学生学习资料供应和学生在校膳食保障水平也在不断提高。

葡萄牙教育部 2019 年将免费使用教科书的范围扩大到六年级，并在之后不断优化该项开支，以覆盖整个义务教育阶段为目标。对于当前没能覆盖的区域，通过与教材经营相关单位磋商，在未来四年内保持教科书价格基本不变。同时，鼓励使用数字教育资源和大力发放数字资源的免费许可证，对学生及其家庭提供免费的数字教育资源。这意味着，葡萄牙的免费教育在向着更加完善和周到的目标前进。[1]

学生在校的膳食供应也获得持续性的关注和投资。着眼点在两个大方向：增加供应和改善结构。不仅保证学生在圣诞节和复活节假日期间的伙食，还将对学前教育阶段儿童提供免费水果。对"向学前教育阶段儿童提供牛奶"的举措进行修改和完善：提供普通牛奶和去乳糖牛奶，还提供蔬菜汁供学生选择。所有阶段膳食供应都接受营养学家的检查和监督。这意味着葡萄牙的学生将获得更为丰富和健康的福利性膳食供应。[2]

(三) 逐步确立更包容更多元化的学生培养方针

在传统的课程体制下，教育部提出加强在艺术和体育课程领域的作为。在艺术教育方面，教育部提出了"美学和艺术教育计划"，其团队由众多专家学者组成，并与学校、培训机构、文化机构（剧院、博物馆等）及自治组织展开合作，以期在全国更深入地推进该计划。"美学和艺术教育计划"

---

[1] O Ministério de Educação, "50 medidas de política educativa para o ano letivo 2018/19," https://www. portugal. gov. pt/pt/gc21/comunicacao/documento? i = 50 - medidas-de-politica-educativa-para-o-ano-letivo - 201819. html, accessed May 5, 2019.

[2] O Ministério de Educação, "50 medidas de política educativa para o ano letivo 2018/19," https://www. portugal. gov. pt/pt/gc21/comunicacao/documento? i = 50 - medidas-de-politica-educativa-para-o-ano-letivo - 201819. html, accessed May 5, 2019.

主要包括：视觉艺术、音乐、舞蹈和戏剧四个方面。力求在国家的引导下，创造出各自的艺术教育模式、各自的教育专业人员培训模式以及加强学校和社会文化机构的合作，其目的是培养儿童、教师和家庭的艺术品位和艺术学习的惯性，提升民众对"艺术作为一种知识形式"的认同感。这对教育的全面和多元化发展至关重要。①

在职业教育方面，葡萄牙教育部将职业教育定义为教育体系的重要组成部分，要求职业教育给学生颁发学术证书和专业证书，并且呼吁停止对职业教育的歧视，帮助职业教育学生正确认识其学习课程的价值。除此之外，葡萄牙教育部还将清除职业教育学生进入高等教育的障碍，使更多职业教育学生能接受高等教育，让学术和技术能最大程度相结合，更好地服务于社会。让葡萄牙学生的选择更多元化。②

在特殊教育方面，教育部将制定更严格的标准来选拔特殊教育教师，要求他们在特殊教育领域取得硕士或博士学位，并加强对他们的专业培训。对特殊教育教师的培训工作将连同对普通教职工的基本培训工作，由政府指派的专业技术人员、教育学心理专家、治疗师、手语员和翻译员来承担。旨在加快特殊儿童融入普通学校的步伐，并将在普通学校设立专门的干预单位来支持有严重听力障碍和多重缺陷的学生学习，满足他们的特殊需求。改造学校设施，供正常学生和残疾学生共同使用。这意味着，学校的教育对象正在变得更加广泛。③

（四）不断提高以高质量为目标的教学水平

为了实现教育的现代化，葡萄牙教育部在 2007 年提出了"教育技术计划"。教育技术计划主要由技术、内容和培训三个部分组成，涵盖与葡萄牙教育现代化相关的所有领域。技术部分是指为学校扫清基础设施上的障碍，即为学校提供足够数量的电脑、打印机、视频投影仪和交互式白板，并在学校建立无处不在的、稳定且安全的无线网络。内容部分是指要实现提高

①　DIREÇÃO-GERAL DA EDUCAÇÃO, "Notícias de educação artística," http://www. dge. mec. pt/noticias/all? combine = &field_theme_tid = 9, accessed May 5, 2019.

②　REPÚBLICA PORTUGUESA, "Ensino Profissional," https://www. portugal. gov. pt/pt/gc21/pesquisar? tags = ensino + profissional&p = 3, accessed May 5, 2019.

③　Pressbooks, "Reorganização da Educação Especial em Portugal," https://idabrandao. pressbooks. com/chapter/reorganizacao-da-educacao-especial-em-portugal/, accessed May 5, 2019.

学校的教育水平，即在教学中更多地使用通信技术设备，利用新的技术来丰富教学形式和推动教学内容的变更。培训部分是指为学校解决技术上的难题，即要对学校工作人员进行有效的信息技术培训以更好地使用和维护技术设备。"教育技术计划"作为传统教育的补充，促进数字化教育的发展，为学生提供更便捷的远程学习，同时还将促进资金较少的学校得以共享更多的教学资源，改善学校之间在资源上的不平衡，进一步推进教育的公平化。[1]

除了持续推进教育设备的现代化，根据 2019 年葡萄牙政府财政预算报告，葡萄牙还将投资 1900 万欧元用于在职教师的深造，以此来推动教育目标的实现，使葡萄牙教育向更高质量更加现代化发展。[2]

综上所述，葡萄牙正在以包容、公平和高质量为目标的教育现代化之路上不断前行。

---

[1] RI AEV, "Plano Tecnológico da Educação-CGT versão consulta pública," http://www3. esvilela. pt/docs/consultapublica/Diversos/plano% 20tecnol% C3% B3gico% 20da% 20educa% C3% A7% C3% A3o. pdf, accessed May 5, 2019.

[2] REÚBLICA PORTUGESA, "Proposta de Orçamento do Estado para 2019 – Educação," https://app. parlamento. pt/webutils/docs/doc. pdf? path = 6148523063446f764c324679626d56304c334e706447567a4c31684a53556c4d5a576376543055764d6a41784f5449774d5467784d4445314c3052765 93356745a57353062334e545a585276636d6c6c6861584d76546d39305955555634634778705932463061585a68585839039464d6a41784f56394e615735735a465a48566c634f6e77364e764c6c426b5a673d3d&fich = NotaExplicativa_ OE2019 _MinEduca% C3% A7% C3% A3o. pdf&Inline = true, accessed May 5, 2019.

后　记

得益于"一带一路"倡议的提出和实施，中国和共建"一带一路"国家的教育合作日益密切，沟通进一步加深，教育双向开放日益多样，教育交流机制逐步成形。教育部等八部门《关于加快和扩大新时代教育对外开放的意见》提出，要着力破除体制机制障碍，加大中外合作办学改革力度，改进高校境外办学，改革学校外事审批政策，推进留学人员改革；提升我国高等教育人才培养的国际竞争力，加快培养具有全球视野的高层次国际化人才；深化教育国际合作，鼓励开展中外学分互认、学位互授联授，扩大在线教育的国际辐射力等。①"育才造士，为国之本"。深入了解非通用语国家教育发展历史与现状，有助于文化互鉴，有益于各国加深理解、教育互助。

立足历史，放眼世界，要达成文化互通、人才互通，形成多元主体参与、共建共享的教育交流新格局，更深层次推进共建"一带一路"教育行动合作共赢，还需知己知彼，加深了解互信。本书对案例国家的教育发展进行了整体描述，全局摸排，透析非通用语国家教育理念、制度格局，旨在探索国际教育发展规律，为深化国际教育交流合作、推动共建"一带一路"教育行动和新时代中国教育高质量发展提供参考。

彭江对本书进行了总体设计，从选题到统稿校对，全程跟进、统筹管理；经专家咨询、项目组研讨和征求意见，确定了本书主题，斟酌选定了8个教育体制相对完善的非通用语国家作为研究对象；明确了教育发展史、教育政策、教育体制、教育改革、合作与展望等主要研究内容以及篇幅体例；组建了8个子项目研究团队和全书工作组，多次召开座谈会和工作会，同研究团队就非通用语国家教育发展相关议题进行深入探讨，完成框架设

---

① 《教育部等八部门全面部署加快和扩大新时代教育对外开放》，http://www.moe.gov.cn/jyb_xwfb/gzdt_gzdt/s5987/202006/t20200617_466544.html，最后访问日期：2021年3月1日。

计和撰写指导。

第一章由罗文青带领团队成员黄华宪、尹馨萍撰写，第二章由钟佳带领团队成员陶亚娟、昂敏乌（Aung Myint Oo）撰写，第三章由陈扬撰写，第四章由杨顿带领团队成员任寒玉撰写，第五章由黄进财带领团队元善喜、黄金凤、刘熠、冯青玄、邓春晓撰写，第六章由崔鹏飞带领团队成员李书竹撰写，第七章由曾睿带领团队成员王琳撰写，第八章由唐思娟带领团队成员陈懿、周心语撰写。

罗雅馨、李竹、肖燕宇在资料收集整理、项目组联络沟通、书稿校对等方面做了大量工作，为本书出版付出了辛劳。

本书的成功出版离不开重庆国际战略研究院的全方位支持，离不开所有参考引用文献作者及网站的理论支持，离不开承担资料收集与翻译任务的各非通用语教师与研究生的大力支持。

本书的出版也离不开社会科学文献出版社的各位领导与编辑等专业人员的指导、支持和帮助，你们兢兢业业、专业严谨的工作态度和扎实认真的实际工作，成就了本书的顺利出版。

由于本书撰写者研究水平有限，引用的数据近几年或有波动，难免疏漏，教育改革分析或带有作者个人立场，对教育发展的探讨展望也存在不足与偏颇之处。敬请教育界与学术界同人不吝赐教，批评指正。

"非通用语国家教育发展报告"项目组

2023 年 3 月 22 日于歌乐山麓

图书在版编目（CIP）数据

非通用语国家教育发展报告 / 彭江等著. -- 北京：
社会科学文献出版社，2023.6
ISBN 978 - 7 - 5228 - 0294 - 7

Ⅰ.①非… Ⅱ.①彭… Ⅲ.①教育 - 发展 - 研究报告
- 世界 Ⅳ.①G511

中国版本图书馆 CIP 数据核字（2022）第 109745 号

非通用语国家教育发展报告

著　　者 / 彭　江　等

出 版 人 / 王利民
责任编辑 / 宋浩敏
责任印制 / 王京美

出　　版 / 社会科学文献出版社·国别区域分社（010）59367078
　　　　　　地址：北京市北三环中路甲 29 号院华龙大厦　邮编：100029
　　　　　　网址：www.ssap.com.cn
发　　行 / 社会科学文献出版社（010）59367028
印　　装 / 唐山玺诚印务有限公司

规　　格 / 开　本：787mm × 1092mm　1/16
　　　　　　印　张：14.25　字　数：230 千字
版　　次 / 2023 年 6 月第 1 版　2023 年 6 月第 1 次印刷
书　　号 / ISBN 978 - 7 - 5228 - 0294 - 7
定　　价 / 158.00 元

读者服务电话：4008918866